民國歷史與文化研究

二 編

第 **14** 冊

民國時期的西南民族誌研究（上）

王 璐 著

花木蘭文化出版社

國家圖書館出版品預行編目資料

民國時期的西南民族誌研究（上）／王璐 著 -- 初版 -- 新北市：
花木蘭文化出版社，2015〔民104〕
序 4+ 目 4+180 面；19×26 公分
（民國歷史與文化研究 二編；第 14 冊）
ISBN 978-986-404-282-1（精裝）
1. 民族志 2. 中國
628.08   104012465

ISBN- 978-986-404-282-1

9 789864 042821

民國歷史與文化研究
二 編 第十四冊   ISBN：978-986-404-282-1

民國時期的西南民族誌研究（上）

作　者	王璐
總 編 輯	杜潔祥
副總編輯	楊嘉樂
編　輯	許郁翎
出　版	花木蘭文化出版社
社　長	高小娟
聯絡地址	235 新北市中和區中安街七二號十三樓
	電話：02-2923-1455／傳真：02-2923-1452
網　址	http://www.huamulan.tw 信箱 hml810518@gmail.com
印　刷	普羅文化出版廣告事業
初　版	2015 年 9 月
全書字數	302723 字
定　價	二編 24 冊（精裝）台幣 45,000 元

民國時期的西南民族誌研究（上）

王　璐　著

作者簡介

王璐，女，四川遂寧人，生於 1976 年，文學博士。2005 年畢業於西南民族大學文學院，獲文學碩士學位。2009 年考入四川大學文學與新聞學院，師從徐新建教授學習文學人類學，2013 年獲文學博士學位。現任成都信息工程大學文化藝術學院副教授、「文學文化研究所」所長，校學術帶頭人，主要從事中國現當代文學及文學人類學研究。主持 2011 年國家社科基金（青年項目）《民國時期西南民族誌表述反思研究》等項目。在《民族文學研究》《西南民族大學學報》等刊物發表論文數十篇。

提　　要

20 世紀初期的中國內憂外患。在國族主義思潮影響下，知識界的精英們力圖掌握邊疆人群概況並計劃將其納入現代國家體系，以創立中華民國、建設中華民族。本研究選擇西南民族誌文本進行分析，旨在探討民國建設過程中，中國知識分子在西方的科學理念下，如何利用現代民族學、人類學知識去發現和表述西南的地方文化與少數民族，以及這種表述的意義及影響。

本書共有六章。第一章交代民族誌的中西對話與古今關聯問題。第二章梳理中國西南民族誌的生成情況，並對其時空分佈、文本類型等作一概述。第三到五章主要從民族誌體例入手分析其主體結構及其表述。第三章分析民族誌開篇的溯源研究；第四章分析作者如何通過地理、交通等客觀知識來對被調查對象進行初步分類並識別；第五章選擇民族調查中的宗教、服飾及少數民族婚戀觀表述進行論說。第六章則從與民族誌文本有關的邊緣案例如日誌、行紀、相關時評、照片等副文本入手分析作者的創作動機。結語部分仍以西南為例，總結近代中國民族誌的主要特點及其表述語境。

總而言之，本書以「民國時期的西南民族誌研究」為題，力圖通過對近代區域性民族誌的分析，展示民國知識界如何在西方人類學的影響下創建關於本土文化的新表述類型。

民族誌在中國的理論和實踐意義

徐新建

20 世紀 70 年代以來，人類學的研究方法與理論假設開始被學界重新審視，民族誌的傳統範式也逐漸受到質疑，被認爲出現了普遍和深刻的「表述危機」〔註1〕。有學者甚至預言「科學民族誌」將被淘汰，「實驗民族誌」會成爲下一個時期的新主流。〔註2〕面對這種挑戰，有必要總結民族誌自近代以來在中國的理論和實踐意義，由此推進學人的相關認知，從而爲民族誌的未來的歷程重定根脈。正因如此，以學術史反思的視野來讀王璐專著《民國時期的西南民族誌研究》，無疑會有多重的意義。

在我看來，由王著引出的話題，至少包括下列幾個方面。

問題一：民族誌對於推進人文社會科學研究的意義何在？

作爲一個特定的外來詞語，「民族誌」對應的是 ethnography。該詞在早期也譯爲「人種誌」。所以我們首先要面對的是漢語與西語（目前以英語爲主）兩個語言世界的動態對話。其中，「誌」的含義在漢語世界古已有之；「民族」和「人種」則實爲外來。在漢語的書寫傳統裏，作爲次一級的文獻類型，「誌」一方面與地位高貴、代表官修話語的「史」相對，以陪襯、對照和充實正史的典範意義；一方面又在王權正史的映照下通過對地方、異族或次等級文化事像的記事書寫，完成「大一統」結構中對邊緣類型的教化表述。這時的「誌」，

〔註1〕參見喬治‧E. 馬爾庫斯、米開爾‧M. J. 費徹爾（編著）：《作爲文化批評的人類學：一個人文學科的實驗時代》，王銘銘等譯，三聯書店，1998 年。
〔註2〕參見克利福德、馬庫斯（編著）：《寫文化：民族誌的詩學與政治學》，高丙中等譯，商務印書館，2006 年。

可稱爲漢語文類中的「次文類」、「準歷史」。這樣，近代以後的一些中國學人用「民族誌」（或「人種誌」）翻譯西語的 ethnography，一開始就包含了對其具有從屬地位的認定和暗示。結合西方的學術語境來看，這樣的翻譯也符合該詞與 History 的對照和區分。因爲與 History 相比，「誌」的基本特徵是不僅缺乏進步（進化）而且沒有自覺，因而只能是扁平的、被動的，不能稱爲「史」。正是以此爲前提，到了後殖民時代，才會有學者撰寫專著，特別揭示不同體裁後面的分類鴻溝，那就是：「歐洲」與「沒有歷史的人民」（參見 Eric Wolff, Europe and the People without History，1982）。

所以說近代以後引進漢語世界的「民族誌」，作爲越來越廣泛使用的文類和體裁乃至社會科學的普遍範式，不僅關涉書寫傾向和話語政治，而且關涉文化表述後面不同思想譜系的沿襲命運。因此我認爲目前需要反思的第一個問題，是認眞梳理和分析在英、漢及其他不同的語言世界中，「民族誌」具有什麼樣的意義和功能，至今發生了如何的演變。

問題二：怎麼看待民族誌遭遇的「表述危機」？

需要反思的第二個問題是一百多年來的民族誌實踐及其文化後果。民族誌寫作的特徵大都被概括爲從「理論預設」到「田野考察」再到「實證寫作」的「科學」過程。於是，漢語的民族「誌」就成了動詞，代表一種系統的實踐行爲。在這個意義上，民族誌就是「誌民族」，也就是通過「誌」的撰寫，使對象民族化、文本化、方志化（人種化）。這樣的結果，雖然在西方列強的殖民式書寫裏因每每帶有「原始」、「落後」等判斷而伴生著「邊緣化」或「污名化」特徵，但在現代中國則是使眾多以往被視爲另類的「蠻夷」地位得到提升，從而使國家認定的各個民族都通過堂堂正正、獨立成章的民族誌在多元對等的民族之林裏與傳統的主流人群並列。在這樣的歷史前提下，如果要說有「表述危機」的話，最大的危機倒不是民族誌的文類或表述本身，而在於表述主體的缺失或錯位。

西方殖民時代以來的民族誌生產幾乎都是由殖民者代言。這樣，非西方世界的人民，尤其是那些沒有文字更沒有文化表達權的弱小族群，幾乎全都成了失語的對象。在這種結構中的民族誌寫作及其產品，儘管都冠以了各個族群的名稱，實質上卻都只是被表述的他者而已。因此我認爲，「表述危機」首先要解決的還不在於爭論「民族誌」是科學還是藝術，而是如何讓其從單

一的「被表述」或外來式的「誌民族」困境中擺脫出來，回歸到文化的自表述之中，讓每一群體的書寫主體得到確認，從而完成主位的「自我民族誌」。這一點，國外如此，中國也不例外。

問題三：該如何構建本土人類學敘事範式？

「民族誌」這一術語來自西方，卻不等於漢語世界沒有「志民族」的傳統。從司馬遷的《西南夷列傳》、《禮記·王制》、《尚書·禹貢》及《山海經》等對「一點四方」的等級式描寫和對「華夷之辨」的漫長區分以來，漢語世界從未停止過對不同人群的分類、定性和評述。因此，到了由「西學東漸」導致的科學話語成為主宰的今天，本土化要解決的問題也不在於推翻 ethnography 的統治、把「民族誌」清除出漢語，讓古代的「蠻夷列傳」文類死灰復燃，直至重構普天一統的華夏中心；或者借助中國的崛起，輸出大批民族誌願者到世界各地去，仿造當年西方列強的殖民做法，把全世界的「他者」特別是西方強國都由我們「誌民族」一番，用華夏人的眼光和方式全再改寫一回。那能否做得到呢？難說。即便做到了，也是可笑的。

那對於西方傳來的民族誌有沒有需要反思、對話和超越的問題呢？當然有。除了前面提到的主體確立外，我認為按關聯的層次來說，本土化的民族誌寫作還需要超越的第一是用語、第二是分類，第三是闡釋。

在**用語**問題層面，需要儘量減除諸如「圖騰」、「薩滿」、「多聲部」直至「宗教」、「藝術」、「文化」等這類有限概念和空泛「大詞」的人為化普涉，還原和再現各地擁有的自身用語，無論叫「東巴」、「招魂」、「多嘎」……還是其他什麼都行。

分類問題同樣重要。在這點上，民族誌作者們不能再像以往那樣僅以自己「客位」的知識標準出發，對被表述文化體系的自在結構隨意分類，也不要輕易使用「進步」、「落後」乃至「科學」、「愚昧」這樣的話語加以判定。

最後，到了**闡釋**環節，民族誌作品當然躲不開文化闡發，也就是對被書寫對象的編碼進行解碼。但是這樣做的前提首先就要求從主人的視角出發，從「他們」的眼中看世界，而不是相反。更不是把外來作者的想法強加給對方，甚至是借助己我的話語權力實施文化改寫和「異端」教化。從如今已深陷於工業和城市牢籠的人類處境來看，隨意改寫和教化的後果極可能是在先從表述的層面毀掉人類文化和價值多樣性，接著再在現實生存的意義上直接

葬送逃離毀滅的潛在生機。

在這個意義上，「民族誌」問題所關涉的不僅是人類學學理，更關涉更大範圍的人類文化、歷史和政治。在過去一百多年中，地球上的人們通過「民族誌」的大量湧現逐步彙齊了人類差異方面的世界檔案。如今，如出現超越式的「民族誌」的話，則可能獲得對人類一致性的體認和相通，從而從整體上走出社會和生態的陷阱。實現這目標需要一個前提，那就是得把「民族誌」從日益狹隘的「地方志」和「國族志」局限中擺脫出來，重新回歸爲整體性的「人類誌」（譯成英文，就叫 humanography）。回歸的重點在於解決「全球地方化」(glocalization)問題，就是一方面顧及地方的全球屬性，一方面關注全球的地方特徵。

這時，人類學的關注對象就不再是分散對立的人群，而是回復到整體人類；田野考察也不僅止於個別孤立的村莊、城鎮，而是生物圈，亦即包括人類和萬物在內的統一生態環境。

由此觀之，王璐的著作雖僅以民國爲例，所舉的事例也只限於西南一隅，然其視野已同學術史的縱橫脈絡密切關聯，討論的問題也已與筆者的上述思考相互對應。作爲王璐博士的論文指導者之一，筆者爲她的辛勤筆耕及厚重成果倍感欣慰。本文原係回答期刊編者的訪談舊作，喜聞王著將由花木蘭文化出版社列作《民國歷史與文化研究》之一出版，特此翻檢出來加工潤色，是爲序。

2015 年 6 月 26 日記於成都

目

次

上　冊

民族誌在中國的理論和實踐意義　徐新建

導　論 ………………………………………………… 1

　　1. 西南視野與中國研究 ………………………… 1

　　2. 民國・西南・民族誌 ………………………… 5

　　3. 表述問題 ………………………………………… 17

第一章　中西語境下的民族誌 ………………… 23

　第一節　從 ethnography 到民族誌 …………… 23

　　1. 西方民族誌的早期表述 ……………………… 23

　　2. 民族誌：從西方到東方 ……………………… 30

　第二節　古代表述與近代認知 ………………… 42

　　1.「民族誌」在漢語世界的古代表述 ………… 42

　　2.「民族」的近代認知 ………………………… 49

第二章　西南民族誌概述 ……………………… 57

　第一節　特定時空下的西南民族調查 ………… 57

　　1. 歷史分期 ……………………………………… 57

　　2. 空間分佈 ……………………………………… 71

　第二節　文本類型與體例 ……………………… 75

　　1. 文本類型 ……………………………………… 75

　　2. 民族誌表述圖譜 ……………………………… 81

第三章　漢語民族誌溯源：我族與他族 …………… 83

第一節　「志」體表述與中原「史」觀 …………… 84
　　1. 方志的「中原史觀」………………………… 84
　　2. 從方志到民族誌 …………………………… 89

第二節　溯源：由「蠻夷」到「同胞」………… 92
　　1. 族源的異同 ………………………………… 92
　　2. 神話與祖源 ………………………………… 98

第三節　歷史‧民族史‧民族誌 ………………… 106
　　1. 民族史：借民族學表述的中國歷史 ……… 106
　　2. 民族誌：進化論中的線性歷史 …………… 112

第四節　「科學民族誌」與溯源研究 …………… 116
　　1. 溯源研究中的科學討論 …………………… 116
　　2.「科學民族誌」在中國 …………………… 119
　　3.「科學民族誌」本土化 …………………… 121

第四章　夷漢分類：區分與認同 ………………… 125

第一節　地理交通：分類的起點 ………………… 126
　　1. 民族誌中的地理表述 ……………………… 132
　　2. 被選擇的地理與被區分的族群 …………… 137

第二節　分類層級及表述 ………………………… 143
　　1. 微觀：同一「族群」的多樣性 …………… 144
　　2. 中觀：西南民族的系統化 ………………… 148
　　3. 宏觀：西南「夷」的整體化 ……………… 159

第三節　西南民族分類的相關討論 ……………… 165
　　1.「西南民族」調查與爭議 ………………… 165
　　2. 從「五族」到「國族」…………………… 174

下　冊
第五章　文化表述：「落後」邊胞與「現代」國民
　　…………………………………………………… 181

第一節　差異與認同 ……………………………… 181
第二節　初民社會與原始信仰 …………………… 186
　　1. 時間的隱喻：「初民社會」的宗教巫術說 … 186
　　2. 消失的神秘：官方話語之「破除迷信」論
　　　對調查的影響 ……………………………… 193

　　　　3. 自表述的「他性」：本土模仿的順應與修正
　　　　　　 ·· 204
　　第三節　傳統服飾與現代「性」觀念 ······· 212
　　　　1. 服飾的「同」與「異」 ················· 212
　　　　2. 現代「性」：邊地「女國民」 ········· 222
　　　　3. 現代還是傳統？——被表述的「現代性」 233
第六章　民族誌與「觀西南」 ····················· 245
　　第一節　新西南：從新文體到新觀念 ······· 246
　　　　1. 到西南去！ ····························· 246
　　　　2. 中國並非華夏？ ······················· 249
　　第二節　觀西南：「誌」民族與文本表述 ··· 254
　　　　1.「誌」民族：記錄、詢問與演講、贈物等 · 254
　　　　2. 從民族到國族：文本後面的權威 ······· 263
　　第三節　「化」西南：從教化到同化 ······· 276
　　　　1. 國家話語 ······························· 276
　　　　2. 同化民族 ······························· 279
結　論 ··· 285
　　　　1. 西南民族誌的文本含義 ················· 285
　　　　2.「『民族學』的詢問與記錄」 ··········· 287
　　　　3. 西南民族誌：表述轉換後的「國族誌」 289
參考文獻 ··· 293
附錄 1　民族調查部分文獻 ····················· 309
附錄 2　民國期刊部分論文文獻 ················· 321
附錄 3　相關學者訪談 ···························· 345
後　記 ··· 347

導 論

1. 西南視野與中國研究

　　2010 年，第五屆中國文學人類學年會以「表述中國文化：多元族群與多重視角」為主題。會議發起人將中華各民族的文學與文化作為完整共同體的有機部分來考察，倡導揭示多民族國家的文化多樣性，以及地方和族群文化間彼此關聯的多樣性視角。會議印發的文件「宗旨」指出：以漢文書寫為載體的中國傳統王朝正史習慣於以中原帝國為中心的敘事，多族群的邊緣視角遭到長久的蔑視和忽略，因此需要重新強調：

　　　　（1）打破三千年來佔據統治地位的王朝敘事範型，從多元共生與融合互動的族群視角和邊緣文化視角，重新尋找「表述中國文化」（presenting Chinese culture or writing cultures within China）和中國經驗的學術契機；

　　　　（2）彰顯少數族裔和弱勢群體的表述意義，探討其對重建新多元視角的中國文化觀的資源價值。〔註1〕

　　徐新建進一步指出，對「表述中國」單一模式的突破，晚清至民國是關鍵所在。〔註2〕在這段時期裡，不僅中國被認為是多元的，而且表述中國的聲音也是多元的。漢語世界認識中國的基本分野在當時特別凸顯，具體來講，

〔註1〕　參見徐新建、葉舒憲和彭兆榮起草的中國文學人類學研究會第五屆年會宗旨《表述「中國文化」：多元族群與多重視角》，會議資料打印稿，2010 年 6 月。
〔註2〕　徐新建：《表述中國：帝國和民國的歷史敘事》，《社會科學家》，2012 年第 2 期。

一類是以民國時期顧頡剛等人在國家危亡之下強調「國族」認同的一元中國論說，另一類是民國時即開始關注的西南研究、西北研究、東南研究等以區域為單位的多元中國論說。當今學界，一元與多元，中心與邊緣，同質與異質，這種關於中國的話題模式依然出現在各種學科的相關討論中，至今仍有探討的空間。本書關注的起點即為民國時期。

2011 年，葛兆光出版了《宅茲中國——重建有關「中國」的歷史論述》一書。書中就如何研究「中國」的問題，再次肯定了傅斯年在 1928 年強調「虜學」研究的重要。

所謂「虜學」，用當時的話說，即指「四裔」之學。〔註 3〕那時，傅斯年遺憾學界的研究落後於西方漢學，因此設想推動中國研究「將來一步一步西去，到中央亞細亞」，從敦煌、安西到中亞，重心在西北。〔註 4〕傅斯年對於當時傳統學術研究的貢獻是很明顯的。不過，葛兆光認為，要重新認識中國，從國際視野的角度說，還需從「虜學」的眼光，擴展至「從周邊看中國」，〔註 5〕而作為「虜學」的補充與延伸，葛氏所言的「周邊」，是 1938 年胡適在英文論文《近年來所發現有關中國歷史的新資料》中所提到的「日本朝鮮所存中國史料」，即中國之「東邊」的一些國家，葛氏認為，「它將成為學術『新的增長點』」。〔註 6〕而在葛氏的書中，很少提及中國西南區域，即使在肯定 1928 年成立的中央研究院歷史語言研究所的學術典範和學術重鎮之意義的總結中，也未提及當時關於西南的調查與研究。〔註 7〕

就在《宅茲中國——重建有關「中國」的歷史論述》一書出版的同年，西南學者徐新建，在普洱師範學院舉辦的「誓言不朽同心永結」討論會上，以「詔書」和「盟誓」兩組較為「邊緣」的事例為起點，說明了現代中國之

〔註 3〕 傅斯年在《歷史語言研究所之工作旨趣》中提到「虜學」：如匈奴，鮮卑，突厥，回紇，契丹，女真，蒙古，滿洲等問題，在歐洲人卻施格外的注意。說句笑話，假如中國學是漢學，為此學者是漢學家，則西洋人治這些匈奴以來的問題豈不是虜學，治這學者豈不是虜學家嗎？然而也許漢學之發達有些地方正藉重虜學呢！見傅斯年：《歷史語言研究所之工作旨趣》，《歷史語言研究所集刊》第一本第一分，中央研究院，1928 年。

〔註 4〕 這是傅斯年設想歷史語言研究所求新材料的第二步。第一步是沿京漢路，安陽至易州、邯鄲等故都，這是容易得到材料的地方。

〔註 5〕 葛兆光：《宅茲中國——重建有關「中國」的歷史論述》，北京：中華書局，2011 年。第 286～295 頁。

〔註 6〕 同上。第 285 頁。

〔註 7〕 同上。第 273～285 頁。

多元歷史的由來和特徵。在如何認識中國問題上，再次重申了「從西南認識中國」的重要視角。〔註8〕

　　往前追溯，2005 年，徐新建就從族群地理與生態史學的角度，強調了「藏彝走廊」跨越行省史觀審視中國文化歷史的意義；〔註9〕可巧的是，葛兆光也在同年同一期刊物上，以「中國早早地就具有了文明的同一性」作爲基點，質疑杜贊奇「從民族國家拯救歷史」的中國「虛假同一性」論說。〔註10〕上述二位學者的觀點與討論代表了認識中國所側重的不同視角。

　　在民國時期的民族誌文本中，西南已體現出中國文化的多樣性，在新中國成立之後的民族識別工程中，西南又被識別爲最多族群的地區（官方識別爲 25 個民族），在後來的學術研究中，西南也呈現出另一種類型的多樣化，歷史學、地理學、宗教學、民俗學、民族學、人類學蜂擁而入，使得西南研究成爲顯學。20 世紀 90 年代「西南研究」被一批西南學者以及研究西南的學者再次強調，並提出「西南學派」〔註11〕，然而，西南研究還是未竟的事業，學術各界仍在探索前進的空間。

　　作爲獨特的文化區域，西南引人關注與西學東漸的人類學、民族學關係密切。但新中國建立後，人類學作爲「資產階級學科」被取消 27 年（1952～1979 年），僅保留了民族學研究處理中國的民族問題，而今，從歷史、地理、政治、文化、考古等方面進行的西南研究成果已經不少（詳見綜述部分），但並未有從民族誌的視角進行整體分析。關於各單一學科分類研究的局限性問題，埃里克·沃爾夫（Eric Wolf）有過深刻的反思。他在《歐洲與沒有歷史的人民》一書中批評了政治學、經濟學、政治經濟學、社會學等學科在研究中如何忽略了「人類世界是一個由諸多彼此關聯的過程組成的復合體和整體」這一事實。「歷史學家、經濟學家和政治科學家都無一例外地把獨立的民族當作基本分析框架。社會學繼續把世界分割成彼此獨立的社會。」〔註12〕

〔註8〕　徐新建：《從「普洱誓盟」看現代中國的「民族表述」》，《民族文學研究》，2012年第 4 期。

〔註9〕　徐新建：《族群地理與生態史學：從「藏彝走廊」談起》，《二十一世紀》（香港），2005 年 8 月號，第 104～114 頁。

〔註10〕　葛兆光：《重建關於「中國」的歷史論述——從民族國家中拯救歷史，還是在歷史中理解民族國家？》，《二十一世紀》（香港），2005 年 8 月號。

〔註11〕　徐新建：《西南研究論》，昆明：雲南教育出版社，1992 年。

〔註12〕　〔美〕埃里克·沃爾夫（Wolf.E.R.）著，趙丙祥、劉傳珠、楊玉靜譯：《歐洲與沒有歷史的人民》，導論。上海：上海人民出版社，2006 年。

人類學是否就能達到最周全的研究呢？沃爾夫也談到人類學的功能主義,他說,人類學家對單個群體的「所思所想」的研究通常用功能主義法則,實質上,他們的興趣是探究意義的地方微觀世界,在他們的想像中,他們是自成一體的系統。〔註13〕雖然人類學的功能主義被沃爾夫質疑,但民族誌進入中國後,與同時期的西方世界相比,發揮了不同的作用。同時翻檢當時的西南調查,發現其文本體例及內容遠非功能主義所能涵蓋,文本在體例上顯示出中西結合的特徵,在內容中體現出歷史與現實的關聯對照。因此,選擇民族誌文本作爲研究對象,可以相對全面地呈現西南文化的豐富性與中國文化的多樣性。因爲民族誌本身具有這樣的優勢:民族誌自身所具有整體觀的認識論,至少可以比較有效地糾正以前被僵化、扭曲、刻板的文化表述。在這個意義上,民族誌進入西南可以超越以前過度概括化的西南描寫,從而將西南作爲人類世界的「復合體」和「整體」加以觀照(雖然當時的西南民族誌並沒有達到如此目的,另當別論)。

回到民國,當時的兩種中國模式即「一元中國」與「多元中國」論說是否並行?王明珂等學者已有回應。王認爲,無論從歷史還是考古,當時的「中研院歷史語言研究所」對西南民族的調查,實質是在「國族主義」下,再造了一次「華夏邊緣」。〔註14〕王明珂從「歷史創造者」的角度對中國早期的民族調查作了深入的總結。然而,就具體記錄而言,多元中國(文化多樣性)同樣體現在民國調查的表述中,雖然有的充滿了文學似的想像與趣味。受科學主義影響,其想像與趣味又常常被科學話語置換。可以說,這一時期,是表述中國的傳統話語方式與現代話語方式大混雜、大融合的時期。對民族調查而言,又是以現代科學話語規範其表述方式的時期。因此,本書想將研究文本擴大,以廣義民族誌文本作爲討論對象,並適當列入被調查對象的自我表述進行參照對比,以西南調查爲重點,來討論當時的中國表述樣態。

本書選擇中國早期民族誌的西南書寫文本進行分析,重點在於探討在中華民國建設過程中,中國知識分子在西方所謂科學理念下,如何利用現代民族學、人類學知識去發現和表述西南的地方文化與少數民族,以及這種表述背後所蘊含的意義。更爲重要的是,本書將納入一些被表述對象的言論進行

〔註13〕同上。第 23 頁。
〔註14〕王明珂:《華夏邊緣:歷史記憶與族群認同》,(第十一章　近代華夏邊緣再造)
　　　　北京:社會科學文獻出版社,2006 年。

參照分析，以更深入地探討其時關於中國民族的多元表述眞實性。在本書的分析中，涉及幾個關鍵的話題。

2. 民國・西南・民族誌

民國、西南、民族誌，是本書研究內容中的三個關鍵詞，其在本書研究中的作用及意義如下。

民國。選擇民國時期作爲論述的中心是有緣由的。「民國」一詞含義非常豐富，至今學界論說不休。至少有三點是本書需強調的。一是民國意味著中國從「天下」到「國家」的重要轉變。〔註15〕民國是主權國家在國際體系中的一個新事物，民國也是一套新話語產生的時代，這個時代出現了現代教育體系、現代學術制度及現代社會思想，民族誌的出現與之密切相關。如果把司馬遷時代看作是前民族誌時代，本研究中的民國可以看成是對地方、人群、文化表述的民族誌時代，這一時期，可稱之爲中原王朝進入現代民族國家建構中的社會轉型期，其學術轉型的特點之一表現在知識分子對一個地方、人群、文化的描述方式發生了文本轉移，並體現了他們對地方性知識認知的新變化。作爲現代性知識生產大潮中的重要支流，民族誌也成爲國家建構的重要工具。二是民國學術的多元化。民國時期特別強調的民本思想是本書關注的重點。當「目光向下的革命」〔註16〕推進以後，少數的、邊緣的「蠻夷」開始被學界注視，他們也獲得了被主流社會關注的可能，所以民族誌無論以何種「面目」進入中國，在何種程度上被「本土」使用，在民國思想史上都是值得肯定的。歷來，少數民族在正史中都是作爲中原漢族的陪襯，甚至被以妖魔化的、污名化的他者形象，裏挾在列傳、方志等補充性歷史文本裏。司馬遷以來的書寫系統中，各個邊緣族群雖被提及，但其文本中表現出的帝王中心意識還是相當明顯。民族誌以另一種學術觀念參與族群敘事，對傳統中原中心的學術觀也帶來了審視和衝擊，在某種程度上也意味著學術的多元，因爲至少從事民族調查的學者，原則上是認同民主、平等思想的。四方蠻夷的他稱，也第一次被轉換爲「邊疆同胞」；同時民族調查本身，原則

〔註15〕〔美〕列文森（Joseph R. Levenson）著，鄭大華、任菁譯：《儒教中國及其現代命運》，北京：中國社會科學出版社，2000年。第87頁。

〔註16〕「眼光向下的革命」是借用趙世瑜的觀點。見趙世瑜著：《眼光向下的革命——中國現代民俗學思想史論（1918～1937）》，北京：北京師範大學出版社，1999年。

上也是強調科學與客觀原則的。三是民國的多元歷史中，國民政府的官方話語對知識分子的民族調查產生了重要影響，學術與政治的糾葛，是其時民族調查的主要特點。民國的新知識分子群體在民族調查中發揮了特殊作用。在本書裏，民國作爲一個歷史的表述單位，還需要向後回溯至 1905 年那場「靜悄悄的革命」，即科舉制度的廢除，因爲特定的知識群體由此產生。許紀霖認爲，科舉是保持王朝一體化的最重要的方式。〔註 17〕中華帝國的疆域極其遼闊，而當時的技術手段又相當落後，因此，如何對廣土眾民實施有效的統治，使之形成共同的天下意識和王朝意識，沒有科舉顯然是無法實現的，科舉發揮了王朝一體化的整合功能。1905 年之後呢？科舉制的廢除，使得精英開始多元化了，不再往國家流動，而是流落到民間，國家與精英的關係在 1905年後出現了疏離。〔註 18〕現代教育啓動，中國的知識分子成爲「官」「民」之間的「新知識群」──「士」，〔註 19〕他們的身份出現了模糊性，游離在學、政之間。他們或出國學習考察，或著書立說，或翻譯西方科學與文化的著作，大量引進西學。在這之前已悄然東漸的西方人類學（民族學），〔註 20〕此時開始大力跟進。而這些參與西南民族調查的「新知識群」，既懷抱西方，又因襲了傳統知識分子「天下興亡」的責任感。

　　西南。在現代學術實踐的開展中，西南民族調查成爲一門新學問。江應樑在《評鳥居龍藏之苗族調查報告》中說：

> 　　民族調查在今日已普遍地爲中外學者所重視，中國是一個民族調查對象的寶庫，尤其是西南邊省各地，其境內擁有若干原始半原始的古代民族的殘遺，從這種殘遺裡，可以給以歷史學、社會學、人類學、民族學等科學上偉大的發現，是以西南民族四字，差不多可以成爲研究上的一個新的科學名詞，而對西南民族的調查與研究，也差不多成爲了一種新的專門學問。〔註 21〕

　　從歷史上看，滿清以後，國民政府成立，政治中心設在南京，從地理上

〔註 17〕 許紀霖等：《「科舉廢除百年祭」學術筆談》，《文匯報》，2010 年 11 月 09 日。
〔註 18〕 百年前的那場千年「停廢」，《文匯報》，2005 年 12 月 25 日。
〔註 19〕 徐新建：《民歌與國學》，成都：巴蜀書社，2006 年。第 6 頁。
〔註 20〕 其中標誌性事件是：1903 年林紓和魏易翻譯的《民種學》、林楷青翻譯的《人種學》、劉師培著的《中國民族誌》、1904 年蔣智撰寫的《中國人種考》等。參見王建民的《中國民族學史》（上），昆明：雲南教育出版社，1997 年。
〔註 21〕 江應樑：《評鳥居龍藏之苗族調查報告》，《現代史學》，1937 年第 3 卷第 2 期。

來說，南京還是過去的中原之地，西南仍然是中原之外的邊疆。既然如此，為何大量的民族誌得以在西南產生？結合當時的背景來看，原因是多方面的。其一，西南的特殊性使其在特定時期發揮了歷史上其它區域不可替代的作用。在西方各國對西南邊界的爭奪中，中國急需用現代科學的方法，證明國家的邊界所在。用王明珂的話說，即是「近代華夏邊緣的再造」，〔註22〕在這個「再造」的過程中，「雲貴等西南地區是國族範圍內最模糊的邊緣地帶，此可以說明為何在早期（指 20 世紀上半葉）民族調查研究中，投身於西南民族調查的學者也最多。」〔註 23〕其二，抗日戰爭的爆發，邊疆研究、西南研究興起，致使「邊政學」成為一門顯學，整個中國的學術重鎮發生了歷史性的大遷移。於是，民國時期的學術南移催生了國內學術在現代知識性生產中自然傾向了西南，從而描寫西南的民族誌文本數量成為國內之最，其中產生的經典民族誌也大多與西南有關。即便在與東南相併行的漢人社區研究中，西南的族群研究也佔據了重要一翼。可見，民國西南的民族誌堪稱中國現代民族誌的縮影。

　　另外，西南少數民族第一次在民國時期成為一個重要話題。早在 20 世紀 20 年代初期，《東方雜誌》、《時事月報》、《申報月刊》等就已關注世界上其他國家的「少數民族問題」。抗日戰爭以後，中國邊疆的少數民族問題更被放大。西南、西北尤其是西南少數民族，成為學、政等界關注的焦點。有史以來，西南的大門第一次被中原的巨手推開，西南的各類信息撲面而來，歷史上的西南形象或被印證，或被修正，或被重新發現。對西南的第一次大規模的現代學術書寫產生，這類書寫現在被冠以「民族誌」，但在當時，卻大都被稱之為「調查報告」，其特點是強調現代學科的客觀、科學性。另外，不僅受過西方人類學、民族學訓練的知識分子參與其中，大批政府官員、非專業學者及其他知識分子也參與調查，產生了大批「類民族誌」文本。本書即以此為基礎，探討中國固有的西南書寫傳統，如何結合了西潮而來的現代學術——民族學、人類學，並在當時的政治、文化語境中，產生出表述西南少數民族的新話語方式。

　　對書寫西南的這批中國民族誌究竟如何進行研究呢？這裡需要關注當代

〔註22〕王明珂：《華夏邊緣：歷史記憶與族群認同》，北京：社會科學文獻出版社，2006 年。第 209 頁。

〔註23〕王明珂：《由族群到民族：中國西南歷史經驗》，《西南民族大學學報》，2007 年第 11 期。

學術界對民族誌本身的討論。

民族誌。80 年代以來，隨著人文學科「表述危機」在西方提出，民族誌撰寫的科學權威性也受到質疑，例如《寫文化》（*Writing Culture*）直接面對的問題就是「民族誌文本寫作」的合法性和有效性。克利福德（James Clifford）、馬爾庫斯（George E.Marcus）等人分析了民族誌文本中修辭的運用，以及這些修辭背後所體現出的權力格局等如何影響了民族誌文本權威性的生成。〔註24〕

近十年來，中國民族學、人類學界也深受「寫文化」的影響，大有對傳統民族誌書寫進行徹底清算之勢，並對目前中國民族誌的發展產生了重要的影響。高丙中作為《寫文化》的譯者，將《寫文化》時代總結為民族誌發展的第三個時代。第一個時代的民族誌是自發性的、隨意性的和業餘性的，有文字而又重文獻的民族大都有自己的文化特色的民族誌。第二個時代是通過學科規範支撐起「科學性」的時代。第三個時代是從反思以「科學」自我期許的人類學家的知識生產過程開始萌發的，即《寫文化》的時代。〔註25〕這三個時代的總結雖然不能代表全球（因為人類學的民族誌進入中國和其它非西方國家可能因為不一樣的歷史傳統而出現很不一樣的情況），但是適合中國。

受《寫文化》的影響，中國學術界也開始了民族誌的討論與研究，尤其是文學人類學界學者成為討論與研究的主力軍。2008 年，中國文學人類學研究會召開「人類學寫作」為主題的第四屆年會。「人類學寫作」，若從字面上理解，兼指文藝創作方面的「人類學轉向」和人類學研究與表述方面的「文學轉向」的雙重含義；從比喻的意義上，泛指人文社會科學研究方面的「人類學轉向」。年會選編的文集是在年會的論文基礎上擴展而成的，討論了文藝創作的人類學轉向、人類學的文學轉向、人文社會科學的人類學轉向等三個轉向，以及文學家的人類學寫作、對人類學範式文學轉向的學術史意義和方法論意義的研究、對當代文學研究中的「文化闡釋」潮流的學術史反思與系譜分析、從範式與方法看人類學如何引導我們重新進入中國和世界的「歷史」等四個議題。其中，在案例的分析上，重點對傳統民族誌文本進行了反思。

〔註24〕〔美〕詹姆斯·克利福德（James Clifford）、喬治·E.馬庫斯（George E. Marcus）編，高丙中等譯：《寫文化——人類學的詩學與政治學》，北京：商務印書館，2008 年。第 31 頁。

〔註25〕同上。序，第 6～15 頁。

提交的論文大多從文學與人類學的雙重視野出發，關注「寫作的人類性」及「人類學的寫作性」問題。

在這之間的先後幾年間，學界運用文學人類學方法研究出了一批成果。這批成果比較注重強調民族誌的文學性，重視民族誌的闡釋性，大多用文學理論將民族誌作爲文學文本進行分析。比如，徐魯亞通過梳理民族誌發展的過程反思民族誌文本的本質，質疑「文化的科學」，並提出人類學的文化撰寫既然是「寫作」，就沒有什麼範式可言。〔註 26〕索龍高娃在《文學人類學方法論辨析》的論文中，重點從敘述結構與風格、民族誌作者在文本中的角色、被研究者的共性、術語的潤飾、表述的手段等純文學的角度分析民族誌的修辭。〔註 27〕對於民族誌來講，上述文學人類學的研究方法頗爲新穎。但值得強調的是，過度闡釋文學問題可能導致人類學民族誌離開其根基，而專注對應了虛構與想像。如果只講其文學性，顯然無法尋找民族誌的新出路，也無法爲各學科所認同。另一類文章從理論層面來探討，認爲「科學民族誌」只是一個虛假概念，主體民族誌是對科學民族誌的顚覆。既然所有的民族誌都是主體的建構，那麼所謂的客觀眞理就不再存在。〔註 28〕如果此觀點成立，民族誌會落入更大的恐慌。如阿吉柔所說：如果我們意識到「同一性」只是一種建構，那我們將會發現這個世界所有的意義、目的、意味都是我們所強加，而這種想法多麼危險。〔註 29〕主體民族誌應該在何種層面上討論才有效？同樣是個值得深思的問題。

其實，無論是對科學民族誌質疑還是贊同，這種二元悖論的思維模式始終會引起爭議。以中國的民族識別爲例，中西學者之間或者說兩種觀點之間一直有抗爭。在質疑民族誌眞實性的語境之下，部分國外及港臺學者對西南民族識別的質疑之風興起，中國學者也參與到論爭之中。以「華盛頓學派」的斯蒂文・郝瑞（Stevan Harrell）與中國學者李紹明關於彝族識別問題爲例，前者解構了彝族識別的現代生成，認爲彝族支系眾多，而且均有各自的文化，其聚攏帶有任意性，是一種政治話語。〔註 30〕後者以彝族的古代表述與自表

〔註 26〕徐魯亞：《神話與傳說——論人類學文化撰寫範式的演變》，中央民族大學博士論文，2003 年。
〔註 27〕索龍高娃：《文學人類學方法論辨析》，中央民族大學碩士論文，2005 年。
〔註 28〕朱炳祥：《反思與重構：論「主體民族誌」》，《民族研究》，2011 年第 3 期。
〔註 29〕許晶：《從「Representation」看人類學「表述危機」》，《廣西民族研究》，2006 年第 3 期。
〔註 30〕〔美〕斯蒂文・郝瑞（Stevan Harrel）著，巴莫阿依、曲木鐵西譯：《田野中

述等對其進行反駁。認爲彝族有相同的文化和彼此的認同。〔註31〕民族識別形成了兩種討論景觀：一種背離傳統文獻，強調民族的現代建構論；另一類背靠傳統文獻，強調民族的原生論。應該說，民族識別並非簡單的建構論或者原生論可以概括。其實，國外學術界也在對此進行反思，斯坦福大學墨磊寧的（Thomas s. Mullaney）關於民族識別的新著，將民族識別工程，追溯到民國時期的西南邊疆民族調查，試圖用「分類學」的方法，還原民族識別這一知識生產的全過程，〔註32〕算是爲民族識別找到了歷史性依據，而非簡單地認同「建構論」。

「寫文化」以來形成的對「科學民族誌」解構之風似乎很難從根本上解決民族誌寫作問題。1998 年，《寫文化之後：當代人類學的認識論和實踐》〔註33〕結集出版，試圖使人們再次關注民族誌藉以獲得權威的社會過程，並認爲人類學的理論危機能夠通過具體的經歷來克服。〔註34〕用這樣的思路來分析民族誌，本書認爲，所謂原生論即是客觀眞實，所謂建構論即是虛構的說法大有商榷空間。關於眞實或眞相的問題，哲學、宗教、歷史等各個學科都有相關討論。但眞實或眞相與建構之間的關係是什麼呢？我們可能很難一言概之。關於文學人類學如何追述文本中的「眞相」，筆者也曾撰文討論。〔註35〕從文學人類學學科角度看，眞相就如康德所言「本相」，即「在其自身中之物」或「物自身」，是不可知的。〔註36〕對於田野研究，我們所關注的是，田野的過程，如何被表述於文本中，而不是結論與眞相；對於文本研究，我們所要做的，是尋找文本話語產生的原因與過程，而不是側重於去鑒

的族群關係與民族認同》，桂林：廣西民族出版社，2000 年。第 21～55，268 頁。

〔註31〕 李紹明：《從中國彝族的認同談族體理論——與郝瑞（StevanHarrell）教授商榷》，《民族研究》，2002 年第 2 期。

〔註32〕 Thomas S.Mullaney. Coming to Terms with the Nation: Ethnic Classification in Modern China.Berkeley: University of California Press, 2011.另見安琪：評墨磊寧的《立國之道：現代中國的民族識別》，《民族研究》，2012 年第 3 期。

〔註33〕 James, Hockey and A. Dawson（eds）. After Writing Culture: Epistemology and Praxis in Contemporary Anthropology. London and NewYork: Routledge, 1997.

〔註34〕 黃劍波：《寫文化之爭——人類學中的後現代話語及研究轉向》，《思想戰線》，2004 年第 4 期。

〔註35〕 王璐：《從「文本中心」到「本文」探求：文學人類學研究範式探討》，《西南民族大學學報》，2011 年第 1 期。

〔註36〕 〔英〕特雷·伊格爾頓著，伍曉明譯：《二十世紀西方文學理論》，北京：北京大學出版社，2007 年。

定文本話語是眞實還是非眞實。總之，我們尋求的是過程，無論是當時的調查還是調查之後產生的文本，過程中產生了人與人、人與物、人與自然、歷史、社會之間的關係。而這，恰是人類學所關注的重點。

　　借用具體的民族誌文本，可以在文學與人類學之間尋找民族誌形成的過程，即民族誌其實是科學與文學相結合的產物。從科學來講，民族誌使得西南民族文化以調查者的第一手材料得以呈現；從文學來說，這第一手呈現的材料在記錄上呈現出客觀之中有主觀選擇性。因此，討論中國的民族誌，需要在非科學與科學之間尋找關聯。如何尋找呢？「民族誌」也需要從現代回到傳統。通常，人們會用一種進化的眼光來看待民族誌的發展，認爲一個民族誌時代過去了，另一個民族誌時代來到了，於是宣佈過去民族誌時代的死亡。而實際情況卻並非如此，高丙中所言的三個時代並不應當如是看。民族誌的三個時代可以看成是共生性的三個時代，而不是歷時性的。如何打通三個時代才是問題的關鍵。比如，第一個時代，我們暫且稱之爲「前民族誌時代」所產生的作品，在中國的語境中，與認識「民族誌」這個概念及早期的中國民族誌有重要關聯。用徐新建的話說，民族誌並非簡單的「寫文化」，尤其在中國的語境中，甚至還需要回到古代關乎具有普世關懷、哲學維度的一些讀本，這是人類學的資源，它們是與寫文化問題、人類學的文學問題、民族誌表述問題相通的。〔註37〕本書也以同樣思路觀照，中國早期民族誌絕不是 ethnography 落地中國後的西方移植，不僅在文本體例，而且在寫作方式上，早期民族誌都體現出與西方同時期不一樣的特點。如果用廣義的民族誌概念考查，並採用現代學術眼光，那麼這些文本類型可以說是跨越了高丙中所言民族誌三個時代中的任何一個時代。

研究現狀

　　從民族誌的角度整體觀照西南有許多前人研究值得借鑒。由於中國政治語境的變化，從事中國民族調查的學者於 1949 年後分爲兩路，一邊在臺灣，一邊在大陸。學界對其研究開始也是臺灣學者重視赴臺民族學家的研究，大陸學者重視對留在大陸的民族學家的研究。對外開放以後，兩地交叉互動研究增多。外國學者對中國的研究也同步增加了。目前對西南民族的調查文本研究，大體散現於以下四類：

〔註37〕徐新建：《從文學到人類學——關於民族誌和寫文化的答問》，《北方民族大學學報》，2009 年第 1 期。

　　第一類是對調查者的調查地點重訪或對調查者個人及其作品進行研究。

　　臺灣學界對 1949 年隨中央研究院入臺後的民族學家、人類學家研究頗多，如淩純聲、芮逸夫先生等。對其最早進行研究的當屬李亦園、喬健等諸位先生，以及稍後的王明珂、謝世忠、何翠萍、黃應貴等諸學者。如李亦園先生的《淩純聲先生對中國民族學之貢獻》〔註 38〕、《中國的民族、社會與文化：芮逸夫教授的學術成就與貢獻》（1981 年）〔註 39〕。王明珂的《國族邊緣、邊界與變遷——兩個近代中國邊疆民族考察的例子》、《尋訪淩純聲、芮逸夫兩先生的足迹 史語所早期中國西南民族調查的回顧》、《民族文物之反映與映照》〔註 40〕等。謝世忠、孫寶鋼主編的《人類學研究：慶祝芮逸夫教授九秩華誕論文集》〔註 41〕、何翠萍的《從少數民族研究的幾個個案談「己」與「異己」的關係》〔註 42〕、徐正光、黃應貴主編的《人類學在臺灣的發展：回顧與展望》中的部分內容等〔註 43〕。

　　大陸學界對林耀華、馬長壽、任乃強、楊成志、李安宅、莊學本、葛維漢等均有相關研究。如潘守永的《林耀華評傳》〔註 44〕、陳波的《李安宅與華西派人類學》〔註 45〕、楊清媚的《最後的紳士——以費孝通爲個人案例的人類學史研究》〔註 46〕、吳雯的《民族誌記錄和邊疆形象》等〔註 47〕。

　　費孝通主持的「雲南三村」調查、許烺光在大理「西鎮」（喜洲）展開的

〔註 38〕《淩純聲先生對中國民族學之貢獻》，中央研究院民族學研究所集刊，第 29 期。

〔註 39〕李亦園：《中國的民族、社會與文化：芮逸夫教授的學術成就與貢獻》，臺北：食貨出版社，1981 年。

〔註 40〕王明珂：《國族邊緣、邊界與變遷——兩個近代中國邊疆民族考察的例子》，《新史學》，2010 年 9 月。《尋訪淩純聲、芮逸夫兩先生的足迹 史語所早期中國西南民族調查的回顧》，《古今論衡》，2008 年第 18 期。《民族文物之反映與映照》，《歷史月刊》，2003 年 6 月。

〔註 41〕謝世忠、孫寶鋼主編：《人類學研究：慶祝芮逸夫教授九秩華誕論文集》，臺北：南天書局，1990 年。

〔註 42〕何翠萍：《從少數民族研究的幾個個案談「己」與「異己」的關係》，徐正光、黃應貴主編：《人類學在臺灣的發展：回顧與展望》，臺北：中央研究院民族學研究所，1999 年。

〔註 43〕徐正光、黃應貴主編：《人類學在臺灣的發展：回顧與展望》，臺北：中央研究院民族學研究所，1999 年。

〔註 44〕潘守永：《林耀華評傳》，北京：民族出版社，2009 年。

〔註 45〕陳波：《李安宅與華西派人類學》，成都：巴蜀書社，2010 年。

〔註 46〕楊清媚：《最後的紳士——以費孝通爲個人案例的人類學史研究》，北京：世界圖書出版公司，2010 年。

〔註 47〕吳雯：《民族誌記錄和邊疆形象》，四川大學碩士論文，2006 年。

祖先崇拜研究、田汝康對「擺夷」（傣族）村寨進行的研究等，均被後代學人回訪，並作出了新的研究分析。如張宏明重新考察祿村的土地制度寫成《土地制度與公共儀式的變遷——祿村再研究》〔註48〕、梁永佳重訪喜洲寫成《地域崇拜的等級結構——大理喜洲儀式與文化的田野考察》〔註49〕、褚建芳回訪芒市的「擺」寫成《人神之間——雲南芒市一個傣族村寨的儀式生活與等級秩序》等〔註50〕。上述回訪成果，提出了具有繼承和反思雙重性格的觀點。〔註51〕對調查者個人及其作品的研究比較集中地反映在《中國人類學評論》中。搜索《中國人類學評論》第 1～18 輯的登錄文章，可以看到，集中談到西南民族誌、人類學研究的是第 7 輯的「反思西南人類學」專欄，此欄刊登了 11 篇相關文章；第 13 輯也專門談民國民族誌，共選了 7 篇作評論，其中西南民族誌佔了 4 篇。涉及評論的民族誌是任乃強的《瀘定導遊》（1939）、吳澤霖等《貴州苗夷社會研究》（1942）、林耀華的《涼山彝家》（1944）、田汝康的《芒市邊民的擺》（1946）。對民族學家個人的西南民族誌研究也散見於期刊論文。

第二類是關於民族學、人類學的學術史研究。西南民族調查被放在其中加以總結和論述，目前代表性的著作是王建民的《中國民族學史》（1903～1949）（1997）〔註52〕、顧定國的《中國人類學逸史——從馬林洛斯基到莫斯科到毛澤東》（2000）〔註53〕、胡鴻保的《中國人類學史》（2006）等〔註54〕。這類研究注重人類學發展的整體面貌，並未對西南民族誌作特別分析，但勾勒出了西南民族誌的生產語境與歷史脈絡。

第三類是關於調查機構或研究機構、學會、政府政策等相關研究。

組織西南民族調查最重要的機構當屬中央研究院。臺灣中央研究院研究

〔註48〕張宏明：《土地制度與公共儀式的變遷——祿村再研究》，北京大學博士論文，2002 年。

〔註49〕梁永佳：《地域崇拜的等級結構——大理喜洲儀式與文化的田野考察》，北京大學博士論文，2003 年。

〔註50〕褚建芳：《人神之間——雲南芒市一個傣族村寨的儀式生活與等級秩序》，北京大學博士論文，2003 年。

〔註51〕王銘銘：《繼承與反思——記雲南三個人類學田野工作地點的「再研究」》，《社會學研究》，2005 年第 2 期。

〔註52〕王建民：《中國民族學史》（上），昆明：雲南教育出版社，1997 年。

〔註53〕〔美〕顧定國著，胡鴻保周燕譯：《中國人類學逸史——從馬林諾斯基到莫斯科到毛澤東》，北京：社會科學文獻出版社，2000 年。

〔註54〕胡鴻保：《中國人類學史》，北京：中國人民大學出版社，2006 年。

員王明珂，對中央研究院早期西南民族調查的研究成果集中體現在他的《華夏邊緣：歷史記憶與族群認同》〔註 55〕一書的第十一章（「近代華夏邊緣再造」），該章強調了中研院早期西南民族調查對於華夏邊緣的認識與建構作用。另外，關於民國時期的邊政研究有汪洪亮的《顧頡剛與民國時期的邊政研究》、《民國時期的邊政研究與民族學——從楊成志的一篇舊文說起》〔註 56〕等，關於民國邊疆機構與刊物的歸納整理有房建昌的《簡述民國年間有關中國邊疆的機構與刊物》〔註 57〕。對國民政府的西南民族政策研究也相繼出版了馬玉華的《國民政府對西南少數民族調查之研究（1929～1948）》（2006 年）〔註 58〕、李國棟的《民國時期的民族問題與民國政府的民族政策研究》（2009年）等。〔註 59〕對此問題的國外研究有 David Michael 的《中國西南的國家少數民族政策（1911～1965）》〔註 60〕等。

第四類是以地域分類的研究如西南或云南、貴州、四川等，或近年來以具體族群學，如彝學、苗學等學科視角展開的相關研究。

以民國時期「西南」調查為範圍的研究並不多。臺灣大學王鵬惠的博士論文《失意的國族／詩意的民族／失憶的族／國：影顯民國時期的西南少數民族》〔註 61〕以民國時期的西南少數民族影像為研究對象，從影像民族誌的新視角，探討了民族調查與國族的關係。專門總結雲南民族調查的是白興發的新作——《二十世紀前半期的雲南民族學》（2011 年）〔註 62〕。無論是民族調查還是民族誌研究，國外對西南的研究一直未有中斷，如，Anna M. Pikelis

〔註55〕 王明珂：《華夏邊緣——歷史記憶與族群認同》，北京：社會科學文獻出版社，2006 年。
〔註56〕 汪洪亮：《顧頡剛與民國時期的邊政研究》，《齊魯學刊》，2013 年第 1 期。《民國時期的邊政研究與民族學——從楊成志的一篇舊文說起》，《民族研究》，2011 年第 4 期。
〔註57〕 房建昌：《簡述民國年間有關中國邊疆的機構與刊物》，《中國邊疆史地研究》1997 年第 2 期。
〔註58〕 馬玉華：《國民政府對西南少數民族調查之研究（1929～1948）》，昆明：雲南人民出版社，2006 年。
〔註59〕 李國棟：《民國時期的民族問題與民國政府的民族政策研究》，北京：民族出版社，2009 年。
〔註60〕 David Michael Deal. *National minority policy in SouthwestChina（1911～1965）*. Seattle：University of Washington,1971.
〔註61〕 王鵬惠：《失意的國族／詩意的民族／失憶的族／國：影顯民國時期的西南少數民族》，臺灣大學博士論文，2009 年
〔註62〕 白興發：《二十世紀前半期的雲南民族學》，北京：民族出版社，2011 年。

的《中國西南涼山獨立羅羅的文化立場》（*Cultural position of the independent Lolo of the Liang Shan area, Southwest China*）〔註63〕，德國鮑克蘭（Inez de Beauclair）的《中國西南土著文化》（*Tribal cultures of southwest China*）（此書更屬於民族調查，而非民族誌研究），〔註64〕Ou Chaoquan 的《中國西南卡瓦山的生活（1930～1949）》（*Life in a Kam village in southwest China, 1930~1949*）〔註65〕等。

　　關於苗學研究中的民族誌。與早期民族調查相關的苗學研究，成果頗豐。香港中文大學張兆和（Cheung, Siu-woo）的博士論文《主體與表述：黔東南的身份政治》（*Subject and representation：identity politics in Southeast Guizhou*）University of Washington, 1996）中就曾涉及到西南民族誌文本分析。此後，張兆和繼續關注貴州的早期民族問題及民族調查。《從「他者描寫」到「自我表述」——民國時期石啓貴關於湘西苗族身份的探索與實踐》〔註66〕，對比了民國時期凌純聲和芮逸夫這兩位任職於國立「中央研究院」的中國民族學家合著的《湘西苗族調查報告》與石啓貴的《湘西苗族實地調查報告》，通過苗人知識分子族群身份認同觀念的考查，探討了在當時呈現的國族體系中，苗人作爲少數族裔社群的邊界如何被劃定及其產生的相關影響。《黔西苗族身份的漢文書寫與近代中國的族群認同——楊漢先的個案研究》〔註67〕認爲，楊漢先關於貴州西部苗族歷史文化的民族誌書寫，應放在民國年間政府構建現代國族體制的歷史脈絡中來分析，將其理解爲中國西南部土著族群爭取國家確認他們的民族身份和政治地位的一項努力。

　　少數民族與國族建構的關聯是一個重要話題。謝幸芸的《近代中國苗族之國族化（1911～1949）》〔註68〕論述了苗族國族化的過程。石茂明的《跨國

〔註63〕Anna M. Pikelis（D）.Cultural position of the independent Lolo of the Liang Shan area, southwest China. Chicago：University of Chicago，1956.

〔註64〕Inez de Beauclair. *Tribal cultures of southwest China*. Taipei: Orient Cultural Service, 1970.

〔註65〕Ou Chaoquan. *Life in a Kam village in southwest China* 1930～1949. Boston ：Brill, 2007.

〔註66〕張兆和：《從「他者描寫」到「自我表述」——民國時期石啓貴關於湘西苗族身份的探索與實踐》，《廣西民族大學學報》，2008 年第 5 期。

〔註67〕張兆和：《黔西苗族身份的漢文書寫與近代中國的族群認同——楊漢先的個案研究》，《西南民族大學學報》，2010 年第 3 期。

〔註68〕謝幸芸：《近代中國苗族之國族化（1911～1949）》，臺灣師範大學博士論文，2011 年。

界苗族（Hmong 人）研究》〔註69〕以苗族的亞群 Hmong 人爲研究對象，比較全面地梳理了跨國界 Hmong 人在跨居各國的基本情況以及他們如何參與中國近代政治和國家建設的歷史，通過具體事例，探討了「國家邊界」與「族群邊界」的互動、「國家」與「族群」的關係。陳昱成《中國苗族文化的民族學研究》〔註70〕根據民族學的文化理論，從物質文化、制度文化和精神文化三方面對苗族文化內涵與特點加以探討。

澳大利亞國立大學人類學系高級研究員王富文（Dr·NicholasTapp）對跨苗的研究主要有：The "Hmong"of China: Context, Agency, and the lmaginary（《中國的「蒙」：情境、能動性與想像性》，2001）以及他 2007 年 8 月 7 日於大理召開的「跨越邊界與範式——中國西南人類學研究的再思考」國際學術會議上的發言：「Southwest China: Bounded Culture: Hmong and some Others（《中國西南：被框定的文化——以 Hmong 及其他民族爲例》）」。

關於彝學研究中涉及到的民族誌研究，最具代表性的是李列的博士論文《民族想像與學術選擇：彝族研究現代學術的建立》〔註71〕，其文主要對 1928－1949 年彝族研究學術史的梳理和總結，文中選擇了一些具有代表性的學者和學術成果突出的團體對彝族研究進行學理思路和學術方法的討論和反思，審視了現代彝族研究的學術淵源和視角特點。其中涉及楊成志、林耀華等的民族調查文本研究，並思考了本土學者的自觀位的研究視角。伊利貴的《民國時期西南「夷苗」的政治承認訴求》〔註72〕，以夷族女土司高玉柱爲研究對象，分析了主流社會對夷苗的認識。海外彝學研究具代表性的是美國學者斯蒂文·郝瑞（Stevan Harrel），他的《田野中的族群關係與民族認同》〔註73〕以四川攀枝花的幾個彝族支系的不同文化表徵，對彝族認同提出了質疑。他認爲當地的諾蘇（Nu~u）、裏潑（Lepo）、水田（Nalo）、亞拉（Yala）、阿布（Abu）等支系的特點與彝族整體的界定之間存在著一定的矛盾。此外還有藏學、納西學等相關研究，此處不再列舉。

〔註69〕石茂明：《跨國界苗族（Hmong）人研究》，中央民族大學博士論文，2004 年。
〔註70〕陳昱成：《中國苗族文化的民族學研究》，中央民族大學博士論文，2007 年。
〔註71〕李列：《民族想像與學術選擇：彝族研究現代學術的建立》，北京：人民出版社，2006 年。
〔註72〕伊利貴：《民國時期西南「夷苗」的政治承認訴求》，中央民族大學博士論文，2011 年。
〔註73〕〔美〕斯蒂文·郝瑞（Stevan Harrel）著，巴莫阿依、曲木鐵西譯：《田野中的族群關係與民族認同》，桂林：廣西民族出版社，2000 年。

　　另外，西南民族誌常被作爲重要材料放入有關「西南研究」〔註74〕或「中國民族誌」研究的討論中，近年來相關研究成果頗多。西南研究涉及到分地域、分民族的研究，而中國民族誌研究也涉及到「ethnography」翻譯的討論、中國民族誌的發展歷程，以及人類學民族誌本土化等問題，此處不再一一列出。

　　以上研究，有時將民族誌作爲一種工具，既被當時的作者借用來認識人群，也被當代的研究者借用來分析國家與政治。然而，民族誌的宿命並非如此，民族誌是新的方法論，也是新的認識論，它對整個民國的政治、學術以及民族國家的建構均產生了深遠的影響。本書從民族誌體例入手，以文學人類學的「表述理論」爲基礎，試圖還原中華民國早期階段西南民族誌表述中出現的歷史背景、學術脈絡、類型特點及其歷史局限性，並闡述民族誌寫作對於近代中國的地方研究、民族調查乃至邊政治理等諸方面的意義。

3. 表述問題

　　如果將當時的民族誌書寫作爲對眞相的第一重表述，那麼本書的研究已經是對眞相的第二重表述，如果第一重表述本身帶有傾向性、選擇性的記錄，那麼要通過第二重表述來尋求眞相幾乎不可能。因此本書只得另闢途徑，精簡問題，即將民族誌的解釋問題，轉換成作者的表述問題。〔註75〕試圖對西南民族誌的不同表述視角進行分析，通過對具代表性的西南民族誌文本進行「深描」，力圖探討這樣的問題：當時的民族誌文本都重點寫了哪些內容，爲何要寫這些內容，這種知識是如何產生的？爲何同一對象被表述成了不同的文字？在當時西南所處的政治社會語境之下，西南民族誌呈現出了怎樣的特點？對認識中國（民國）的意義何在？

　　要回答上述問題，本書在主體部分將用文學人類學的「表述理論」貫穿。

〔註74〕西南研究相關的書系目前主要有：川滇學者的《西南研究書系》叢書已出版了 30 餘冊，雲南大學主編的《雲南民族村寨調查》叢書共 27 冊，《20 世紀中國民族家庭實錄》和《西南邊疆民族研究書系》數十冊。雲南民族大學主編的《雲南少數民族文化史》叢書十餘冊。貴州、湖南學者編輯了《歷史民族誌研究》叢書多冊。四川大學與西藏大學還聯合編輯出版了《西藏文明研究》叢書 10 冊。中國社科院民族學人類學研究所還編輯出版了《中國少數民族現狀與發展調查研究叢書》西南部分多冊。

〔註75〕這實際上是後現代史學所用的方法。見〔美〕海登・懷特（Hayden White）的《元歷史學》（1973）。懷特把歷史學（和人類學）的解釋問題，轉換成了作者的表述問題。

米達爾認爲：也許民族誌實踐的主要認知在於：「民族誌涉及到一連串眞理的實驗，而這些眞理實驗絕對無法單獨地完成。身爲研究者，我們從來就無法眞正獲得任何社會與文化『完整眞實』的面貌，相反地，從我們特定的觀點來看，我們僅能產生一個關於眞實的譯本，僅能提供給他人一個我們視之爲最適當的觀點作爲思考。」〔註 76〕如何看待西南民族誌的譯本？「適當性」應當怎樣理解？表述理論的介入可以更好地對這一問題進行探討。

　　徐新建指出，表述是文學人類學的起點與核心。在現實和歷史的意義上，表述問題也是人類世界的起點和核心，不是因爲有一個學理的需求我們才關注表述問題，而是從某種意義上來說，現實和歷史的核心也就是表述。表述問題在身份權力、身份話語和身份政治後面存在著作用。身份是潛在的，表述使之成爲可能。如果不關心表述問題，我們不可能去理解和闡釋身份問題。〔註 77〕就民族的田野調查而言，其成果以文本的形成呈現一定是通過語言的表述。其表述方式與表述目的，一定與身份有關。那麼接下來可以說，不關心身份問題，也不能更好地理解爲何要如此表述。從身份到表述，應該如何轉換呢？《西南研究書系》之《西南研究論》中曾經提到，西南話語的重建需要對出現於中原敘述中的他稱現象的歷史超越。西南研究從「他稱」走向「自稱」，最後進入超越空間界限的「第三人稱」，已是一種歷史的必然。〔註 78〕參與「西南研究書系」的徐新建後來將上述人稱問題，轉換爲更具有過程與行動意義的「表述」問題，把「他稱」與「自稱」轉換爲「他表述」與「自表述」，以此來強調表述的主體性。〔註 79〕

　　由此出發，在關於民族誌文本的表述中，筆者也按作者的族屬關係進行區分，把他者對異文化的書寫稱之爲「他表述」，本族人對本族文化的書寫，稱之爲「自表述」。這樣的區分還可再細化。其實，「他表述」所涉及表述身份很複雜，有國外調查者的「他表述」，學者的「他表述」，官方的「他表述」，普通知識分子的「他表述」。同樣，「自表述」本身就值得追問：眞正有所謂

〔註 76〕〔英〕安・格雷（Gray.A）著，許夢雲譯，高丙中校：《文化研究：民族誌方法與生活文化》，重慶：重慶大學出版社，2009 年。第 27 頁。

〔註 77〕徐新建：《表述問題：文學人類學的起點和核心——爲中國文學人類學研究會第五屆年會而作》，《西南民族大學學報》，2011 年第 1 期。

〔註 78〕徐新建：《西南研究論》，昆明：雲南教育出版社，1992 年。第 240 頁。

〔註 79〕徐新建、唐啓翠：《「表述」問題：文學人類學的理論核心——文學人類學發展與展望訪談之三》，《社會科學家》，2012 年第 2 期。

的「自」麼？如果要用文本的形式來呈現表述，「自表述」並非僅僅是「自」了，「自表述」含有「他性」，「自表述」借用了「他」的表現形式——西方民族誌，借用了「他」的語言——漢語，借用了「他」的思維——漢語思維，而且關鍵的一點，「自表述」是表述給「他」看的，其中的表述緣由、表述目的使其無法「純潔」，但正因爲如此，國家建構中的「自表述」值得重視。所以本書採用「華夷互補」觀，〔註80〕同等重視族群的「自表述」，力圖超越中國傳統的「中原敘述」，用邊緣文化視角關注多元共生的族群，來彰顯非中原、非中心族群的文化表述意義。因此，「自表述」文本與「他表述」文本一樣，貫穿於論文的主體部分。

　　另外，表述問題也與文學人類學問題密切相關。20 世紀以來的文學藝術創作和人文社會科學研究，深受人類學的影響；同時，20 世紀的人類學表述範式也經歷了從「科學」到「文學」的轉向。特別是 20 世紀 80 年代後的歐美人類學內部開始出現對「寫文化」（writing culture）的關注並引出對傳統「民族誌」（ethnography）文本的反思，使得文學與人類學的雙向互動問題更引起學界關注。中國文學人類學研究會第四屆年會以「人類學寫作」爲主旨，討論了文學創作的人類學轉向、人類學的文學轉向及人文社會科學的人類學轉向等三個轉向。〔註81〕此種語境引發筆者對中國民族誌研究的反思。經過「寫文化」的「洗禮」，民族誌不再與客觀、眞實等同，民族誌有時被稱之爲「寫作」。如果以這樣的角度看，民族誌的問題，就是與文學人類學相關的問題。即民族誌既是文學的，也是人類學的。然而，在上文中筆者已談到，對民族誌研究而言，如果過度強調文學化、想像化、虛構化，同樣難以把握民族誌的走向，雖然「寫文化」本身隱晦地提出了建構性的要求和期望，但客觀上所起的作用主要還是在於「破」（解構）。以目前的狀況看，文學人類學方法，可以試圖爲民族誌發展的兩種極端（想像與現實，或說想像與科學）（之間）找到折中的妥協。

　　由此，本書運用表述理論的意義在於：第一，表述是文學人類學的起點與核心。〔註82〕第二，有表述就有被表述。表述與被表述可以更好地對應研

〔註80〕徐新建：《帝國輪替中的認同演變》，見高嵐：《從民族記憶到國家敘事》（序），
　　　　成都：四川文藝出版社，2010 年。
〔註81〕徐新建：《人類學寫作：中國文學人類學研究會第四屆年會文輯》，成都：四
　　　　川大學出版社，2010 年。
〔註82〕徐新建：《表述問題：文學人類學的起點和核心——爲中國文學人類學研究會

究者與被研究者，對於觀照國家與地方的互動，具有方法論意義。第三，運用表述可以更好地連接文學與人類學，可以更方便於結合民族誌的當代演進，同時又不至落入空洞的修辭研究。與此相關聯，本書在整體上觀照三重視野：

第一是「中與外」的學術互滲與對話。西南民族誌是中外現代性學術對話的產物（日本作爲對話的橋梁），理解這一學術產物需要關注民族誌作爲西學進入的相關背景，從而更準確地理解 ethnography 翻譯成「民族誌」的歷史背景與社會動因。值得注意的是，這裡的歷史背景與社會動因包含了中外互動。民族誌的進入不是簡單的外在力量作用，從 ethnography 被認同爲「民族誌」的結果來看，更是外在力量推動下的本土主動接納。第二是「古與今」的學術勾連。儘管民族誌是現代學術的產物，但落地中國後，不可避免地與其幾千年的深厚學術傳統產生關聯。如果僅就西學來談民族誌，不能深刻地理解民族誌的眞正內涵，更無法理解人類學本土化〔註 83〕、人類學中國化所具有的深厚語境。「古與今」的關聯主要體現在「誌」的翻譯以及 ethnography 落地中國後如何結合了正史與方志的表述特點。第三是「國家與地方」的關聯與互動。探討關聯與互動不僅需要對「中心與邊陲」、「中原與西南」、「華夏與邊緣」重新認識與闡釋，而且需要考查國家政治如何通過學術話語，參與對西南的認知與想像，還需關注地方精英的相關回應，共同構成新的西南對話與中國對話。本書具體體現在「他表述」與「自表述」的關聯與互動。

此處所論說的表述問題，將在下文（第二章第二節）詳細討論。

在此基礎上，本書的大體框架確定爲：

第一章交代民族誌的中西對話與古今關聯問題。主要關注中西語境下的西南民族誌，梳理民族誌表述從西方傳到東方的歷程以及「ethnography」翻譯成「民族誌」的中外關聯與社會動因。民族誌如何被外力推動，又如何被本土主動接納，作爲現代學術的產物，落地中國後，如何與有著幾千年文獻傳統的中國產生關聯。因此，本章同時也梳理民族誌在漢語世界的古代表述及民族觀念的近代認知。

第五屆年會而作》，《西南民族大學學報》，2011 年 01 期。

〔註 83〕 關於人類學的本土化問題，中國人類學高級論壇有過相關討論。有學者也不認同存在人類學本土化這一說法。參見王璐：《人類學的開放平臺——中國人類學高級論壇十年報告》，《廣西民族大學學報》，2011 年第 5 期。

　　在第一章的知識背景下，調查者開始了西南民族調查實踐。第二章梳理中國西南民族誌的生成情況，並對其時空分佈、文本類型等作一概述。

　　第三到五章是本書的主體部分。在第三章的溯源研究中探討承襲了方志傳統的民族誌，如何在表述中帶上中原史觀，並與民族史相結合，共同書寫了中國歷史。同時，與同時期的西方相比，族源研究部分的書寫體例體現了中國早期民族誌獨特的書寫範式。主要表現在文本開頭的族源追溯，文本中神話、傳說故事等篇章的撰寫。本章分別對上述內容進行分析，並探討作者的書寫動因。最後簡要分析這樣的民族誌書寫與「科學民族誌」之間的關係。

　　第三章與第四章是調查者記錄、認知西南民族（人群）的兩種方式。第三章爲時間方式，第四章爲空間方式。族源追溯，只是利用中國固有的歷史文獻從時間上追溯，雖然也有實地調查得來的口傳故事，但在闡釋部分，更多地依據了「文獻田野」，還是一種「前田野」的書寫罷了，西南仍然是模糊的邊疆空間。於是，實地調查的西南人群分類就顯得至關重要。第四章首先分析作者如何通過地理、交通等客觀知識來對被調查對象進行初步分類。進而分析作者如何通過西方調查資料、中國文獻資料以及自己的實地觀察，對西南民族進行更具體、細緻的分類。分類模式從微觀到宏觀可分爲三種。通過如此分類記錄，模糊的西南民族及西南空間變得清晰起來。但這種分類也引起了爭議，本章最後一節對其爭議進行簡要討論。

　　第五章涉及民族誌的文化記錄。文化記錄所涉內容頗多：家庭組織、政治、經濟、社會生活、婚姻觀念、宗教習俗等，筆者不能一一列取，故選擇了宗教、服飾及少數民族婚戀觀進行論說。如此選擇的邏輯是，西南民族的宗教信仰，屬於超自然的精神文化類，常被調查者描述爲初民的信仰，在進化的觀念中，將其置於過去式，更被官方文本定位爲「迷信」一說，強調其落後以區分於我們；而服飾既是一種物質文化，同時也是一種精神文化的體現。本書想討論，常常被記錄爲身著傳統服飾的少數民族女性，如何被納入現代國民？撰寫者不但描寫少數民族女性身體著裝，也闡釋其開放的婚戀觀，使人感知其身上同時具備了傳統與現代因素，這種表述方式正是本書的分析空間。如何納「他族」於「我族」，宗教體現了拯救他們成爲「新國民」的思路，而女性的思想觀念卻體現了他們具有成爲「我們」的「新國民」之可能。

　　前三章都是就民族誌內容進行分析。重點分析作爲文本成果和作爲方法

論的民族誌。第六章則跳出民族誌文本，從與民族誌文本有關的邊緣案例如日誌、行紀、相關時評、照片等副文本入手分析作者的創作動機。這部分側重探索作爲實踐的民族誌，是如何作用於民族誌文本的最終形成。

結語部分仍以西南爲例，總結中國早期民族誌的主要特點及其表述語境。

本書最後列出附錄，包括三部分。第一部分爲民國時期調查的相關著作，即是本書研究中文本的來源。列出相關著作，可顯示當時學界運用不同形式的文本對邊疆進行觀察與描寫。而我們所稱之爲「民族誌」的文本，部分爲規範的民族誌文本、大多爲調查報告、方志體例或者遊記類文本；第二部分爲當時期刊雜誌刊登的相關文章，這部分附錄所呈現的不僅有民族誌調查的及時性成果，更呈現了當時調查的學術與政治的雙重語境；第三部分列舉了訪談的相關學者。筆者對其的訪談內容，因考慮文本的整體性未完全放入，但相關學者的重要觀點會放入正文中並注釋致謝。

第一章　中西語境下的民族誌

　　民族誌，作爲西學術語，其表述方式有自身的發展軌迹，在民族誌發展至科學規範之際，也正值西學東漸之時。中國民族誌的發展直接受其影響，最突出表現在對馬林諾夫斯基（Bronislaw Malinowski）爲代表的科學民族誌表述範式的吸收。在某些方面，中國民族誌直接承襲了西方科學民族誌的某些調查方法與文本規範。但是，非西方世界可能有很多類型，如果粗略地分爲有文字文獻傳統與無文字文獻傳統兩類，無疑，中國代表了前一類。有幾千年漢字書寫傳統的中國，保持了自身文明與文化書寫的連續性。因此，西方知識範式的民族誌傳到中國後，並不能完全擊破中國的傳統，本土延續性的文化觀念依然有效並發揮著相當的作用，如 ethnography 被翻成「民族誌」就體現了這一特點。下面先將民族誌從西方到中國的傳播與接受歷程作一簡要梳理。

第一節　從 ethnography 到民族誌

1. 西方民族誌的早期表述

　　哈登（Alfred Cort Haddon）在《人類學史》[註1]中將人類學的發展分爲三個階段：第一個階段爲萌芽階段（古希臘羅馬時代）。這個時期有亞里士多德、柏拉圖、希羅多德、希波克拉底、盧克萊修、塔西陀、伊本·白圖泰、

〔註 1〕　〔英〕A·C 哈登（Alfred C. Haddon）著，廖泗友譯：《人類學史》，濟南：山
　　　　東人民出版社，1988 年。

伊本‧赫勒敦、沙哈衷、阿考斯特等「機敏的思想家們」；第二個階段為確立時期（從「地理大發現」和「文藝復興」時代至 19 世紀中期之前）。這個時期產生了諸如拉菲托、維柯、孟德斯鳩、亨利‧霍姆等文化人類學的先驅者；第三階段為發展時期（十九世紀中期以後）。此時期出現了許多著名的大師，以及各種理論和學派。哈登是從「人類學是一堆雜亂的事實或猜想」談起的。實際上，他的分期方法已經將人類學的起源往前追溯了，但是「人類學（Anthropology）」作為稱呼研究人類整體與特殊性的學科之名稱，卻是在 19 世紀晚期。

　　哈登的人類學史分期法對於考查民族誌的產生、發展與演變具有借鑒意義。民族誌的起源與發展也可以大體歸入哈登關於人類學的三段式分期裏。追溯英國傳統的文獻，根據資料檢索，目前查詢到的民族誌西學淵源出自泰勒（E. B.Tylor）的《原始文化》（1871）。在這部影響深遠的人類學名著中，泰勒說道：

> 文化，或者說文明，在其廣義的民族誌意義上說，是包括知識、信仰、藝術、道德、法律、風俗以及其他由人類作為社會成員所獲得的任何能力和習慣的一個複雜整體。〔註2〕

這就是說，在被公認為歐洲人類學創始人之一的泰勒看來，人類學的基本特徵在一開始就包括兩個方面，一是作為研究對象的文化或文明，一是廣義的民族誌。同時，泰勒又說到，文明的廣泛共同性與文化的各個階段的特性，是民族誌領域中的兩大原則，〔註3〕可見，泰勒已經將自己所搜集的資料稱為「民族誌」，而且是可以包括普世性的文明與獨特的文化兩方面。這裡，民族誌其實是作為人類學研究或者說研究人類的重要方面。現在，一般認為，民族誌指稱人類學的主要研究方法，以及依據人類學研究而書寫的文本。其實，這樣的民族誌定義已經規範於人類學這一學科，即人類學學科產生後所派生出來的研究方法、研究成果。泰勒所定義的民族誌，並非是後來所定義的人類學產生的一種成品（成果），或說一類文本，一種研究方法。

　　再看人類學在英國的興起。人類學在英國興起固然跟 19 世紀探險、海外貿易和殖民擴張有關，不過，直至 1871 年，「人類學」這一術語才被採用，

〔註2〕〔英〕愛德華‧泰勒著，連樹聲譯：《原始文化》，上海：上海文藝出版社，1992 年。第 1 頁。

〔註3〕同上。

進而被組合進皇家人類學協會中。在這之前的 1844 年有倫敦人種學學會的建立。那時，泰勒也參加人種學學會的會議，而且參會的有考古學家也有民族誌者。〔註4〕可見民族誌（ethnography）這一說法在英國是出現在「人類學」之前，民族誌（ethnography）的表述傳統早於人類學這一學科。

　　但如果從廣義的民族誌來講，還有比泰勒更早提出的民族誌概念。在德國，民族誌出現比英國更早。在 19 世紀以前，德國已經產生了一批百科全書式的有關「奇風異俗」的概略類書籍。其中，1771 年，蘇拉策（August Schlozer）的《北歐通史》（*Allgemeine Nordische Geschichte*）第一次使用了「民族誌」（Ethnographie）這個術語以及德語的相應表達 Völkerkunde。〔註5〕此外還有梅音納（Meiners）的《人類學歷史理論》（1785）、克雷穆（Klemm）的《人類文化通史》（1843）、維茨（Waitz）的六卷本《原始民族的人類學》（1858～1871）等相關作品。而且，當泰勒的《人類早期歷史研究》（1865）和《原始文化》（1871）出版時，「不得不從德國的一些著作中引用相關的民族誌材料，因爲相比而言，英文版的相關作品幾乎沒有可用的材料。」據考證，泰勒的這兩部被稱之爲最早英文版民族誌彙編的作品，其材料大多來自克雷穆的著作。〔註6〕所以，中國有學者認爲，「民族誌」這一名詞在 18 世紀被提出，而對其作出很大貢獻的是當時的德國學者。之後，才在英法等國中應用。〔註7〕

　　在德國，民族誌這一術語最初是被描述成地理學的類似物，以及德語中以下二者的對應物，即 Völkerkunde 和 Erdkunde，〔註8〕德國的民族誌學起始於界定德國的文化自我的努力。在德國，人類（Volk）這個概念在歷史哲學和德國人的自我形象中具有中心地位，它是「德國民族誌學的一個獨特特徵，

〔註4〕〔挪威〕弗雷德里克・巴特等著，高丙中等譯：《人類學的四大傳統》，北京：商務印書館，2008 年。第 10 頁。

〔註5〕「Völkerkunde」在學科發展早期用得較多，而現今德語學術界基本上用「Ethnographie」作學科名。

〔註6〕In History of Anthropology Newsletter XIX, no.2（1992），p.7 轉引自〔美〕威廉・亞當斯著，黃劍波、李文建譯《人類學的哲學之根》，桂林：廣西師範大學出版社，2006 年。第 269～271 頁。

〔註7〕黃平等主編：《當代西方社會學・人類學新詞典》，長春：吉林人民出版社，2003 年。第 113 頁。

〔註8〕〔挪威〕弗雷德里克・巴特等著，高丙中等譯：《人類學的四大傳統》，北京：商務印書館，2008 年。第 84 頁。

它試圖去界定德國人的自我（self）和他者（the Other）。〔註9〕可見，從德國的民族誌起源來看，其人類學特徵是非常明顯的，只是在德國，民族誌和人類學的關聯主要是體現在民族誌和民族學的糾葛中。啓蒙的概念是把民族誌（ethnography）和民族學（Völkerkunde）看成是同義詞，都是以實證爲基礎，關於世界文化、語言和民族的學術科學。只是經過後來19世紀的發展，民族誌的意義才濃縮成只含有描述的含義，同時民族誌領域也成爲民族學理論領域的對立物。〔註10〕

在最廣的意義上，德國的民族誌傳統還可以追溯到16世紀的宇宙誌學（cosmographies）時代。〔註11〕不過，就民族誌的歷史淵源來說，還可以追溯到更早，對此，學界也有論說。就具體歷史時代來說，學者們已經將其追溯到人類文明發源地的古埃及、古巴比倫、古希臘、古羅馬。古埃及的石刻、壁畫中就有不少關於異民族的材料；巴比倫王國一些泥板文書、銘文和石刻中反映了當時他們對周圍各民族的認識；古希臘呢，追溯西文「ethnography」的詞根「ethno」正是來源於希臘文的「ethnos」，意指「一群人」或「一個文化群體」。與「graphic（畫）」合併組成「ethnography」。於是，公元前450年左右，希臘歷史學家希羅多德關於環古希臘地區文化描寫的《歷史》一書，成就了他榮享「人類學之父」的稱號。這也是英國人類學家哈登的觀點。他認爲，人類學的研究是從古希臘的希羅多德、亞里士多德等人開始的；古羅馬時代也有大量的關於異民族的記載和對人的一些研究，特別是塔西陀（Tacitus，55～120年）於公元98年寫成的《日耳曼尼亞誌》，因其對羅馬時代日耳曼尼亞及住在日耳曼尼亞的各民族的分佈、風俗習慣、宗教信仰以及整個日耳曼人的經濟生活、政治組織和社會生活的全方位記述，被譽爲最早的民族誌。〔註12〕

民族誌的大量興起與殖民擴張有關。特別是在英國，19世紀探險、海外

〔註9〕 參見〔挪威〕弗雷德里克・巴特等著，高丙中等譯：《人類學的四大傳統》，北京：商務印書館，2008年。第80頁。〔美〕威廉・亞當斯著，黃劍波、李文建譯：《人類學的哲學之根》，桂林：廣西師範大學出版社，2006年。第269～272頁。

〔註10〕 〔挪威〕弗雷德里克・巴特等著，高丙中等譯：《人類學的四大傳統》，北京：商務印書館，2008年。第84頁。

〔註11〕 〔美〕威廉・亞當斯著、黃劍波、李文建譯：《人類學的哲學之根》，桂林：廣西師範大學出版社，2006年。第269頁。

〔註12〕 石奕龍：《試論西方人類學學科體系的形成》，《世界民族》，1998年第1期。

貿易和殖民擴張擴大了一般公眾對各種文化與知識的好奇和參與，也使學者們的學術研究視野面向全球。此時，產生了許多民族誌作品，此處不再詳說。

Liz Stanley 認爲，民族誌實際上有著複雜多樣的歷史來源，涉及到數代先期民族誌學者的活動。民族誌起源的最初出處可以被注解爲一個「旅行者故事集」（旅行者故事的收集），後來稍晚時候怕其消失而記錄並編撰成典。〔註13〕也即是說，早期的民族誌是任何人都可以參與的，只要就自然地理環境、民俗民風等進行描寫即可。比如傳教士、殖民地官員、探險家、遊客和商人等的報告和筆記，這部分是屬於民族誌資料的收集；還有一部分是知識分子利用前者所收集的資料，對其進行總結概括，典型的如泰勒和弗雷澤（Frazer）等，因爲沒有或極少實地調查，他們被後人稱之爲「搖椅上的人類學家」。〔註14〕

如果將這些都看成是西方民族誌早期表述的話，其呈現特點如下：第一，此表述傳統很早，凡是涉及「關於民族的著述」（writing about peoples）都可以稱之爲有關「民族誌」的表述〔註15〕。第二，此時民族誌的概念很廣，凡是涉及到文化的描寫都可以稱爲民族誌，即「文化是應用最廣的民族誌概念」。〔註16〕第三，參與民族誌撰寫的人員眾多，身份不一，什麼樣的人才可以參與此項工作，並沒有一個嚴格的規定，很多甚至是探險時的意外收穫。第四，文本沒有一套統一的規定、原則或方法。此階段的早期表述也可以稱之爲民族誌表述的「前殖民時期」。

然而，西方民族誌的這種早期表述卻引發了變革的需要，因爲用另一種民族誌觀念來看，即使是早期的民族誌經典，也經不起檢驗。摩爾根和泰勒被看作是「社會進化論」的一對先驅，〔註17〕其巨著《古代社會》與《原始

〔註13〕 Stanley, Liz. *Doing Ethnography Writing Ethnography: A Comment on Hammersley in Sociology*, 1990.Vol.（4）：617～627.

〔註14〕 弗雷澤根據他人收集的民族誌資料所寫成巨著《金枝》，因此被後人稱之爲最當之無愧的「搖椅上的人類學家」稱號。

〔註15〕 此處借用羅伯特・萊頓的觀點。參見〔英〕羅伯特・萊頓（ROBERT LAYTON）著，羅攀、蘇敏譯：《他者的眼光——人類學理論導讀》，北京：華夏出版社，2008 年。第 2 頁。

〔註16〕 〔美〕大衛・費特曼著，龔建華譯：《民族誌：步步深入》，重慶：重慶出版社，2007 年。第 14 頁。

〔註17〕 參見 Harris. *The Rise of Anthropological Theory*, p.142～216 轉引自〔美〕威廉・亞當斯著，黃劍波、李文建譯：《人類學的哲學之根》，桂林：廣西師範大學出版社，2006 年。第 54 頁。

文化》在中西人類學歷史上產生了巨大的影響，兩者在文章中都使用了大量的材料和考古學的證據。比如，梳理《古代社會》中所引用的文獻發現，摩爾根構建的整個文化發展時代三大「階段」（蒙昧、野蠻和文明）的系統工程卻極少親身經歷的「民族誌」材料。參考文獻爲大量歷史類的，如《羅馬史》、《美洲史》、《初期人類史》以及有關考古的文獻《南方印第安人之古迹》、《斯密遜研究所報告》，甚至宣教師的記錄等。〔註18〕所以，摩爾根有關遠古原始人存在著一定的想像成分，是一種有意的「發現」。西方人類學家之所以能「發現」這些文化，又是以特定時代西方探索世界的「科學發現運動」爲前提的。因而，在切實可見的世界史中考察人類學研究的歷史，使人們意識到，所謂「野蠻」與所謂「文明」之間是有一個近代現實體系的。摩爾根在展開他的人類史敘述時，由於擺脫不了對當地白人的依賴，未能將這個體系的構成與他所研究的易洛魁文化聯繫起來，從而掩蓋了印第安人遭受殖民主義侵襲的眞實歷史。〔註19〕所以，在十九世紀末期，由弗朗茲‧鮑亞士（Franz Boas.1858~1942）和他的學生們把持的美國人類學新學派，大體上摒棄了文化進化論，並對摩爾根時而進行攻擊，時而置之不理。鮑亞士在《人類學歷史》這篇演說中，只提到一個美國人——布林頓。鮑亞士早年的學生之一保羅‧雷丁說，「對鮑亞士的所有門徒來說，摩爾根從此被革出教門，再也無人讀他的書了」。〔註20〕不過，在西方世界及中國，摩爾根的待遇又發生了變化，這是後來的事。

　　主導了英國人類學三十年的泰勒，他的《原始文化》也面臨著同樣的問題。其書實際上極少證據確鑿的民族學事實，大部分是道聽途說的零碎材料。其實，泰勒自己也清楚地認識到這點。後來，他還向英國皇家地理學會建議：探險家在瞭解人文現象時，不必擔心提問過於瑣碎，記錄過於細微，更堅決杜絕風格活潑、描述膚淺、獵奇色彩的旅遊文本。〔註21〕從泰勒在著作中所引用的材料可以看出，大部分都是史料、遊記及考古報告。作爲野蠻的原始

〔註18〕見〔美〕摩爾根（Thomas Hunt Morgan）著，楊東蓴等譯：《古代社會》，北京：商務印書館，1971年。

〔註19〕王銘銘：《「裂縫間的橋」：解讀摩爾根〈古代社會〉》，濟南：山東人民出版社，2004年。第138～139頁。

〔註20〕〔美〕L‧A‧懷特：《摩爾根生平及〈古代社會〉》，《民族譯叢》，1979年第2期。

〔註21〕英國皇家人類學會編訂，周雲水譯：《人類學的詢問與記錄》（第六版）（序），香港：國際炎黃文化出版社，2009年。第3頁。

人與有點像哲學家的原始人都是想像性的，而非民族誌的產物……這種不正常的現象強化了早期進化論人類學的缺陷，即可靠民族誌資料的缺乏。這一致命的缺陷使得人類學領域那些勤奮的田野民族誌學者的進攻大開方便之門，最終他們在 20 世紀初搶佔了這一領地。〔註22〕這裡所講的就是馬林洛夫斯基的科學民族誌，作爲一套固定的表述模式，從此主導人類學界幾十年，對人類學的影響非常大。

　　民族誌爲何要經科學的測試？這裡可追溯到 19 世紀的社會變革。19 世紀的社會變革需要解決法國大革命以來所引發的文化巨變，需要多元學科的建立，這爲所稱爲社會科學的那一類學科提供了發展空間，而且，「要想在一個牢固的基礎上組織社會秩序，社會科學就必須越精確越好。」多元學科的創立乃基於這樣一個信念：由於現實被合理地分成了一些不同的知識群，因此系統化研究便要求研究者掌握專門的技能，並借助於這些技能去集中應對多種多樣、各自獨立的現實領域。〔註23〕面臨如此情況，20 世紀的人類學急需方法論的變革，而變革的對象首當其衝爲民族誌，其變革方式是將先前主要由業餘學者或其他人員在非西方社會中進行的資料搜集活動，以及由從事學術理論研究的專業人類學者在搖椅上進行的理論建構和分析活動，結合成一個整體化的學術與職業實踐。而被英美人類學家奉爲民族誌方法創始人的人類學家就是布朗尼斯羅・馬林諾夫斯基。〔註24〕

　　在馬林諾夫斯基那裡，一個民族誌學者絕不應該忽視民族誌的一個目標。簡言之，這個目標就是領會原住民的觀點、生活關係，去實現他的世界觀。必須去研究人，研究什麼東西與他最密切，也就是說，研究他的原生生活。每一種文化，價值觀都略有不同；人們追求不同的目標，擁有不同的欲望，渴望不同形式的幸福。每一種文化，都擁有追求自己生活興趣的組織，實現自己願望的習俗，獎勵美德或懲罰缺點的法律規範和道德規範。在馬氏看來，民族誌就是研究對象的組織、習俗和規範或客觀地研究他們的生活和

〔註22〕〔美〕威廉・亞當斯著，黃劍波、李文建譯：《人類學的哲學之根》，桂林：廣西師範大學出版社，2006 年。第 55 頁。

〔註23〕〔美〕沃勒斯坦（Immanuel Wallerstein）：《開放社會科學》，北京：三聯書店，1997 年。第 9 頁。

〔註24〕〔美〕喬治・E・馬爾庫斯，米開爾・M・J・費徹爾著，王銘銘、藍達居譯：《作爲文化批評的人類學——一個人文學科的實驗時代》，北京：三聯書店，1998 年。第 39 頁。

實現物質幸福的行爲和心理。〔註25〕

以馬氏爲代表的科學民族誌（又被稱爲現實主義民族誌或功能主義民族誌）最大貢獻在於試圖制定一套規範的調查方法，以突破以前民族誌先入爲主的偏見和觀念。而這條規範的調查方法，開始對民族學家（作者）提出要求：首先，學者必須懷著眞正的科學目標，並且知道現代人類文化學的價值和標準。第二，他應當將自己置於良好的工作環境之中。最主要的就是不要和白人居住在一起，而直接居住在土著人中間。最後，他還得用若干特殊的方法以搜集、操作、確定他的證據。〔註26〕

此時，民族誌的調查對象依然不變，還是「簡單的原始社會」〔註27〕的異文化，但是，多了對調查者自身學術訓練的需要，對記錄的科學性、客觀性要求。此時的民族誌應該是人類學家或民族學家運用客觀科學的研究方法，對異文化進行記錄並作整體觀照。

西方人類學、民族誌的發展軌迹影響著中國早期民族誌的發生、發展。實質上，中國沒有「搖椅上的人類學家」的說法。民族誌進入中國，直接承襲了同時期西方民族誌比較規範的撰寫方法，研究對象還是「簡單的原始社會」。雖然如此，但也並非完全承襲，此問題留待第三章論說。

2. 民族誌：從西方到東方

多種力量（媒介）的合力推動西學人類學、民族誌進入中國。其中主要有：來華的洋人；出洋的中國人；書籍、期刊、報紙等媒體；新式學校；港、澳及其他口岸租界的作用；中國政府的努力以及日本在西學傳入中的橋梁角色等。筆者在此簡要討論來華洋人力量的「推動」與出洋國人力量的「拉動」。

首先是「來華洋人」。其實，20 世紀前，來到中國的傳教士及其作品影響到中國知識精英及其著作，這兩類作品可作如下圖示：

〔註25〕 觀點來自「What is ethnography」的譯文。見 http://www.americanethnography.com/ethnography.php 抬 *Argonauts of the Western Pacific*（1922）by Bronislaw Malinowski.

〔註26〕 〔英〕布羅尼斯拉夫·馬林諾夫斯基（Bronislaw Malinowski）著，張雲江譯：《西太平洋上的航海者》，北京：中國社會科學出版社，2009 年。導論，第 5 頁。

〔註27〕 〔美〕喬治·E·馬爾庫斯，米開爾·M·J·費徹爾著，王銘銘、藍達居譯：《作爲文化批評的人類學——一個人文學科的實驗時代》，北京：三聯書店，1998 年。第 39 頁。

時　間	作　者	著　作	備　註
1602 年	利瑪竇	坤輿萬國全圖	
1605 年	利瑪竇	乾坤體義	《四庫全書》稱之爲「西學傳入中國之始」
1807 年	馬禮遜	外國史略	
1838 年	郭實臘	萬國地理全圖集	
1840 年	郭實臘	貿易通志	
1841 年	陳逢衡	英吉利紀略	
1842 年	魏源	海國圖志	
1846 年	梁廷枏	海國四說	
1846 年	姚瑩	康輶紀行	
1848 年	瑋理哲	地理圖說	
1849 年	徐繼佘	瀛寰志略	
1851 年	合信、陳修堂	全體新論	晚清第一部系統介紹西方人體解剖學的著作
1851 年	裨治文（Bridgman）	大美聯邦志略	墨海書館出版
1854 年	慕維廉	地理全志	墨海書館出版
1855 年	合信	博物新編	墨海書館出版
1856 年	慕維廉	大英國志	墨海書館出版
1859 年	韋廉臣、艾約翰	植物學	譯林德利原著，晚清時期第一部介紹西方近代植物學的著作
1894 年	同康廬	中外地輿圖說集成	
1898 年	嚴復	天演論	譯赫胥黎《進化論與倫理學》

（20 世紀前西學東漸下出現的與人類學及民族誌相關的部分著作。筆者製圖。）
〔註 28〕

　　這些關於世界、域外（中國以外）的地理、歷史的論說，使中國人對自己以外的地域認知發生了重大的逆轉，即從以自我爲中心的「王朝天下」轉爲王權莫及的遙遠「他者」。中國，成爲世界之一域。從上圖可以看出，在所列人物及著作中，外國作者都是傳教士，而中國人所作的改變世界觀念的著作也幾乎都受傳教士及其著作的影響。明萬曆年間，來自意大利的傳教士利

〔註28〕 此圖參考了維基百科「西學東漸」：http://zh.wikipedia.org/wiki/%E8%A5%BF%
　　　　 E5%AD%A6%E4%B8%9C%E6%B8%90

瑪竇（Matteo Ricci）帶來的《山海輿地全圖》改變了中國人心中、眼中的世界圖象，瓦解著中國人的「天下」、「中國」和「四夷」觀念。〔註29〕受此影響，艾儒略的《職方外紀》、南懷仁的《坤輿圖說》都概述了世界五大洲的地理、政治、文化等情況，華夏中心的觀念受到動搖。不僅如此，傳教士對中國的影響還直接體現在當時中國產生的一批新地理著作中。林則徐的《四洲志》資料主要來自於廣州、澳門和南洋等地的傳教士所辦報刊。《海國圖志》資料除錄自《四洲志》外，也主要來源於歐美傳教士著作。使《海國圖志》成為一部優秀輿地學著作的並非歷代史志和明以來島志，而是鴉片戰爭前後來華西人的著作，即所謂「近日夷國夷語」，主要有美國傳教士高理文（即裨治文）的《美理哥國志略》，瑋理哲之《地球圖說》，培端（即麥嘉締）的《平安通書》，裨治文與普魯士傳教士郭實臘共同主辦的《東西洋考每月統紀傳》，葡萄牙人馬吉斯（Maches）的《地理備考》，英國傳教士馬禮遜（Robert Morrison）的《外國史略》等。《瀛環志略》則主要是通過與美國傳教士雅裨理（David Abeel）、甘明（W.H.Gummings）、廈門英國領事館人員訪談而得。〔註30〕

　　這批著作被歷史學者王立新稱之為「新地志」。〔註31〕為何稱之為「新」呢？因為這批著作都是關於域外（中國以外）的世界性地理介紹。這些作者並沒有到世界各地去考察，其瞭解域外知識的途徑都是直接或間接地通過當時中國通商口岸的傳教士。

　　通過傳教士吸收西方知識，魏源《海國圖志》、許繼畬《瀛環志略》及梁廷楠《海外四說》、姚瑩《康輶紀行》等一批地理著作，為著「師夷之長技以制夷」的目的，雖然還留著「夷夏之辨」的痕迹，但突破了以「中國為天下中心」的迂腐陳舊的華夏中心地理觀念，樹立起近代意義的世界觀念，在觀念更新上起到了前驅的作用。〔註32〕

　　如果說以上是傳教士改變了中國對自我與世界在空間觀念上認知的話，也有傳教士對中國的「他者」之著作影響了中國對自我傳統文化的認知。如

〔註29〕葛兆光：《中國思想史》（第二卷），上海：復旦大學出版社，2010年。第360～361頁。

〔註30〕王立新：《美國傳教士與晚清中國現代化——近代基督新教傳教士在華社會文化和教育活動研究》，天津：天津人民出版社，1997年。第312～321頁。

〔註31〕王立新：《美國傳教士與鴉片戰爭後的「開眼看世界」思潮》，《美國研究》，1997年第2期。

〔註32〕陶緒編著：《晚清文化史稿》，長沙：湖南出版社，1996年。第146頁。

美國公理會傳教士阿瑟・亨德森・史密斯（Arthur Henderson Smith）在華生活 54 年，著有《中國人的性格》（*Chinese Characteristics*）（日文譯本《支那人氣質》，澀江保譯，1896 年）一書，此書因與魯迅改造國民性思想來源有關而被中國學者熱烈討論。《中國人的性格》不僅廣泛影響了西方人關於中國人的性格的見解，也影響了東方，如日本的中國觀，甚至支配中國新文化運動中的國民性反思。〔註 33〕梁啓超的「新民說」（《新民說》）、魯迅的「國民性改造」（《阿 Q 正傳》）、潘光旦的「民族性改造」（《優生概論》《民族特性與民族衛生》）、張君俊的「華族素質」（《華族素質之檢討》）等民國時期關於中國人性格討論作品都或多或少受其影響。《中國人的性格》被一些學者稱之爲「西來的傳教士殖民話語」〔註 34〕之一，其注重對人的關注與描寫，背後所隱含的關於人類「他者」的認知與建構都是人類學民族誌至今值得探討的話題。〔註 35〕

　　傳教士到異地傳教總是會涉及到對當地的描述，這些資料可稱之爲廣義的民族誌。雖然這些表述帶有文化偏見，有拯救教化落後文化的言說，但卻影響了西學人類學在中國的推進。以當時到中國西南的傳教士爲例。塞姆・伯格理（Samuel Pollard）先後在雲南昭通、貴州石門坎傳教，所作《苗族紀實》實爲廣義的民族誌。伯格理爲消除語言障礙，拜楊雅各（原貴州省民族事務委員會主任）爲師，學習苗話。伯格理也影響到楊雅各之子楊漢先。楊漢先後於 1934 年初任貴州威寧石門坎光華小學校長並成爲一名在國內外都有較大學術影響的苗族本土民族學家。此外，塞繆爾・克拉克（Samuel R Clark）的《在中國的西南部落中》，爲後來的西南民族學人類學研究提供了重要學術資源。

　　不同於普通傳教士，另一位稍晚的美國人葛維漢（David Crockett Graham）是以傳教士兼學者身份進入中國的。他在芝加哥大學與哈佛大學學習了文化人類學與考古學，並在芝加哥大學以題爲《四川省的宗教》的論文而獲得博

〔註 33〕 參見摩羅、楊帆：《人性的復蘇——國民性批判的起源與反思》，上海：復旦大學出版社，2011 年。第 199 頁。

〔註 34〕 見劉禾的《國民性話語質疑》、摩羅的《「國民劣根性」學說是怎樣興起的？》等相關論說。參見摩羅、楊帆：《人性的復蘇——國民性批判的起源與反思》，上海：復旦大學出版社，2011 年。

〔註 35〕 如徐新建就認爲，魯迅受此影響而產生的作品《阿 Q 正傳》正是一部人類學民族誌。見徐新建：《從文學到人類學——關於民族誌和寫文化的答問》，《北方民族大學學報》，2009 年第 1 期。

士學位。從 1932 年至 1948 年退休，葛維漢一直在成都華西協合大學教授文化人類學和考古學。他還被任命爲該大學考古、藝術和人類學博物館館長，〔註36〕影響了一大批民國時期的人類學、民族學學者。

另外，還需一提的是傳教士的重要依託機構——教會大學。晚清至民國，中國教會大學共有 23 所，成爲「西學東漸」的重要橋梁。因其既是基督教文化與近代西方文明的載體，同時又處在東方傳統文化環境與氛圍之中，使西方新學科容易走向本土化。在教會大學，傳教士依然是重要角色。如燕京大學（Yenching University）是 20 世紀初由四所美國及英國基督教教會聯合於北京開辦的。大學校長司徒雷登（John Leighton Stuart, 1876 年 6 月 24 日～1962 年 9 月 19 日）即爲美國傳教士。司徒雷登不惜出重金延請了中外著名學者來校任教，其中中國學者就有顧頡剛、吳文藻等人。1927 年，司徒促使燕大與哈佛大學合作組成了著名的哈佛燕京學社（Harvard－Yenching Institute），促進了中美文化及學術交流。此外，私立華西協合大學於 1910 年由美國、英國、加拿大的 5 個教會組織創辦，後來作西南調查的葛維漢即在此校任教 16 年。其首任校長畢啓（Joseph Beech）也是美國傳教士。

來華洋人中更直接推動人類學在中國傳播的，是 20 世紀前後來中國進行調查和研究的人類學學者。其中尤以日本的鳥居龍藏（Torii Ryuzo，とりい　りゅうぞう，1870 年～1953 年）與俄國的史祿國（Sergei Mikhailovich Shirokogorov，C.M. Широкогорова，1887 年～1939 年）影響最大。

在鳥居龍藏的《人種誌》（1904）被翻譯進中國之前，他已經進入中國進行正規的民族調查了。其民族誌作品《苗族調查報告》因採用「科學的研究方法」對西南苗族進行了開創性研究，在中國學術界引起了很大反響。江應樑感歎：「今日國人欲求知曉自己國內的民族，反不能不從外人著作中尋取資料，這無怪乎外人要長歎一聲道：『中國人研究苗族之程度，可想而知矣！』此語出諸外人之口，我輩不惟不應發生惡意的憤怒，且應深深地覺著內愧。」〔註37〕鳥居的行動激發了中國學者的西南調查熱情。再看俄國人類學家史祿國，他在中國呆了近 20 年，曾擔任過沙俄皇家科學院的「中亞東亞探查隊」的領隊。先後任職廈門大學、中山大學、中央研究院歷史語言研

〔註36〕〔美〕蘇珊·R·布朗著，饒錦譯：《葛維漢（David Crockett Graham）小傳》，載《葛維漢民族學考古論著》，成都：巴蜀書社，2004 年。第 214～218 頁。
〔註37〕江應樑：《評鳥居龍藏之苗族調查報告》，《現代史學》，1937 年第 3 卷第 2 期。

究所和清華大學，曾帶著中山大學的楊成志一起赴西南進行民族調查。顧定國認為，史祿國將人類學看作是一個充分整合了民族學與語言學及體質人類學的學科，這一觀念影響到楊成志以及隨後的自己。費孝通受史祿國的影響甚至超過了他的老師馬林諾夫斯基，之後還有許烺光等人。〔註38〕另外，德國的人類學家鮑克蘭（de Beauclair Inez）在貴州大學任教，期間，曾與苗族知識分子楊漢先同事，並一起從事貴州土著調查。

　　其他來華洋人如探險家、殖民地官員等，也成為人類學傳入中國的重要媒介。〔註39〕美籍奧地利探險家約瑟夫·洛克（Joseph F.Rock）於1922年作為美國農業部的雇員來到中國雲南從事植物考察，期間還受聘美國《國家地理》雜誌。1922年至1935年他為《國家地理》雜誌寫了10篇文章，並配有他拍攝的照片。〔註40〕洛克在中國呆了27年，後將精力轉入納西文化，編寫了《納西——英文百科字典》，撰寫了《中國西南古納西王國》。雖然洛克的文章及著作中不免「白人中心」，但他關於納西的考察與調查都同樣具有開創性價值。另有英國印度殖民地官員戴維斯（H.R.Davies）1894年到1900年間多次到雲南調查，著成《雲南：印度和揚子江流域間的鏈環》，其中關於西南民族分類，成為20世紀初中國民族學家研究西南民族分類的重要參考資料（詳見第四章）。

　　再看「出洋」國人。在出洋的中國人中，包括為不同目的到國外去的零散考察者與留學生。前者人數不多，值得關注的是王韜。太平天國運動爆發，王韜由於做傳教士翻譯助手而成為罪人，然而卻巧遇英國傳教士理雅各（James Legge）合作翻譯中國經典，並促使其於1867年前往歐洲遊歷。在他之前，中國有總理衙門的滿人斌椿父子隨同英人赫德（Sir Robert Hart）前往歐洲遊歷，然在中國並未引起多大反響。王韜的歐洲之行是「中國文化知識精英第一次以自由身份對歐洲的實地考察。」他在英國度過了兩年零四個月，形成了新的多元世界的「天下觀」，對「域外」西方事情的認識在實踐上超越了林則徐、魏源等思想精英。後王寫成影響當時中國的兩部巨著《普

〔註38〕〔美〕顧定國著，胡鴻保周燕譯：《中國人類學逸史——從馬林諾斯基到莫斯科到毛澤東》，北京：社會科學文獻出版社，2000年。第34～60頁。

〔註39〕王建民：《外國人在中國的早期民族學研究》，《中國民族學史》（上），昆明：雲南教育出版社，1997年。第61～71頁。

〔註40〕〔美〕邁克·愛德華茲著，王澤譯：《我們的洛克在中國》，《美國國家地理》，1997年第1期。

法戰紀》和《法國志略》。〔註41〕這些經歷也促使了王韜成為第一個使用「民族」一詞的人〔註42〕。

留學生佔據了「出洋」國人的絕大多數。在留學生中，最引人注意的是對中國人類學觀念的引進產生了重大影響的嚴復。1875 年，嚴復被派赴英國學習海軍專門技術，但他卻對西方社會科學感興趣。他翻譯的英國生物學家赫胥黎《天演論》一書，推動了西學對中國的近代化發展，被康有為稱之為「中國西學第一者也」。之後，他又相繼翻譯了《原富》、《群學肄言》、《群己權界論》、《社會通詮》、《法意》、《穆勒名學》、《名學淺說》等西方社會科學著作。這八部譯作後來由商務印書館合編為《嚴譯名著叢刊》。從嚴復翻譯《天演論》開始，西方哲學社會科學才像潮水般湧入中國。這標誌著西學東漸的主體內容，已越過應用科學（堅船利炮）、自然科學（聲光化電）階段，進入哲學社會科學階段。〔註43〕以進化論為主的人類學觀念由此傳入中國。

甲午戰爭以後，為中國救亡興起了留日浪潮，大量官方資助及民間自行前往的留日學生出現，日本，成為留日學生學習西學的重要橋梁。日本的學生運動充當了培養中國民族主義的溫床。〔註44〕日本既促進了中國人學習西學的進度，也促使了中國人對西方「民族」概念的認知。

庚子賠款以後，留學歐美的人多了起來。五四前後新文化運動的展開，使得西方文化大潮備受追捧，國民政府也出資遣派留學生，因為民國剛建立的資產階級新政權，急需一大批經過訓練、受過現代教育並熟悉西方各國崛起富強的思想和方法的人才。雖然整個民國時期，留學生也不過 5 萬，〔註45〕但留學生被普遍地吸收到社會各界，並扮演著重要的角色。以當時權威學術機構——中央研究院為例。1928 年，到德國留過學的蔡元培主持時，無論是自然科學還是社會科學研究所，其主管人員，無一例外都有歐美國家的留學

〔註41〕 張海林編著：《近代中外文化交流史》，南京：南京大學出版社，2003 年。第277～289 頁。

〔註42〕 韓錦春、李毅夫：《漢文「民族」一詞考源資料》，中國社會科學院民族研究所民族理論研究室印，1985 年。第 22 頁。

〔註43〕 同上。第 308 頁。

〔註44〕 〔美〕費正清、費維愷：《劍橋中華晚清史》（下卷），北京：中國社會科學出版社，1994 年。第 355 頁。

〔註45〕 《民國留學生比今天的留學生更優秀嗎？——訪〈中國留學通史〉主編李喜所教授》，《中華讀書報》，2011 年 11 月 2 日。

經歷，其中有近一半的人數學歷爲博士。「1928 年～1940 年蔡元培主持期間中央研究院主管人員」如下圖所示：〔註46〕

職　　　務		姓　名	任　期	最　高　學　歷
總幹事		楊　銓	1928～1933	哈佛大學商業管理碩士（在獲得康奈爾大學機械工程學士之後）
		丁文江	1934～1936	格拉斯哥大學動物學及地質學學士
		朱家驊	1936～1938	柏林大學地質學博士
		任鴻雋	1939～1942	哥倫比亞大學化學碩士
所長	物理研究所所長	丁燮林	1928～1947	伯明罕大學理科碩士
	化學研究所	王　璡	1928～1934	理海大學理學學士
		莊長恭	1934～1938	芝加哥大學博士
		任鴻雋	1939～1942	（見上）
	工程研究所	周　仁	1929～1949	康奈爾大學機械工程碩士
	地質研究所	李四光	1928～1949	伯明翰大學理學博士
	天文研究所	高　魯	1927～1929	北京大學理科學士，布魯塞爾大學肄業
		余松青	1929～1947	加利福尼亞大學博十
	氣象研究所	竺可楨	1928～1946	哈佛大學博士
	歷史語言研究所	傅斯年	1928～1950	北京大學文科學士，曾在倫敦大學及柏林大學研究
	心理研究所	唐　鉞	1929～1933	哈佛大學博士
		汪敬熙	1934～1947	霍普金斯大學博士
	社會科學研究所	楊端六	1928～1929	倫敦大學肄業
		陶孟和	1934～1949	倫敦大學文科學士
	動植物研究所	王家楫	1934～1944	賓夕法尼亞大學博士

　　到西方學習人類學、民族學正是出現在西學東漸的高潮時期。20 世紀，特別是五四新文化運動之後，留學生出現的新特點是對社會科學學科的興趣更濃了。據不完全統計，1921～1925 年期間，在歐洲、美國留學的中國學生主修社會學的共有 35 人，占當時留學生總數的 2%。由於這一時期留日學生的數量較之以往更大，在日本學習民族學及其相關課程的留日學生也更

─────────────────

〔註46〕引自費正清：《劍橋中華民國史（1912～1949）下》，北京：中國社會科學出版社，1985 年。第 398～399 頁。略有改動。

多。自五四運動至 1928 年前後，在美國學習的有潘光旦、徐聲金、吳文藻、吳澤霖、李濟、吳景超、陳達、楊開道、許仕廉、江紹原、言心哲、應成一、孫本文、黃文山、陳序經、胡體乾、游嘉德、吳定良、張少微、林惠祥等；在法國學習的有楊堃、凌純聲、柯象峰、胡鑑民、徐益棠、衛惠林、許德珩、李璜、蕭瑜等；在英國留學的有劉咸、梁宇皋、陶履恭（孟和）、何聯奎等；在德國學習蔡元培、陶雲逵、俞頌華等。他們在國外學習時，大多受教於當時的民族學大師，接受了民族學及其相關學科的正規學習訓練，系統地學習了有關課程。〔註47〕其中，丁文江和李濟起到了人類學中國化的先鋒作用。

　　同時，中國學者也參與國外學術會議促進人類學的中外交流。其中，中國著名學者費孝通和吳汝康兩位為 IUAES（the International Union of Anthropological and Ethnological Sciences）的榮譽會員。1922 年，李濟參加了美國人類學年會，並作了題為《中國的若干人類學問題》報告；1924 年，蔡元培出席在荷蘭、瑞典舉行的國際民族學會會議；1934 年，英國倫敦舉行第一屆國際人類學與民族學大會，吳定良、楊成志、歐陽翥出席，李濟等被推薦為國際人類學與民族學會理事。其中，楊成志能夠講流利的法語和英語，並能閱讀德文。他用法語寫成了關於彝族語言的分類及文字體系的論文，這篇論文批評了西方人對彝族的錯誤看法，後於 1935 年發表在《人類》（Man）雜誌上。〔註48〕

　　最後，再簡說一下譯介。甲午戰爭之前，國內提倡洋務運動，大多數中國人認為西方僅在科學技術上優於中國，所以所譯的外國書中 70%以上是自然科學和應用科學類。1895 年後，維新運動展開，提倡變法圖強者認識到改革應借鑒西方的社會制度，從內政著手，因此所譯書籍轉而偏重於人文科學與社會科學。〔註49〕在各國的譯著中，數量最多的是日本。由於大量留學生在日本獲取西學，以及章太炎等認為日文學習較其它外文易，在 1880～1940 年期間，約有 2204 種日文著作被譯成中文，其中幾乎有一半是社會科學、歷史和地理方面的。日文的翻譯總量在 1902～1904 年達到了 60.2%。〔註50〕

〔註47〕王建民：《中國民族學史》（上），昆明：雲南教育出版社，1997 年。第 96 頁。

〔註48〕王建民：《中國民族學大事記（1895～1949）》，見王建民：《中國民族學史》（上），昆明：雲南教育出版社，1997 年。第 413～440 頁。

〔註49〕吳霓：《中國人留學史話》，北京：商務印書館，2004 年。第 93 頁。

〔註50〕〔美〕費正清、費維愷編：《劍橋中華民國史》（下卷），北京：中國社會科學出版社，1994 年。第 355 頁。

福建籍的留日學生建立的閩學會很有影響，該學會於 1903 年發行「閩學會叢書」，將日文著作譯成中文，其中就包括賀長雄的《社會進化論》、鳥居龍藏的原著《人種誌》（林楷青譯）、太原祥一的原著《社會問題》、石川千代松的《進化新論》等。〔註51〕

20 世紀初，民族、種族、文明、野蠻、進化、母系、父權、圖騰、私有制等人類學基本概念對知識分子很有吸引力，所以，以進化論爲主調的民族和種族的翻譯著作佔據了重要位置。〔註52〕同時，中國急需利用現代學術來解釋中國的歷史與文化，人類學著作也因此得到譯介。哈伯蘭（Michael Haberland）的《民種學》、赫胥黎（Thoma Henry Huxley, 1825~1895）的《天演論》（1895）（後被改爲《群學肆言》（1903））、摩爾根（Thomas Hunt Morgan）的《古代社會》（1902）、《蠻性的遺留》（1925）、羅維（R.H.Lowie）的《文明與野蠻》（1935）等都是當時流行的作品，摩爾根、泰勒等人的著作，更是被民國時期的調查者在調查報告中頻繁引用。

然而，從以上傳播分析中並不能看到西方科學民族誌讀本的譯入。據筆者所知，科學民族誌的倡導者馬林諾夫斯基於 1922 年出版的《西太平洋的航海者》譯介到中國都是相當晚近的事情了。不過，雖然《西太平洋的航海者》等大量民族誌文本沒有被翻譯過來，但關於民族調查的外文工具書及外文民族誌文本，卻被知識分子在調查中參考使用。跟馬氏一樣，凌純聲等人在作民族調查的時候，會帶著馬氏田野時攜帶的英國皇家學會編寫《人類學的詢問與記錄》（The Royal Anthropological Institute: *Notes and Queries on Anthropology*）一書。據筆者考證，此書當時沒有被翻譯的記錄，但此書的大體框架都被凌純聲翻譯出來並用於中國調查了，凌純聲《民族學實地調查方法》一文主要是以其爲根據而成的。1936 年，內政部禮俗司委託凌純聲、衛惠林、徐益棠編擬《全國風俗問題調查格》，衛惠林就參考了《人類學的詢問與記錄》。〔註53〕同樣，在馬長壽的《涼山羅彝考察報告》中，也提到來四川調查之前，依 *The Royal Anthropological Institute: Notes and Queries on*

〔註51〕 王建民：《最早的民種學譯著與民族學觀點的介紹》。見王建民：《中國民族學史》（上），昆明：雲南教育出版社，1997 年。第 73~83 頁。

〔註52〕 王建民對西方民族學在中國的早期介紹作了統計與分析。詳見王建民：《中國民族學史》（上），昆明：雲南教育出版社，1997 年。第 83 頁。

〔註53〕 英國皇家人類學會編訂，周雲水譯：《人類學的詢問與記錄》（第六版）（序），香港：國際炎黃文化出版社，2009 年。第 6 頁。

Anthropology 中之 Terms of Relation ship 而損益之，爲親屬稱謂調查表。〔註 54〕在馬氏的調查報告中，外國民族誌著作的引用已相當普遍，並借用來對比研究中國土著。在關於羅羅的親屬稱謂的研究中，馬氏參考了很多國外民族誌，如 A.L.Kroeber 的 *Classi factory Systems of Relationship,* 〔註 55〕W. H. River 的 *Kin, kinship, in Hastings`Encyclopedia of Religion and Ethics,* 〔註 56〕如馬氏也將調查到的羅羅與「西北利亞」的土著 *Aboriginal Siberia*（M. A. Gaplicka, 1914）進行對比研究。〔註 57〕

在 19 世紀到 20 世紀二三十年代的西方，民族誌觀念經歷了從「尋求通則」到記錄文化多樣性的轉變，民族誌材料經歷了從第二手材料到第一手材料的轉變。而在中國並非如此。中國要在如此倉促的時間內接受西學幾十年的成果，顯然無法完成清晰的民族誌轉變過程。就是「民族誌」這一概念，在 20 世紀初在學術界也沒有特別推行。

「人類學」這一概念傳入中國，一般認爲是清光緒二十九年（1903 年）。這一年，林紓、魏易就將德國哈伯蘭《民種學》英譯本轉譯成漢文，由北京大學堂官書局印刷，月底發行。被作爲清末京師大學堂開設人種學課程的教本與參考書。〔註 58〕不過，據張壽祺考證：「人類學」這個學名和內容，於 1903 年上半年已在中國傳播。〔註 59〕1902 年至 1903 年，一些湖南籍的革命者將威爾遜爵士 1885 年出版的《人類學》的日譯本翻譯成中文，利用進化論理論和考古學的證據來支持他們的革命。但直到 1906 年，孫學悟才將「anthropology」譯作「人類學」，1918 年，陳映璜寫出了中國第一本人類學著作《人類學》。〔註 60〕

而民族誌的概念，討論的人卻不多。〔註 61〕1903 年，劉師培的《中國民

〔註 54〕馬長壽遺著，李紹明、周偉洲等整理：《涼山羅彝考察報告》，成都：巴蜀書社，2006 年。第 264 頁。
〔註 55〕同上。第 274 頁。
〔註 56〕同上。第 291 頁。
〔註 57〕同上。第 295 頁。
〔註 58〕王建民：《中國民族學史》（上），昆明：雲南教育出版社，1997 年。第 73 頁。
〔註 59〕張壽祺：《19 世紀末 20 世紀初「人類學」傳入中國考》，《社會科學戰線》，1992 年第 3 期。
〔註 60〕〔美〕顧定國著，胡鴻保、周燕譯：《中國人類學逸史──從馬林諾斯基到莫斯科到毛澤東》，北京：社會科學文獻出版社，2000 年。第 52 頁。
〔註 61〕筆者輸入「民族誌」關鍵詞，在民國期刊（1912～1949）（四川大學圖書館）上查找，最多只能找到十多條，而除孫本文的《何佛梅的民族誌》外，其它

族誌》出版，據筆者考查，是中國第一次比較正式地在著作中用了「民族誌」提法。但是，劉師培的《中國民族誌》中的「民族誌」實質上是「ethnology（民族史）」，而不是「ethnography」。〔註 62〕這一問題，楊堃也有過評論，他認為，張其昀的《中國民族誌》（1928）將民族誌當作「ethnology（民族史）」，似不妥。〔註 63〕其實，兩本著作實質都是「中國民族史」。不過，「ethnography」到底譯作什麼，最初並沒有統一。楊堃於 1935 年比較系統地討論過這一問題。據他考查，ethnography 一詞，在日文內是譯作土俗學，在中文內舊譯為人種誌，即 1932 年，林惠祥的《世界人種誌》（商務印書館，1932 年），將其譯為「人種誌」，然亦有沿用日譯，而作土俗學者；或為與民族學（ethnology）一詞相區別，而譯作民族誌者，即孫本文介紹 Havemeyer 的書時，將 Ethnography 譯作「民族誌」（《何佛梅的民族誌》，社會學刊，1930 年第 2 卷第 1 期）。根據蔡元培 1926 年《說民族學》所定義的民族學，楊堃建議：

> 將比較的民族學（ethnologie）譯作民族學，同時將敘述的民族學（ethnographie）譯為民族誌，則「誌」字之內已能將敘述之意表出，故亦不必再加「敘述」二字，希望國內學者在原則上一致採用蔡先生的意見，即認為 ethnologie 是比較的民族學，ethnographie 是敘述的民族學。惟在使用時，為寫說之方便計，比較的民族學，可簡稱民族學，而敘述的民族學，則簡稱民族誌。〔註 64〕

在隨後發表的《民族學實地調查方法》（1936）一文中，凌純聲也採用楊堃的譯法，認為偏於記錄的為民族誌，偏於比較的為民族學。並認為此解釋，英德法三國學者大致尚能同意。如英之 Latham 以民族誌為敘述的，民族學為理論的；德之 Ratzel 以民族誌為屬於敘述的研究，找出各民族各種文化的情形；法之 Deniker 亦以民族誌為敘述各民族文化。凌氏又說，其實民族誌是民族學

都作「民族史」概念用，跟此處討論的民族誌無關。
〔註 62〕芮逸夫於 1962 年在臺灣為劉師培《中國民族誌》作序如是說。見劉師培：《中國民族誌》，中國民族學會，1962 年。
〔註 63〕楊堃認為，張其昀氏在所著《中國民族誌》（商務）一書內，將民族誌當作 ethnology 一詞之譯名，似欠妥。見楊堃：《民族學與人類學》，《北平大學學報》，1935 年第 1 卷第 4 期，第 9 頁。
〔註 64〕楊堃：《民族學與人類學》，《北平大學學報》，1935 年第 1 卷第 4 期，第 9～10 頁。

的主要部分，通常稱民族學即可概括民族誌。〔註65〕對這一定義的認同表現在淩氏將其正式用在《松花江下游的赫哲族》一書的序言中，肯定自己的書寫是屬於民族誌。〔註66〕

淩純聲與楊塑關於民族誌的定義都是在蔡元培《說民族學》關於民族學定義的基礎上形成的。這既是蔡元培對民族學的貢獻，同時也隱含著中國學者的自覺認同與選擇。

雖然當時的學界並未對「民族誌」作過多學理探討，也未過多糾纏於ethnography 的譯法，但此時的中國，已經採用西方二三十年代所流行的民族調查方法了。大概在他們看來，叫什麼並不重要，民族調查行動本身才是迫在眉睫的事情。在整個民國時期，學界對民族學的運用有畢其功於一役之感，所以學者們也沒有時間騰出手來處理這一基本的學術概念。和西方一樣，這時的調查對象還是以「原始民族的文化」為主。

但中國並非被動地接受了當時西學民族誌的所有特點。實質上，中國民族誌落地中國後，在對接上固然考慮了近代西學術語的吸收，也充分利用了中國固有的一些表述。要理解為何劉師培、張其昀等人會匆忙地「錯用」了「民族誌」，這一有爭議的翻譯為何最終被確定為「民族誌」，就必須從民族誌在漢語世界的古代表述來理解「民族誌」這一譯法最終被學界接受的學理性與合理性。

第二節　古代表述與近代認知

1. 「民族誌」在漢語世界的古代表述

如果「民族誌」是關於特定人群和地域的文化書寫的話，其在漢語世界可謂源遠流長且種類多樣。漢語表述傳統中的這些類型雖不能簡單地等同於現代意義上的「民族誌」，也就是從西方傳入的「ethnography」，但它們古已有之的本土存在卻為「ethnography」引入本土後能被較為合理地譯為「民族誌」奠定了必要的文化和學理基礎。

為何漢文獻資料可作為「民族誌」來看待呢？對此可作多種解釋。從「詞

〔註65〕淩純聲：《民族學實地調查方法》，《民族學研究集刊》，1936 年第 1 期。
〔註66〕淩純聲：《松花江下游的赫哲族》（序），中央研究院歷史語言研究所單刊甲種之十四，1934 年。

源」分析，可以把「民」、「族」、「誌」三個漢語古詞與「ethnography」分別對照，探討「民」、「族」、「誌」這三個漢字所具備的漢語的本義。在此基礎上再連成新的詞組——「民族誌」，從而喚起新的想像。這種新的想像會將我們對民族誌的認知拉回到古代文獻中進行新的對照。〔註67〕「民」「族」「誌」的詞源分析如下。

「民」「族」「誌」的漢文獻傳統

關於「民族」這個詞，雖然直接出現的情況不多，但是類似於「民族」這個概念，可以代表某一人類群體的詞，可以很容易從漢文獻中找到相關的依據。

韓錦春、李毅夫的《漢文「民族」一詞考源資料》〔註68〕對這一問題進行了詳細的梳理。書中將古籍中經常使用的近30個詞語，如「民」、「族」、「人」、「種」、「類」、「部」、「落」等，分7組加以歸納，分別為：

（1）族——族、族類、族種、氏族、部族、國族、邦族、宗族

（2）民——民、民户

（3）人——人、種人、國人、土人、中華人

（4）種——種、種族、族種、種眾、種類、種姓

（5）類——類、類種、種類、族類、部類

（6）部——部、部落、部族

（7）落——落、部落、種落、附落、聚落

以上的歸類已經非常全面，此處不一一列舉論述，僅舉「民」「族」二字並略加分析。

關於「民」的含義。漢文獻中的「民」按詞性大抵可以分為兩種：一為名詞，一為形容詞。前者主要是指人群的某一類；後者主要用於修辭，諸如「民間的」。

先來看作為名詞的「民」。在漢文獻中，「民」指「類」的意思很多，可粗略地分為三種情況：

〔註67〕參見徐新建：《從文學到人類學——關於民族誌和寫文化的答問》，《北方民族大學學報》，2009年第1期。

〔註68〕韓錦春、李毅夫：《漢文「民族」一詞考源資料》，中國社會科學院民族研究所民族理論研究室印，1985年。

一種情況是泛指人。如《淮南子》：食者，民之本也。《左傳·成公十三年》：民受無地之中以生。

另一種是對人群的歸類。典型的如《禮記·王制》：「中國戎夷，五方之民，皆有性也，不可推移。」《穀梁傳·成公元年》：古者有四民，有士民，有商民，有農民，有工民。

還有一種是對人群族屬的歸類。譬如《尚書·周書·呂刑》：苗民弗用靈。制以刑。惟作五虐之刑曰法。

在《華陽國志》中，僅《華陽國志·巴志》中就有 34 處用到「民」。其中大部分都用作名詞，作爲人群及人群的類屬。如：

其民質直好義，土風敦厚，有先民之流。

巴郡嚴王思爲揚州刺史，惠愛在民。每當遷官，吏民塞路攀轅，詔遂留之。

國人風之曰：「明明上天，下土是觀。帝選元后，求定民安。孰可不念？禍福由人。願君奉詔，惟德日親。」

只有極少用作形容詞：方勺《方臘起義》：輕繇薄賦，以寬民力。

由此觀之，漢文獻中，「民」在大多數意義上都是作爲名詞，表示一群人、一類人，雖然範圍大小有異。

關於「族」的用法。《說文》：族，矢鋒也。束之族族也。從本義衍生對人群的指稱，即指的是一個共同對外的群體，古文獻中很少單獨使用，一般是與其它詞連在一起，表示類屬人群。這樣的基本群體單位作爲血緣組織的家族、氏族、宗族，一直擴大到國族、族類概念。如：

《宋史》（卷 496）：「渝州蠻者，古板楯七姓蠻，唐南平獠也。其地西南接烏蠻、昆明、哥蠻、大小播川，部族數十居之。」

《遼史》（卷 116）：「《本紀》首書太祖姓耶律氏，繼書皇后蕭氏，則有國之初，已分二姓矣。有謂始興之地曰世里，譯者以世里爲耶律，故國族皆以耶律爲姓。」

《左傳·成公四年》：「非我族類，其心必異。」

《華陽國志》與「族」相關的說法有 42 處，表示人群聚合概念同樣不一，有大有小。有「姓族」、「宗族」、「鄉族」以及更大類屬的「夷族」。例舉如下：

　　《華陽國志・蜀志》:「雒縣郡治。鄉有孝子姜詩田地宅。姓族有鐔、李、郭、翟氏。」

　　《華陽國志・漢中志》:「建安二十四年,孟達、劉封徵上庸,上庸太守申耽稽服,遣子弟及宗族詣成都。」

　　《華陽國志・蜀志》:「漢安縣郡東五百里。土地雖迫,山水特美好,宜蠶桑;有鹽井、魚池以百數,家家有焉,一郡豐沃。四姓:程、姚、郭、石;八族:張、季、李、趙輩。而程、石傑立,郡常秉議論選之。」

　　《華陽國志・後賢志》:「鄉族饋及禮厚皆不納,目不視色,口不語利。」

　　《華陽國志・南中志》:「太康五年,罷寧州,置南夷,以天水李毅為校尉,持節,統兵鎮南中,統五十八部夷族都監行事。」

　　值得補充的是,中國先秦時代的文獻中有「民」與「族」二字連用的情況,然而並非一個詞,而是兩個分開的詞,如:

　　《周禮・春官・墓大夫》:「墓大夫,掌凡邦墓之地域,為之圖。令國民族葬,而掌其禁令。」

　　這裡,其實是「國民」與「族葬」兩個詞。鄭玄注:「族葬,各從其親。」賈公彥疏:「族葬,則據五服之內,親者共為一所,而葬異族即別塋。」賈公彥的意思是同族的人葬在一起,而異族的人要另作墳冢,而區別的標準在於「五服之外」與「五服之內」。雖然沒有現代「民族」的概念,但是卻體現了「族」的分類。秦以後,關於「民族」二字連用的情況在漢文獻中均有出現,但都不是現代意義上的「民族」概念。

　　上述分析是把民族二字分開即從「民」與「族」分別梳理其表述人群類屬概念的古文獻傳統。但是,「ethnography」翻譯過來的「民族誌」卻是用的「民族」作為現代意義上的概念。上述例子極少「民族」二字合用情況,也並不是現代意義上的「民族誌」中的「民族」概念。但是當「民族誌」中的「民族」要表示人群類屬的時候,實際是借用了(或者說具有)古代「民」與「族」的概念,即現代的「民族」作為人群類屬的時候實際是古文獻中「民」、「族」二字的同義反覆。杜贊奇在《護史退族:現代中國的問題敘事》中說,在西方民族主義傳入中國之前,中國人已經有類似於「民族」的「想像的共

同體」了；對中國而言，嶄新的事物不是「民族」這個概念，而是西方的民族－國家體系。〔註 69〕此說屬實。「民族」作爲符號、作爲能指是西方的，但是作爲人群共同體、作爲所指，中國也有類似於「民族」的概念。〔註 70〕實質上，「民族」一詞，雖來自日本，但是係現代漢語的中－日－歐借貸詞，即由日語使用漢字來翻譯歐洲詞語（特別是英語詞語）時所創造。〔註 71〕中國採用了現代意義上的「民族」概念，來表述「人群」、「群體」。在運用中，範圍時大時小，有時指國族，有時指族群，有時指種族。

關於「志」的漢文獻傳統。

「志」在漢文獻中大多用著兩種詞性，一種是名詞，一種是動詞。

許慎《說文解字・心部》：「志，意也。」近於此表達的如：

《毛詩序》：「在心爲志。」

《書・舜典》：「詩言志，歌永言。」

《鬼谷子・陰府》：「志者，欲之使也。」

以上爲作爲本意的名詞。再看「志」的動詞來源。「志」原爲「識」。段玉裁注：

「《周禮》保章氏注云：『志，古文識。』蓋古文有志無識。小篆乃有『識』字。保章注曰：『古文識，識，記也。』哀公問注曰：『志讀爲識。識，知也。』……古文作『志』，則志者記也、知也。」

「識」有記錄的意思，用作動詞。《漢書・匈奴傳上》：「於是說教單于左右疏記，以計識其人眾畜牧。」顏師古注：「識亦記。」宋曾鞏《自福州召判太常寺上殿劄子》：「故堯舜性之也，而見於傳記，則皆有師，其史官識其行事，則皆曰『若稽古』。」唐代的顏師古說：「志，記也，積記其事也。」可以看出，「志」作爲動詞，是可以用來記事的，表示記載、記錄的意思。如：

〔註 69〕吳叡人：《認同的重量：〈想像的共同體〉導讀》，〔美〕本尼迪克特・安德森著，吳叡人譯：《想像的共同體——民族主義的起源與散佈》，上海：上海人民出版社，2005 年。第 15 頁。

〔註 70〕此觀點源於筆者對徐新建教授的訪談。

〔註 71〕劉禾：《跨語際實踐——文學，民族與被譯介的現代性（中國，1900～1937）》，上海：三聯書店，2008 年。第 386 頁。

《周禮‧春官‧保章氏》：「掌天星，以志星辰日月之變動。」

《莊子‧逍遙遊》：「《齊諧》者，志怪者也。」

《說文新附》：「志，記志也。」

《新唐書》：「亮少警敏，博見圖史，一經目輒志於心。」

《醒世恒言》：「就是張華的《博物志》，也不過志其一二。」

《字話》：「志，記也。」

正因爲志有記錄的意思，所以志又延伸爲記事、書寫等意後，成爲一種書寫的文體。如：地方志、志書（記事的書）、志乘（記載歷史的書）。作爲文體的志有諸多種類，如禮樂志、禮儀志、禮志、樂志等。大體可歸結如下圖：〔註72〕

志的種類	有此志之中國史書	主要內容
禮樂志、禮儀志、禮志、樂志	《漢書》（禮樂志）、《後漢書》（禮儀志）、《晉書》（禮志、樂志）、《宋書》（禮志、樂志）、《南齊書》（禮志、樂志）、《魏書》（禮志、樂志）、《隋書》（禮儀志、音樂志）、《舊唐書》（禮儀志、音樂志）、《新唐書》（禮樂志）、《舊五代史》（禮志、樂志）、《遼史》（禮志、樂志）、《金史》（禮志、樂志）、《明史》（禮志、樂志）	介紹各種禮儀制度
郊祀志、祭祀志	《漢書》（郊祀志）、《後漢書》（祭祀志）	介紹祭祀
儀衛志	《新唐書》、《遼史》、《金史》	介紹鹵簿、儀隊的資料
車服志、輿服志	《後漢書》（輿服志）、《晉書》（輿服志）、《南齊書》（輿服志）、《舊唐書》（輿服志）、《新唐書》（車服志）、《金史》（輿服志）、《明史》（輿服志）	介紹依照禮法規定，各種人員的車子、服裝規定。
律曆志、曆志、曆象志、時憲志	《漢書》（律曆志）、《後漢書》（律曆志）、《晉書》（律曆志）、《宋書》（律曆志）、《魏書》（律曆志）、《隋書》（律曆志）、《舊唐書》（曆志）、《新唐書》（曆志）、《舊五代史》（曆志）、《遼史》（曆象志）、《金史》（曆志）、《明史》（曆志））、《清史稿》（時憲志）	與曆法有關的史料。

〔註72〕此圖資料來源參見了維基百科：http://zh.wikipedia.org/wiki/%E5%BF%97。

民國時期的西南民族誌研究

天文志、天象志	《漢書》（天文志）、《後漢書》（天文志）、《晉書》（天文志）、《宋書》（天文志）、《南齊書》（天文志）、《魏書》（天象志）、《晉書》（天文志）、《隋書》（天文志）、《舊唐書》（天文志）、《新唐書》（天文志）、《舊五代史》（天文志）、《宋史》（天文志）、《金史》（天文志）、《明史》（天文志）	講述天文記錄、星官資料。
五行志、符瑞志、靈徵志	《漢書》（五行志）、《後漢書》（五行志）、《晉書》（五行志）、《宋書》（符瑞志、五行志）、《南齊書》（祥瑞志、五行志）、《魏書》（靈徵志）、《隋書》（五行志）、《舊唐書》（五行志）、《新唐書》（五行志）、《舊五代史》（五行志）、《金史》（五行志）、《明史》（五行志）	各種奇特災異、祥瑞的史料。
地理志、郡國志、州郡志、地形志、郡縣志	《漢書》（地理志）、《後漢書》（郡國志）、《晉書》（地理志）、《宋書》（州郡志）、《南齊書》（州郡志）、《魏書》（地形志）、《隋書》（地理志）、《舊唐書》（地理志）、《新唐書》（地理志）、《舊五代史》（郡縣志）、《遼史》（地理志）、《金史》（地理志）、《明史》（地理志）	介紹國內各地狀況。
溝洫志、河渠志	《漢書》（溝洫志）、《金史》（河渠志）、《明史》（河渠志）	介紹國內水文狀況，包括河川走向與潰決記錄。
選舉志	《新唐書》、《舊五代史》、《金史》、《明史》	介紹如何選舉人才的方式
百官志、職官志、官事志	《後漢書》（百官志）、《晉書》（職官志）、《宋書》（百官志）、《南齊書》（百官志）、《魏書》（官事志）、《隋書》（百官志）、《舊唐書》（職官志）、《新唐書》（百官志）、《舊五代史》（職官志）、《遼史》（百官志）、《金史》（百官志）、《明史》（職官志）	介紹政府機構與各種官員。
兵志、營衛志、兵衛志	《新唐書》（兵志）、《遼史》（營衛志、兵衛志）、《金史》（兵志）、《明史》（兵志）	介紹軍隊制度。
食貨志	《漢書》、《晉書》、《魏書》、《隋書》、《舊唐書》、《新唐書》、《舊五代史》、《遼史》、《金史》、《明史》	介紹農業生產與經濟活動。
刑法志、刑罰志、刑志	《漢書》（刑法志）、《晉書》（刑法志）、《魏書》（刑罰志）、《隋書》（刑法志）、《舊唐書》（刑法志）、《新唐書》（刑法志）、《舊五代史》（刑法志）、《遼史》（刑法志）、《金史》（刑志）、《明史》（刑法志）	介紹刑法制度。

－48－

經籍志、藝文志	《漢書》（藝文志）、《隋書》（經籍志）、《舊唐書》（經籍志）、《新唐書》（藝文志）、《明史》（藝文志）	列出各類書籍的書目。
釋老志	《魏書》	佛教、道教等宗教之事。
朝會志	《東觀漢記》（朝會志）	朝中會議之事。
風俗志	《臺灣通史》（風俗志）	地方民俗之事。
邦交志	《清史稿》（邦交志）	介紹外國邦交始末之事，相當於《金史》的〈交聘表〉。

（筆者製圖）

　　無論是作爲記錄，還是作爲文體之意，「志」都符合了民族誌中的「誌」之特徵。

　　上述對民族誌的漢文獻傳統從詞源上進行了梳理。此外還可從「書寫對象」來理解。有人認爲民族誌就是「對異民族的社會、文化現象的記述」，〔註73〕照此推論，古代漢文獻的許多文本便皆可視爲此種意義上的民族誌了，比如，從《山海經》、《禮記·王制》到《漢書·地理志》等等，不都稱得上「對異民族的社會、文化現象的記述」麼？因此，漢文獻中也有類似於西方的 ethnography 所具有的異文化表述，西方 ethnography 所體現的西方中心，在中國傳統民族誌表述中，實爲「中原中心」。

　　以上說明，迎接 ethnography 到來的中國，本身已具有相當的對接基礎，不僅體現在有表示「人群」、「記錄」的現成詞彙，也表現在有區分「自我」與「他者」的異文化書寫。而「民族誌」的用法，據上節中楊堃的解釋，經由了土俗誌、人種誌，再到民族誌。總之，無論「民族誌」最初的創造者是誰，但被中國接受認同是事實，而漢字的解釋傳統爲這種事實作了有力的學理支撐。

2. 「民族」的近代認知

　　首先看「民族」一詞。「民族」一詞，係現代漢語的中－日－歐借貸詞，即由日語使用漢字來翻譯歐洲詞語（特別是英語詞語）時所創造。〔註74〕

〔註73〕〔美〕詹姆斯·克利福德，喬治·E.馬庫斯編，高丙中等譯：《寫文化——人類學的詩學與政治學》，北京：商務印書館，2008 年。序，第 6 頁。
〔註74〕劉禾：《跨語際實踐——文學，民族與被譯介的現代性（中國，1900～1937）》，

此詞的來源爲英文 nation。值得注意的是，此時的民族與上文所提到的中國傳統漢文獻表示各類人群的宗族、氏族、族類等不同。在「民族」未傳入之前，中國基本不用現代意義上的「民族」一詞。比如在近代林則徐主編的《四洲志》等書，在談到國外民族時，用的是「部」、「部落」、「部民」、「族」、「類」等詞。再如，1881 年譯成中文的《柬埔治以北探路記》，書中有許多介紹老撾、緬甸、柬埔寨以及我國西南邊境民族情況的地方，也是使用「部」、「部人」、「部民」、「部落」、「種」、「種人」、「種類」、「人種」、「民」、「民種」等詞。〔註 75〕歐洲現代意義上的「民族（nation）」概念強調以地理國界界定的本群體的內聚意識和排他意識。這種意識最強烈的表述就是所謂「一個民族（nation）一個國家」的政治訴求：「民族（nation）」要求的不是一個「天下」，而是屬於「自己」的獨立領土和主權，也就是所謂的「民族－國家（nation－state）」。因此，「民族」（nation）所要求的必然是一個內部高度同質化、對外則強烈排斥的國家模式。〔註 76〕

　　西方的這一概念，正好對應了當時中國知識分子的政治需求。在 20 世紀之前，民族一詞在書刊上的使用情況較少。據學者考察，1882 年，王韜最早使用了「民族」一詞，是爲洋務運動中鼓舞士氣，稱中國「民族殷繁」。19 世紀 80 年代始，一些報刊如《益聞錄》、《強學報》、《時務報》出現「民族」一詞，但大多爲「譯自外國的文章裡，並多用來講述外國民族，而在講中國民族時，『民』和『族』還是分開使用的」。〔註 77〕中國對「民族」一詞的採用，與當時盛行的民族主義有關。在 20 世紀初期，民族一詞已經被普遍使用。當時，民族主義已被帶上激烈的民族情緒，如《湖北學生界》1903 刊登了一篇《論中國之前途及國民應盡之責任》文章，道：

　　　　我國民若不急行民族主義，其被淘汰於二十世紀民族帝國主義之潮流中乎！夫各國民族，如拉丁族，條頓族，斯拉夫，皆具有獨立不羈之精神，自尊自重之氣概，各國所以強也。我四千年文明最

上海：三聯書店，2008 年。第 386 頁。
〔註75〕 韓錦春、李毅夫：《漢文「民族」一詞考源資料》，中國社會科學院民族研究所民族理論研究室印，1985 年。第 15 頁。
〔註76〕 周傳斌：《概念與範式——中國民族理論一百年》，北京：民族出版社，2008 年。第 9 頁。
〔註77〕 韓錦春、李毅夫：《漢文「民族」一詞考源資料》，中國社會科學院民族研究所民族理論研究室印，1985 年。第 20～22 頁。

古之國民，豈遽讓彼東西後進之人種哉？〔註78〕

更有論者如余一稱：

今日者，民族主義發達之時代也，而中國當其衝，故今日而再不以民族主義提倡於吾中國，則吾中國乃眞亡矣。……合同種異異種，以建一民族的國家，是曰民族主義。……雖然，今日歐族列強立國之本，在民族主義，固也；然彼能以民族主義建己之國，復能以民族主義亡人之國。〔註79〕

在當時的思想、文化、政治領域比較活躍的代表性人物，如梁啓超、孫中山、汪兆銘等，都使用並論述了「民族」一詞。但是其用法都是在「nation」意義上使用，大多都含有政治傾向。〔註80〕

汪精衛在 1905 年所寫《民族的國民》一書中借用伯倫知理的詞彙來定義民族，認爲有必要在兩層意義上把握民族的含義，一是法律上的實體，即由公民組成的民族國家（「國家」），二是種族群體（「族類」），汪所說的「民族」就是上述兩種意義上使用的。汪的意圖是想揭示由一種族組成的國家比多種族的國家好得多，他列出了兩個理由：一是平等，若一民族，則所比肩者皆兄弟，「是爲天然之平等」；二是自由。汪精衛引用《左傳》中常爲人所引用的那句話寫道：「非我族類，其心必異」，所以戰勝民族對於戰敗民族必束縛壓制之，種族之間總有爭鬥。在杜贊奇看來，汪氏的文章表明，極端的社會達爾文主義已成爲中國知識分子的話語。這種社會達爾文主義不僅使他們對民族的想像合法化，而且對其世界觀起了結構性的作用。〔註81〕

最早在學術概念意義上使用「民族」一詞的應該是梁啓超，他使用的「民族」一詞，是從英語「nation」，日語「民族」轉借而來。他提出了「東方民族」、「泰西民族」、「民族變遷」、「民族競爭」等詞語。〔註82〕1903 年之前，

〔註78〕《論中國之前途及國民應盡之責任》，《湖北學生界》，1903 年第 3 期。《辛亥革命前十年間時論選集》第 1 卷上冊，第 464、465 頁。

〔註79〕余一：《民族主義論》，《浙江潮》1903 年第 1、2 期。《辛亥革命前十年間時論選集》第 1 卷下冊。第 485、486、488 頁。

〔註80〕周傳斌：《概念與範式——中國民族理論一百年》，北京：民族出版社，2008年。第 26 頁。

〔註81〕〔美〕杜贊奇著，王憲明等譯：《從民族國家拯救歷史：民族主義話語與中國現代史研究》，南京：江蘇人民出版社，2009 年。第 36～37 頁。

〔註82〕〔美〕杜贊奇著，王憲明等譯：《從民族國家拯救歷史：民族主義話語與中國現代史研究》，南京：江蘇人民出版社，2009 年。第 26 頁。

梁啓超就提倡民族主義。據統計，在 1895～1903（包括 1903 年）年的著述中，梁啓超關於種族、人種之言論有 266 處，關於民族的言論有 135 處，主要見於《新民說》、《新史學》、《政治學大家伯倫知理之學說》等；關於民族主義的言論有 30 處。〔註 83〕之後，雖然梁關於民族主義的觀點有所變化，但大抵不超過在國家層面上來談民族。

在其 1902 年創作的被稱之為政治小說的《新中國未來記》裡，民族情懷的國家傾向是明顯的，在緒言裡，他說：

> 話表孔子降生後二千五百一十三年（今年二千四百五十三年），即西曆二千零六十二年（今年二千零二年），歲次壬寅，正月初一日，正係我中國全國人民舉行維新五十年大祝典之日。〔註 84〕

雖然梁啓超的理想並沒有實現，中國並非實現了君主立憲，而是社會主義新中國。但是，梁當時希望中國通向現代社會的民族情結可見一斑。他用孔子紀年與西曆進行對應，是希望中國進入世界歷史的時間通道。〔註 85〕梁啓超在 1901 年的《中國史敘論中》就討論過「紀年」，認為帝王符號「繁而雜」最野蠻應當廢棄，而泰西紀年「簡而整」應當採用。〔註 86〕《新中國未來記》用小說的方式表達他的國家主義，藉以培養民眾的國家思想。〔註 87〕

在觀念上和《新中國未來記》構成互文性文本的是《政治學大家伯倫知理》等政論文。伯倫知理對梁啓超最大的影響是他的國家至上理論。然而這一理論如何應對中國多民族國家？1903 年，梁啓超的思想發生了較大的變化。經歷了反帝、質疑反滿的轉變，梁啓超注意到中國是多民族國家這一現實，而表其重要思想轉折的文章正是他 1903 年考察了美洲大陸後於當年 10 月發表的《政治大家伯倫知理之學說》，在此文中，他直接將以前信奉的民族

〔註 83〕 參見梁世祐：《從種族到民族：梁啓超民族主義思想之研究（1895～1903）》，臺灣國立中央大學碩士論文，中華民國 92 年。139～170 頁。

〔註 84〕 梁啓超：《新中國未來記》（緒言），桂林：廣西師範大學出版社，2008 年。

〔註 85〕 魏朝勇：《民國時期文學的政治想像》，北京：華夏出版社，2005 年。第 36 頁。

〔註 86〕 梁啓超：《中國史敘論》，《飲冰室合集·文集之六》，中華書局，1989 年。7～8 頁。關於清末主張廢帝王紀年而用新紀年者主要有四種：即康有為主張用孔子紀年，劉師培主張用皇帝紀年，章太炎主張用共和紀年，而高夢旦（鳳謙）則主張用耶穌紀年。見 1937 年錢玄同為劉師培的《皇帝紀年說》撰寫的暗語。轉引自羅志田：《裂變中的傳統——20 世紀前期的中國文化與學術》，北京：中華書局，2009 年。第 45 頁。

〔註 87〕 王向陽、易前良：《梁啓超政治小說的國家主義訴求——以〈新中國未來記〉為例》，《南京社會科學》，2006 年第 12 期。

主義，發展爲國家主義。〔註88〕他提出了「大民族主義」：

> 在中國言民族主義，必爲大民族主義而不能有小民族主義（即
> 滿、漢、回、苗、藏各相分別的民族主義），小民族主義者何？漢族
> 對於國內他族是也；大民族主義者何？合國內本部屬部之諸族以對
> 於國外諸族是也。言「國家主義」，「則此後所以對於世界者，勢不
> 得不取帝國政策，合漢合滿合回合苗合藏，組成一大民族」。〔註89〕

他所說的「大民族主義」綱領，是指爲了反抗帝國主義侵略建立一個新中國
這一共同目標，把漢族和蒙、藏、滿、回、苗等這樣一些少數民族聯合起來。
他認爲，劉師培類的反滿立漢思想不過是「小民族主義」。中國同化力之強，
爲東西歷史學家所認同。今謂滿洲已盡同化於中國，微特排滿家所不欲道，
即吾亦不欲道。」〔註90〕不過，在史華慈（BenjaminI.Schwartz）的學生張灝
看來，其「大民族主義」只不過是一種語言修辭，在這個問題背後仍然是國
家政治的理性化。〔註91〕再後來的 1922 年，梁又這樣講到「民族意識」：

> 何謂民族意識？謂對他而自覺爲我。「彼，日本人；我，中國
> 人」：凡遇一他族而立刻有「我中國人」之一觀念浮於其腦際者，此
> 人即中華民族之一員也。

可見，梁的「民族」，乃爲「民族－國家（nation－state）」。

　　孫中山在 1905 年以前就提倡「民族主義」了。1903 年，孫中山的文章中
出現了「民族」，1904 年開始出現了「民族意識」、「民族運動」、「民族主義」、
「民族革命」、「民族思想」等詞。在孫中山的用語中，有一個從「種族」到
「民族」再到「國族」的漸變過程。在《民族主義》論說中，他提到「國族
主義」：

> 什麼是民族主義呢？按中國歷史上社會習慣諸情形講，我可以
> 用一句簡單話說，民族主義就是國族主義。
>
> ……我說民族主義就是國族主義，在中國是適當的，在外國便

〔註88〕 將廣學、何衛東：《梁啓超評傳》，南京：南京大學出版社，2005 年。第 125
　　　　 頁。
〔註89〕 梁啓超：《飲冰室合集·文集》13，北京：中華書局，1989 年。第 73～76 頁。
〔註90〕 梁啓超：《政治學大家伯倫知理之學說》，載《飲冰室合集·文集》13，北京：
　　　　 中華書局，1989 年。第 67～89 頁。
〔註91〕 〔美〕張灝：《梁啓超與中國思想的過渡（1890～1907）》，南京：江蘇人民出
　　　　 版社，1993 年。第 186 頁。

不適當。

　　……因爲中國自秦漢而後，都是一個民族造成一個國家。〔註92〕

　　實際上，民族主義在當時的中國是一個很複雜的概念。沈松僑認爲，當時民族主義知識分子幾乎全屬漢族，在面對一個由非漢族的少數族群——滿族所掌握的國家政權時，其關於民族主義的觀點處於相爭相抗，不斷協商的場域。依據 James Kellas 對民族主義所作的類型區分，他把二十世紀初期的中國民族主義粗略分爲三種：社會或文化民族主義（social or cultural nationalism）、族群民族主義（ethnic nationalism）與國家民族主義（state nationalism），認爲康有爲、劉師培、梁啓超可以分別被視爲三種民族主義類型的符號。〔註93〕這裡，孫中山提到的「國族主義」和上文所分析的梁啓超關於民族主義的論述，其實就是國家民族主義。

　　不過，將「民族」與「國族」等同，在當時並不是突兀之事。實際上，種族、民族與國族的相互糾葛，自近代以來就一直伴隨。這使得「ethnography」的希臘文「ethno」所指代的「民族」，在中國本土有不同的情況區分。在當時，參與討論的知識分子都不是人類學家，卻是有影響力的知識分子或政治家。如鄒容、章太炎等人。在鄒容的《革命軍》一書中，通篇用到「我皇漢民族」的說法來表述他排滿揚漢的思想。〔註94〕章太炎則從「歷史民族」觀點使用「民族」的概念。認爲，「自帝系世本，推迹民族，其姓氏並出五帝。五帝之臣庶，非斬無苗裔爾。」〔註95〕並借「歷史民族」理論提出駁斥：「近世種族之辨，以歷史民族爲界，不以天然民族爲界限。」假設純種是不存在的，滿族既已進入中國，理應爲中國「歷史民族」的大熔爐所化。〔註96〕

　　綜上所述，ethnography、民族觀念（民族等於國族）與民族誌之間，實在有著緊密關聯。在中國激進的民族主義情緒下，邊疆人群需要由模糊變清晰，中國需要通過邊疆的「他者」來認識「自我」，而民族誌成爲契合這種表

〔註92〕孫中山：《民族主義》，見《孫中山選集（下）》，北京：人民出版社，1957 年。第 590 頁。

〔註93〕沈松僑：《近代中國民族主義的發展：兼論民族主義的兩個問題》，《政治與社會哲學評論》，2002 年第 3 期。

〔註94〕鄒容：《革命軍》，北京：華夏出版社，2002 年。

〔註95〕《序種姓上》，見章炳麟著，向世陵選注：《訄書》，瀋陽：遼寧人民出版社，1994 年。第 77 頁。

〔註96〕關於章太炎的「民族」與「種族」的論述，詳見孫隆基：《清季民族主義與黃帝崇拜之發明》，《歷史研究》，2000 年第 3 期。第 75～76 頁。

述目的之最恰當文類。民族誌進入中國的特殊語境，不僅影響到中國民族誌在特定時空中出現，也致使中國民族誌與西方同時期民族誌在表述上存在差異。

第二章　西南民族誌概述

　　西南民族誌早期表述，同樣受中西傳統的雙重影響。隨著中國政治語境的變化，這一特徵在各個階段又呈現出一些差異，就廣義的民族誌概念，即對特定人群的文化表述而言，民族誌文本也呈現出多種類型。下面先從時空兩方面對西南民族誌進行概述。

第一節　特定時空下的西南民族調查

1. 歷史分期

　　民國時期的民族調查分期問題，從宏觀上可以放到中國民族學、人類學史的討論中。在《中國人類學的回顧與展望》一書中，黃淑娉將解放前的中國人類學在發展進程上粗分為兩個階段：第一個階段從 20 世紀初至 20 年代末，是西方人類學開始傳入我國的時期；第二個階段從 30 年代至 40 年代，人類學在中國有了初步的發展。〔註 1〕其中，民族調查大都包含在第二個階段。王建民專門討論了 20 世紀上半期的中國民族學史的分期問題。在總結了陳國鈞、龍平平、陳奇祿等人的時間分期後，他提出將其分為三個時期：即萌芽時期（1928 年之前）、創立時期（1928～1937 年）和發展時期（1938～1949 年）。〔註 2〕另外，李列將民國時期的彞學分為兩段，以 1928 年為界，

〔註 1〕黃淑娉、龔佩華：《文化人類學理論方法研究》，廣州：廣東高等教育出版社，1996 年。第 412 頁。
〔註 2〕王建民：《中國民族學史》（上），昆明：雲南教育出版社，1997 年。第 35 頁。

之前的研究大多爲傳教士、探險家等，之後才有中國學者的眞正介入。〔註3〕
縱觀這些分期，可以肯定的是，1928年國民政府的成立，是民族調查的一個
關鍵點和轉折點，此時既見政治與學術的關聯，也可見知識分子爲建立理想
國家的積極行動。另一個重要背景是抗日戰爭，從某種意義上說，抗日戰爭
促成了西南成爲人類學調查的大本營。考慮以上兩個因素，本書將民國時期
西南民族誌的發展分爲兩個時期：1912～1928爲第一個時期，即西南民族誌
的醞釀時期，這時期主要以國外對西南的調查研究爲主，也爲「洋人主導時
期」，屬於西方「他表述」爲主的時期。值得說明的是，這一時期在時間的
前後都具有延伸性；1928～1949年爲第二個時期，即西南民族誌的發展時期
和輝煌時期。以抗戰爲界，即抗戰前爲發展時期，抗戰後爲輝煌時期，這時
期主要以國內學術機構與政府調查爲主，也爲國人主導時期。屬於中國「他
表述」時期，同時也出現了「自表述」的書寫。

「洋人」主導時期

將中國少數民族作爲中國民族學的研究對象，始於蔡元培的嘗試。蔡元
培不僅將西方民族學帶到中國，而且還通過建立容納學科的研究機構，並推
動其在中國的發展。1927年，蔡氏打算在中國成立一民族學研究機構，但未
完成。1928年，中央研究院成立，民族學組被設在社會科學研究所。〔註4〕
此後，正式的民族學人類學調查展開了。

在此之前，西南少數民族調查在國人中尚未打開局面，而主導此時西南
民族調查的是洋人。楊成志曾在《中國西南民族中的羅羅族》報告開篇寫道：
西南民族這個名詞，從我們的眼光來看，說它是一種舊的學問固可，說它是
一種新的科學亦無不可。〔註5〕這「舊」即是對洋人而言，「新」即是對國人
而言。據楊成志寫於1930年的《雲南民族調查報告》介紹，外國人對西南民
族的著述，僅他知道的就有70餘本之多。〔註6〕可見，外國人對整個中國進
行調查的著述就更多了。這一時期實爲洋人主導時期。

〔註3〕 參見李列：《民族想像與學術選擇：彝族研究現代學術的建立》，北京：人民
出版社，2006年。目錄。

〔註4〕 〔美〕顧定國著，胡鴻保、周燕譯：《中國人類學逸史——從馬林諾斯基到莫
斯科到毛澤東》，北京：社會科學文獻出版社，2000年。第40頁。

〔註5〕 楊成志：《楊成志人類學民族學文集》，北京：民族出版社，2003年。第191
頁。

〔註6〕 同上。第142頁。

　　不過，洋人的調查文本屬規範民族誌的並不多。所以，雖然有如此多的洋人著述，但是楊成志認為：

> 　　若站在今日人類學，民族學或民族誌的根本條件來說，我們可以大膽說一句：凡從前關於我國西南民族的記載，實找不出一部滿足人意的，除了歷史方面以外。〔註7〕

民國時期也有兩位影響較大的外國人類學家，一是日本的鳥居龍藏，二是俄國的史祿國。根據在中國西南的調查，鳥居龍藏編寫了《中國西南部人類學問題》、《苗族調查報告》等著作。其中，《苗族調查報告》被認為是一部以科學的研究方法進行的西南民族調查。〔註8〕史祿國在中國的研究，重點在北方「通古斯」社會，不過，中國第一次有組織的人類學調查卻是史祿國率領的雲南調查。其中，他重點作的是體質人類學調查，重在研究中國南方人種問題。他在昆明量得學生、兵士、罪犯近 2000 人，攝得人類學照片 150 幅。遺憾的是，據此材料而成的《中國南方人類學》（第一部）草稿未見出版。〔註9〕其實，史祿國對中國的民族誌調查曾經有較細緻的設想，包括區域單位的劃分，族群地圖的製作，歷史－民族誌方面文獻的運用，民族誌機構的建立等。他希望，中國的民族誌調查應該包括對中國所有人群的整體文化適應的考察。〔註 10〕這樣的民族誌極具人類學性。可惜，他的觀點早先並未發表，也未出版過西南民族調查的文本，所以未對中國的民族調查方法產生特別大的影響。

　　外國人對西南民族的調查，更多地體現為傳教士、探險家和旅行家以及少數學者等，雖然他們撰寫的大部分文本都只能稱為廣義的民族誌。傳教士在晚清的活動最多。以法國傳教士為最早。如十九世紀末期到 20 世紀初期影響最大的傳教士是保祿·費利克斯·維亞爾（Paul Vial）和阿爾弗雷德·利埃達爾（Alfred Lietard），其作品記載了大量有關雲南及倮倮族的情況。〔註11〕

〔註7〕同上。第 191 頁。

〔註8〕江應樑：鳥居龍藏的苗族調查報告一書，就大體上說，尚不失為一本完善的民族調查書籍，雖其中缺漏的部分很多，但其可貴之處，則在顯示一種科學的研究方法，見江應樑：《評鳥居龍藏之苗族調查報告》，《現代史學》，1937年第 3 卷第 2 期。

〔註9〕劉小云：《史祿國對中國早期人類學的影響》，《中南民族大學學報》，2007 年第 3 期。

〔註10〕史祿國、於洋：《關於中國的民族誌調查》，《北方民族大學學報》，2012 年第5 期。

〔註11〕李列：《民族想像與學術選擇：彝族研究現代學術的建立》，北京：人民出版

影響最大的是基督教循道公會的傳教士塞姆‧伯格理（Samuel Pollard）。他先後在雲南昭通、貴州石門坎傳教，是基督教傳入中國西南少數民族地區最重要的人物。1915 年 9 月 15 日在石門坎殉職前後，他先後出版了《中國歷險記》（1908 年倫敦）、《苗族紀實》（1919 年倫敦）、《在未知的中國》（1922 年倫敦）、《伯格理日記》（1954 年倫敦）等著作。作品對當時西南民族地區的政治、經濟和文化風情等以親身體驗的形式作了紀實性描繪。還有英國衛理公會聯合傳道團牧師塞繆爾‧克拉克（Samuel R Clark），在中國西南民族地區傳教 33 年，其專著《在中國的西南部落中》於 1911 年在倫敦出版。該書對貴州及其少數民族的風土人情和傳教的過程等作了詳盡記錄。在傳教士中，美國傳教士葛維漢是一個重要而特殊的人物。1911～1918 年間，葛維漢在四川敘府主要為美國浸禮教會差會工作。1923 年，他的《打箭爐之行》描述了他首次對四川邊區的探險，並體現出對藏族的喇嘛廟、節日和宗教的興趣。之後，他又前進松潘，並發表《對松潘的一次收集之行》。1926 年，他再次回到美國攻讀博士學位，之後，他的身份更轉向為一個人類學學者。1928 年，他發表了微觀人類學文章《四川的俫俫》。值得注意的是，葛維漢的活動貫穿了整個民國時期，並對整個民國時期的西南民族研究作出了貢獻，尤其是後期在成都華西協合大學教授文化人類學和考古學，並作為大學考古、藝術和人類學博物館館長，參與三星堆的考古工作等，〔註 12〕發表了很多有關人類學的報告，在學術界影響頗大。

在清末年間，關於西南的探險報告很多。如霍華德《在東南亞的旅行：環繞印度斯坦、馬來半島、暹羅和中國》（1839）、《印度支那探險報告》（1873）、安德森《從曼德勒到猛緬（騰越）：1868 年和 1875 年在中國西部的兩次探險》，約翰‧威廉的《金沙江：穿越中國和西藏東部到緬甸行記》（1880）、葛洪《穿越 Chryse：穿越中國南部邊地從廣州到曼德勒的探險行記》（1883）、戴維斯的《雲南：連接印度和揚子江的鏈環》（1909）、法國亨利‧奧爾良的《雲南遊記：從東京灣到印度》等。雖然不是出現在民國，但是這些報告都影響到民國時期的西南研究。

為何外國人在這一時期對中國西南進行大量的調查活動呢？

社，2006 年。第 23～24 頁。
〔註12〕〔美〕蘇珊‧R‧布朗著，饒錦譯：《葛維漢（David Crockett Graham）小傳》，載《葛維漢民族學考古論著》，成都：巴蜀書社，2004 年。第 214～218 頁。

　　第一，中國是西方列強一個變形的殖民地或「次殖民地」。〔註13〕作為殖民利益驅動，西南是打開中國大門的通道。殖民者在 19 世紀開始進入東南亞地區之後，為雲南與東南亞各國的貿易通道所吸引，英法兩國都急於將其納入自己的殖民體系，從而通過雲南打通中國。所以才會有 H. R.戴維斯的《雲南：連接印度和揚子江的鏈環》（1909）這樣的作品問世。因此，外國的調查著作都帶有殖民色彩，即便如鳥居龍藏和史祿國等出名的人類學家，其調查都體現出人類學參與殖民行政的行為。

　　以鳥居龍藏為例。日本在佔領我國東北各省期間，有許多研究東北經濟資源的機構，如南滿鐵路株式會社、滿洲經濟社、滿洲重工業開發株式會社、大連滿鐵社員會、日本東亞開拓社、日本生活社等；研究地理、語言以及文化的有滿洲事情案內所；研究一般社會情狀的，有滿洲日日新聞社等。上述研究機關，都是由日政府支持，雖然不是純人類學的應用，但有不少的人類學家參加。〔註14〕鴉片戰爭結束以後，各帝國主義國家集中相繼設立了亞洲學會，對中國問題進行研究。1895 年 4 月甲午戰爭結束，日本侵佔遼東半島之後，東京人類學會派鳥居於同年 8 月至 12 月到那裡參加調查，這是他到海外調查之始。後來，東京地學協會差遣他調查四川和雲南的一般地理學事項，報告學會以備後用。就在鳥居中國西南調查結束後，日本東亞同文會為了大力宣傳日本軍國主義的侵略擴張思想，讓日本人「早些熟悉中國的國情民物，事事深謀遠慮，以實現其善後的對策」，1920 年編纂了《中國省別全志九》，其中，第 16 卷《貴州省》第 1 編第 5 章的《苗蠻族溉》，採錄了鳥居龍藏《苗族調查報告》的部分內容。包括對「黔苗」成份廣義與狹義的分析方法，以及《黔苗圖說》中 82 種人的歷史民族學資料。〔註15〕

　　第二，西南的多民族聚居地，是外國人進行學術調查的資料寶庫。這個寶庫，中國人自己卻極少涉足調查，所以伯格理在踏上了中國西南少數民族地區後，顯得非常的自豪，他說：我們可以毫不誇張地說，在今後五十年的時間裡，世界會從一些西方人的著作而不是上述漢文書籍中更多地瞭解中國西部的土著民族。〔註16〕在其《未知的中國》〔註17〕一書中，先於近代學者，

〔註13〕馬長壽：《人類學在邊政上的應用》，《邊政公論》，第 6 卷第 3 期，1947 年 9 月。
〔註14〕同上。
〔註15〕黃才貴：《關於鳥居龍藏貴州學問的研究》，《貴州民族研究》，1996 年第 4 期。
〔註16〕〔英〕柏格里（Samuel Pollard），甘鐸理（R.Elliott Kendall）著，東人達、東旻譯：《在未知的中國》，昆明：雲南民族出版社，2002 年。第 202 頁。

他以一個外國傳教士的眼光，對中國多元族群的現象作了描繪，並有很多關於漢族與少數民族、中國民族與世界各民族人民的對比描寫。如同鳥居龍藏的調查作品一樣，這些調查資料所面向的都是本國人。

雖然以洋人爲主導，不過，這一時期也同樣有中國學者的介入。此時期的中國人雖然調查極少，但「眼光向下的革命」已影響到中國學界。在遭遇西方哲學、社會學、歷史學、人類學都強調民族和民眾的重要性之際，中國傳統的民間文化和民眾運動被再次激活。近代的知識分子王韜、嚴復、梁啓超等人都有所言及。如王韜的「國勢民情」、「民間瑣事」、「亦紀載所不可廢」；〔註18〕嚴復譯改斯賓塞的《社會學研究》爲《群學肆言》，批判舊史重視「君史」，忽視「民史」；梁啓超的《新民說》論說「新民」等。另外，在倡導人類學調查之際，由北大教授組織發起的旨在向下層民間收集歌謠的「中國歌謠學運動」也在學界引起關注，其調查範圍已涉及四川、雲南等西南地區。

涉足西南地區人類學調查的是丁文江。據胡適的《丁文江的傳記》記載，1914 年，丁文江作西南地質礦產調查時，曾對雲南和四川會理的少數民族進行調查，並寫在《漫遊散記》裏，後發表《雲南的土著人種》、《四川會理的土著人種》等文章在《獨立》雜誌上。這些文章是他研究人種學的開端。〔註19〕在 20 年代與張君勱的科學與玄學的論爭中，丁文江看了很多關於人種學的書，有瑞士著《人類的古代》（A. Keith: *The Antiquity of Man*）、德克峨士著《體形學與人種學》（W. L. H. Duckworth: *Morphology and Anthropology*）、《有史以前的人》（Duokworth: *The prehistoric Man*）、戈登外叟著《人種學引論》（Glodenweiser: *Early Civilisation, Introduction to Anthropology*）以及赫胥黎的相關書籍。〔註20〕丁文江堅持科學的人生觀並極其推崇科學的治學方法。在體質人類學調查中，他測量了約共一千一百餘人，尤以蜀、黔、滇等省邊境諸土著民族測量材料爲最可貴。從事體質人類學研究的吳定良稱，其人體測量時所採用方法之三種，「皆統計學上認爲最精確者。此實國內用數量方法研究科學之先導也。」〔註21〕胡適說他是「一

〔註17〕 同上。第 195 頁。
〔註18〕 王也揚：《論王韜的史觀與史學》，《史學理論研究》，1993 年第 4 期。
〔註19〕 胡適：《丁文江的傳記》，合肥：安徽教育出版社，1999 年。第 40 頁。
〔註20〕 張君勱、丁文江著：《科學與人生觀》，濟南：山東人民出版社，1997 年。第 161 頁。
〔註21〕 吳定良：《丁在君先生對於人類學之貢獻》，《獨立評論》，1935 年第 188 期。

個歐化最深的中國人，一個科學化最深的中國人」。〔註22〕丁文江算是從實踐上踐行了人類學的科學方法。

國人主導時期

國人主導時期分爲兩個階段。第一個階段從 1928 年國民政府成立到 1937 年抗日戰爭爆發，此時期可稱爲人類學民族誌的發展時期。第二個階段從 1937 年到 1949 年〔註23〕，此時期可以稱爲人類學民族誌的輝煌時期。此處僅以兩個分期——抗戰前與抗戰後民族調查的不同特點作簡要分析，而具體的調查機構及相關作品將在本章第二節呈現。

此階段，整個中國的調查由洋人主導的局面過渡到國人主導的局面。國人爲何要主導？從世界格局出發，可以從晚清民國（1865～1915）之間幾個重要關鍵詞的此落彼長分析開始（詳見下圖〔註24〕）。

圖片 1

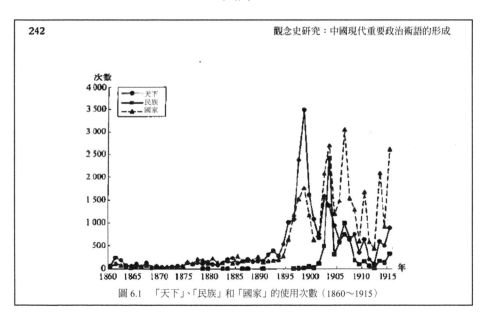

〔註22〕　胡適：《丁文江這個人》，臺北：傳記文學出版社，1979 年。
〔註23〕　馬玉華：《20 世紀中國人類學研究述評》，《江蘇大學學報》，2007 年。
〔註24〕　此圖片來源於金觀濤、劉青峰著：《觀念史研究：中國現代重要政治術語的形成》，北京：法律出版社，2010 年。圖片 1，第 242 頁，圖片 6，第 246 頁。

－63－

圖片 2

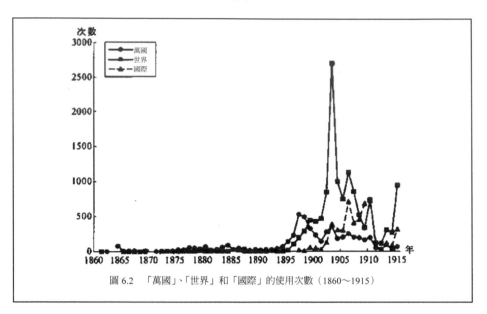

圖 6.2 「萬國」、「世界」和「國際」的使用次數（1860～1915）

　　從前後兩圖表可以看出，在 20 世紀初（1910～1908），民族觀念勃興的整個階段與「世界」一詞的使用高峰相吻合。同時，我們再對比「國家」與「萬國」兩個詞的使用情況可以看出，「萬國」觀念逐漸取消，「國家」一詞呈上昇趨勢。也即是說，大體看來，在 20 世紀初，「世界」、「國家」成爲頻率較高的兩個詞，並伴隨著晚清民國的民族主義，成爲當時中國政學兩界的重要術語。

　　「民族－國家」是當時國家層面重要的政治話語，更關鍵的是「世界」這一概念的出現，「世界」一詞，包含了時間和空間兩個因素，使得中國之「西南」這樣的「界」，也將放在「過去、未來、現在」這樣的「世」之流變中。〔註25〕隨著西方人類學知識所帶來的進化三階段——蒙昧社會、野蠻社會、文明社會（摩爾根），使得西南的學術研究，也終將帶著這樣的演化性質，進入世界各國學術研究的比對中前進。

　　歷來不被重視的西南，在民國成了重要的邊疆之地，其政治危機中，更

〔註25〕「世界」一詞本出自佛教，《楞嚴經》云：「何爲衆生世界？世爲遷流，界爲方位。汝今當知，東、西、南、北、東南、西南、東北、西北、上、下爲界，過去、未來、現在爲世。」「世界」一詞包含了時間和空間兩個因素，並強調其流變的性質。金觀濤、劉青峰著：《觀念史研究：中國現代重要政治術語的形成》，北京：法律出版社，2010 年。第 246 頁。

潛藏著學術落後的隱憂。在進行西南研究之前，有一個重要的歷史背景，即研究西南民族的外國機關不少，如安南之「法國遠東學院」，緬甸與印度之「英國皇家人類學會分會」或「皇家亞細亞學會分會」與成都美人設立華西大學之「西南研究所」及英、美、法、德之天主教會或耶穌教會，數十年來，其收穫之成績表現，不特吾國學術界未引起注意，即文化或教育當局漠然無視，在此學術觀點上，不能再任外人代庖，而放棄吾國自己學術研究之園地也。〔註26〕

　　國人開始注重西南學術研究的原因，國立中山大學語言歷史學研究所西南民族調查專員楊成志曾有過總結，即學術上的貢獻、民族主義的實現、融洽民族觀念、維護邊陲、漢土人口的觀測、爭回中國人的體面等。〔註27〕

　　西南民族學術調查起點應追溯至中山大學的「語言歷史」研究所。1926年，應朱家驊的邀請，傅斯年出任中山大學的國文、歷史兩學系系主任兼文學院院長，1927年夏，即設「語言歷史研究所」。傅辦此研究所目的在於為中央研究院設立「歷史語言研究所」。傅留學德國，因此向同樣留學德國的蔡元培建議，德國那種具有科學性格的歷史學和語言學，應該在中央研究院設立專門的研究機構，中央研究院把歷史學和語言學的研究放在社會科學研究所的構想是錯誤的，倒是社會科學研究所的考古學和人類學研究攸關上古史的研究，應該擺在為歷史學和語言學特設的所裡面。〔註28〕1928年初，蔡元培委託傅斯年以廣東中山大學的「語言歷史研究所」為基地，於10月12日正式成立中研院的「歷史語言研究所」。1929年，中大的語言歷史研究所遷至北平。在此之前的中山大學及其中山大學語言歷史研究所為西南民族的調查開了先鋒。如1928年夏，該所派出了俄國人類學家史祿國夫婦，中央研究院特約編輯員容肇祖和中山大學語言歷史研究所助理員楊成志去雲南等地進行調查。同時，中大又派生物學家辛樹幟等人去猺山采集動植物標本，同行的任國榮又順便得來了《猺山兩月視察記》。不過，在這兩次西南調查的派遣中，史祿國夫婦在昆明作了體質人類學調查後就因「土匪未靖」而返回了，剩下楊成志獨立深入西南民族調查，但由於「缺乏理論指導和必要的學科訓練」

〔註26〕楊成志：《西南邊疆文化建設之三個建議》，《青年中國季刊》，1939年第1期。

〔註27〕楊成志：《雲南民族調查報告》（1930），見《楊成志人類學民族學文集》，北京：民族出版社，2003年。第41～42頁。

〔註28〕中央研究院八十年院史編纂委員會：《追求卓越──中央研究院八十年》（卷一：任重道遠），臺北：中央研究院，2008年。第16頁。

而並未形成規範的科學民族調查報告。〔註29〕同樣,任國榮的猺山考察也是
動植物標本收集之外的副產品,也並未有專門的人類學民族誌訓練。但這兩
次調查卻打開了國人重新認識西南民族的一扇大門。1929年,中山大學的語
言歷史研究所北遷入中研院的歷史語言研究所,之後,中央研究院於抗戰前
組織了幾次重要調查:〔註30〕

　　　　1929年,黎光明、王元輝「川康民俗調查」,涉及四川的灌縣、
汶川、理番、茂縣、松潘等地;

　　　　1930年,凌純聲「松花江赫哲族調查」,涉及松花江下游的依蘭、
樺川、富錦、同江、綏遠、饒河、虎林、寶清、密山、穆陵等地;

　　　　1933年,凌純聲、芮逸夫、勇士衡「湘西南苗族調查」,涉及
湖南的鳳凰、乾城、永綏等地;

　　　　1934年,凌純聲、芮逸夫、勇士衡「浙江余族調查」,涉及浙
江的麗水、景寧、雲和、龍泉、遂陽、松陽、宣平等地;

　　　　1934年,凌純聲、芮逸夫、勇士衡、陶雲逵、趙至誠「邊疆民
族社會與人種語言調查」,其中,凌純聲、芮逸夫、勇士衡三位先生
負責「邊疆民族生活狀況及社會情形調查」,南至雲南的河口、麻栗
坡、蒙自、金平、西至大理、騰沖、瀘水、北達麗江、維西等地;
陶雲逵、趙至誠兩位先生負責「邊疆人種及語言之調查」:東南至雲
南的河口、麻栗坡、南至普洱、瀾滄、西至騰沖、瀘水,北抵蘭坪、
麗江、維西等地。

　　　　1935年,凌純聲、芮逸夫、勇士衡「中英顛緬南段勘界調查」,
涉及雲南的孟定、耿馬、孟允、孟連、班洪、班老等地。

　　抗戰之前,中國的西南民族調查呈現出以下特點:

　　第一,以科學理論指導民族調查,形成了典型規範的民族誌範本,並對
國內民族調查方法有一些理論探討。凌純聲等人對松花江赫哲族的調查被認
為確立了科學民族誌的典範。〔註31〕《松花江下游的赫哲族》一書奠定了凌

〔註29〕王傳:《中大語言歷史學研究所與現代中國西南民族研究》,《史學史研究》,
　　　　2010年第2期。
〔註30〕本資料來源於臺灣中央研究院民族博物館《三零年代中國南方邊疆民族典藏
　　　　展》介紹資料。
〔註31〕李亦園:《凌純聲先生的民族學》,王汎森、杜正勝:《新學術之路:中央研究

純聲進行中國民族學田野調查的方法論基礎。吳文藻認為這本調查報告「是中國民族學家所編著的第一部具有規模的民族誌專刊」，反映了「中國民族誌專刊應有的水平。」〔註32〕之後，凌先生又編寫了《民族調查表格》，接下來，他們的湘西苗族調查也同樣遵守了民族誌的規範。人類學、民族誌的概念在20世紀初期已經傳入中國，並得到一定範圍的使用。不過，當時的中國並未進行深入的民族調查，自然也沒有相關的民族調查方法的理論總結。真正開始對民族誌進行方法論上的總結，發生在20世紀30年代。一些民族學人類學家從西方學習了一定的理論與方法，並在中國進行了若干實地調查之後，開始對調查的方法進行歸納總結，最典型的是凌純聲。在《湘西苗族調查報告》出版之前的1936年，凌純聲根據自己五次實地調查的經驗和參考幾本民族學方法論的名著如：The Royal Anthropological Institute: *Notes and Queries on Anthropology*; Louis Marin: *Questionnarires Ethnographiques*; Gäbner: *Methodo der Ethnologie*，寫成《民族學實地調查方法》一文，發表在《民族學研究集刊》上。〔註33〕再看凌純聲等人調查報告的翔實、細緻、全面可以得知，從田野調查前的準備到調查過程的設施，均依照國際學術水準進行。據說當年的傅斯年要求研究人員根據歐美的學術規範寫作，以致如黎光明等人不符合調查規範的《川西民俗調查記錄1929》在史語所塵封了74年後才由臺灣中研院的王明珂等人整理出版。〔註34〕也造成了當年的殷墟考古未見一套書籍出版。〔註35〕

　　第二，與「目光向下的革命」〔註36〕之強調民間文學、強調文學革命的同時，歌謠運動興起。中山大學語言歷史研究所上承國學門的歌謠學運動，因此早期的民族調查都兼顧民俗學調查，從楊成志《雲南民族調查報告》〔註37〕體

院歷史語言研究所七十週年紀念文集》，臺北：中央研究院歷史語言研究所，1998年。第739頁。
〔註32〕祁慶富：《凌純聲和〈松花江下游的赫哲族〉》，《中南民族大學學報》，2004年第6期。
〔註33〕凌純聲：《民族學實地調查方法》，《民族學研究集刊》，1936年第1期。
〔註34〕《川西民俗調查記錄1929》（導讀），收入黎光明、王元輝著，王明珂編校：《川西民俗調查記錄1929》，臺北：中央研究院歷史語言研究所，2004年。
〔註35〕中央研究院八十年院史編纂委員會：《追求卓越——中央研究院八十年》（卷一：任重道遠），臺北：中央研究院，2008年。第30～31頁。
〔註36〕〔美〕洪長泰、董曉萍譯：《到民間去：1918～1937年的中國知識分子與民間文學運動》，上海：上海文藝出版社，1993年。
〔註37〕楊成志：《楊成志人類學民族學文集》，北京：民族出版社，2003年。第23～150頁。

例可以看出：

      一、緒論

      二、獨立羅羅

      三、中羅字典

      四、獨立羅羅歌謠集

      五、關於花苗的語言和慣俗一般

      六、關於青苗的語言和慣俗一般

      七、昆明各民族的分析和比較

      八、雲南民族誌資料

      九、《雲南民間文藝集》資料

      十、河口窯人的調查

      十一、安南民俗的資料

      十二、此次收羅的民族民俗品登記表

其中，民俗部分佔據很多內容，「獨立羅羅的歌謠集」闢專章寫進報告中。包括後來中央研究院的凌純聲等人出版的《湘西苗族調查報告》，同樣將「故事、歌謠」部分闢專章進入報告。可見，在抗戰前的西南民族調查，尤其是楊成志的《雲南民族調查報告》介紹西南民族部分，既可見民俗學與人類學的結合，體現了中國早期民族誌的獨特表述。

    第三，組織調查的除了專門學術機構之外，也有一些政府機關的組織。參與人員除了專家學者，也有一些大學院校的非專業知識分子、「與蠻為鄰」的本地知識分子（李拂一、劉錫蕃等）甚至本族的知識分子（曲木藏堯、方國瑜等）等。如：

    李拂一在雲南車裏（今西雙版納州傣族自治州）傣族聚居區生活寫成的《車裏》，於 1933 年出版。

    曲木藏堯，以本族人的身份，寫成《西南夷族考察記》，1933 年出版。

    1934 年春，莊學本考察川、青、康的羌藏地區，寫成《羌戎考察記》。

    1934 年春，中國西部科學院組織雷馬峨屏考察團，到大小涼山地區進行以生物、地質方面為主的調查，但也包括「夷務調查」。

　　1934 年，劉錫蕃調查廣東、廣西等地情況後，出版了《嶺表紀蠻》。

　　1935 年，方國瑜參加了中英會勘顚緬邊界南段未定界調查，後據此調查寫成《滇西邊區考察記》、《旅邊雜著》和《界務交涉紀要》等著作。

　　1936 年，四川大學教授胡鑒民對四川理番、汶川一帶羌族進行了調查。〔註 38〕

如果說抗戰前因爲國族建構推動了民族調查，也促進了人類學民族學學科在中國的發展，形成了中國特有的民族誌文本範式，那麼到了抗戰之後，因爲邊疆的告急，更多類似的文本及模仿文本產生。人類學的現代性話語得到全面實踐，同時又因爲強調人類學應用的性質，其創作的文本充滿著更多「對策性」表述，調查報告在宣傳、適應讀者的需要層面上，形成了鮮明的特色：

　　第一，人類學的應用性質得到凸顯，人類學與政治的關係更爲密切。吳文藻的《邊政學發凡》，提出有人類學方法參與的「邊政學」，並且要求以：「人類學觀點爲主，而以政治學觀點爲副，來作邊政學初步的探討……目今西洋所謂應用人類學，大都是以殖民行政，殖民教育，殖民福利事業，以及殖民地文化變遷等題目爲研究範圍。在中國另換一種眼光，人類學的應用，將爲邊政，邊教，邊民福利事業，以及邊疆文化變遷的研究。」〔註 39〕到抗戰後期，應用人類學更被馬長壽等人再次提出，他們認爲中國邊疆的特質決定了屬於中國的人類學的需要，馬長壽明確指出西學人類學對殖民地的運用，可以由此借鑒。〔註 40〕

　　第二，西南成爲抗戰重鎭，大批知識分子、學術機構南遷，西南成爲民族學人類學調查的重點。此時更多邊疆研究機構及各大學調查研究所應時而生，各類人士的調查活動更加主動，文本類型更爲多樣。

　　1937 年之前，邊疆研究的機構有籌邊協會、邊疆政教制度研究會、邊事研究會、中國邊殖學會、邊疆問題研究會。1937 年之後增加了：邊疆史地學會、中國邊疆文化促進會、中國邊疆學會、中國邊政學會、金陵大學文學院

〔註 38〕　參見王建民：《中國人類學西南田野工作與著述的早期實踐》，《西南民族大學學報》，2007 年第 12 期。
〔註 39〕　吳文藻：《邊政學發凡》，《邊政公論》，1942 年第 1 卷第 5～6 期。
〔註 40〕　馬長壽：《人類學在邊政上的應用》，《邊政公論》，1947 年第 6 卷第 3 期。

邊疆社會研究室、南開大學文學院邊疆人文研究室、國立四川大學邊疆研究
會、貴州省政府邊胞文化研究會。並創辦了各類研究刊物，如中國邊政學會
創辦的《邊政研究》影響很大。〔註41〕1937 年之後，更有西南邊疆、川康民
族考察團、大夏大學社會學組織「西南邊區考察團」、賑災委員會組織滇西考
察團、雲南大學魁閣研究室、中央研究院體質人類學研究所籌備處（宜賓李
莊）、清華大學社會學系和研究院社會學研究部、北京大學文科研究所、南開
大學邊疆人文研究室、金陵大學社會學系、燕京大學成都分校社會學系、雲
南省政府等組織的相關調查。

中央研究院的西南民族調查圖

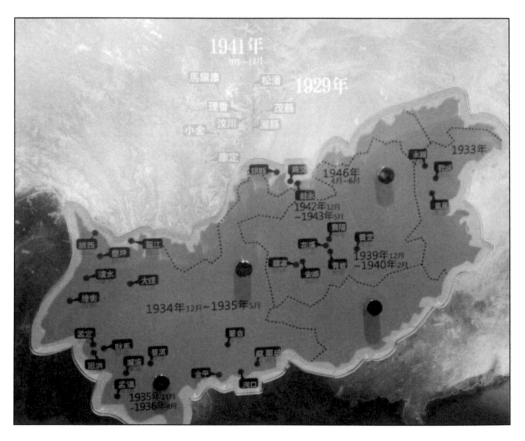

（筆者 2012 年 12 月攝於臺灣中研院民族博物館）

〔註41〕 房建昌：《簡述民國年間有關中國邊疆的機構與刊物》，《中國邊疆史地研究》，
1997 年第 2 期。

總的來講，抗戰時期對西南民族調查可分爲四種類型：第一是專業學術研究機構進行的調查；第二是政府和有關社會團體組織的考察團；第三是個人調查，包括學者、有關部分的官員或受專門派遣，或在從政之餘的調查訪問；第四是各院校及相關機構利用暑期組織學生進行的調查工作。〔註42〕另外，更多本土知識分子參與調查並有成果刊登。如苗族的石啓貴、楊漢先、梁聚五、王建明、王建光等，彝族（夷族羅羅）知識分子嶺光電等。不同調查機構或個人的調查文本也呈現了類型與風格的多樣化。

值得一提的是，在國人主導時期，部分外國人對西南的調查仍在進行。如德國的人類學家鮑克蘭（Inezde BeauLair）對貴州、雲南、海南島等地的族群進行調查；美國植物學家洛克仍在雲南麗江等地的納西族人中生活、調查；參與中華基督教全國總會的葛維漢任教於華西協和大學，在抗戰期間曾組織學生暑期服務團到川西作調查等。〔註43〕

2. 空間分佈

上述所梳理的民族調查區域筆者均稱之爲「西南」。何爲西南？西南，被作爲異文化描述可以追至《史記》。司馬遷把居住在今天四川的南部和西部，貴州的北部和西部，以及雲南的土著居民叫做西南夷。但西南夷這個詞理解爲西夷和南夷的合稱似乎更爲恰當，因爲在多數場合，漢王朝和他們分別交涉。《史記》和《漢書》中，西夷和南夷廣泛出現，而西南夷作爲一個詞不過出現了幾次。漢王朝甚至還曾經放棄對西夷的監管，只剩下南夷處在它的控制之下。南夷和西夷的位置並不太好界定，我們大致知道，南夷位於今天四川的南部和四川的西部。不過，自東漢後西南夷這個詞逐漸地從古代中國的史冊中消失，直到清末學者們開始注意到邊疆危機時，西南夷這個詞才被重新啓用。〔註44〕此時的西南夷既包含了對西南的再度重視，更體現了對「夷」

〔註42〕王建民：《中國人類學西南田野工作與著述的早期實踐》，《西南民族大學學報》，2007 年第 12 期。

〔註43〕關於此部分內容，學者王建民多有總結，請參見王建民：《中國人類學西南田野工作與著述的早期實踐》，《西南民族大學學報》，2007 年第 12 期。王建民：《中國民族學史》（上），昆明：雲南教育出版社，1997 年。

〔註44〕楊斌：《全球視野下的邊疆歷史思考——以雲南爲例》，參見陸靭主編：《現代西方學術視野中的中國西南邊疆史》，昆明：雲南大學出版社，2007 年。第359 頁。

的重新認知。

「西南」的含義包括了地理、政治、歷史和文化四個層面。〔註45〕

「地理的西南」指在一個相對穩定的空間裏各族群長期活動、交往的地理範圍。在傳統的中國地理概念中，西南地區涵蓋中國西南部的廣大腹地，主要包括四川盆地、雲貴高原和青藏高原南部地區。

「歷史的西南」是一個動態的概念。按徐新建的論述，當中原定都長安時，「西南」表示的是秦嶺以南、巫山以西的某一片區域；三國鼎立時，蜀定都成都，「西南」又縮小為諸葛亮七擒孟獲的一小塊地區，而在宋室南渡、遷都臨安（杭州）後，連古時長安也變為「西安」，此時的「西南」又一下變得無比遙遠而廣闊了。不過在長期的歷史記述中，「西南」概念又有些較為穩定統一的含義（比如邊地、治外、蠻夷等）。從今天的眼光來看，僅就地域而言，西南大致可分為狹義和廣義兩種。狹義的「西南」相當於如今的川、滇、黔三省。〔註46〕而行政區劃中廣義的西南地區則有「西南四省（區）」（1955）、「西南五省（區、市）（1997）」和「西南六省（區、市）（西部大開發）」。據此，從一個特定的階段去分析它，很有必要。〔註47〕

西南範圍的變動與中國政治密不可分，「政治的西南」注重地方與國家之間的關聯與互動。西南與中原不斷被界定與界定，雙方長時期處於對視、質疑與認同的過程中。徐新建說：當我們在討論西南研究「總序」和我寫《西南研究論》的時候，一直在表達一個觀點，所謂「西南」是一個王朝或國家的西南。……自《史記》以來，「西南」這個符號長期隱含著強大的行政權力，如今的學界和民間想要超越，卻難以找到有效的替換詞語。〔註48〕

最後是「文化的西南」。正如「文化的邊疆」一樣，「文化的西南」同時代表著某種相對獨立、穩定的生活方式以及在此基礎上伴生的族群意識乃至價值觀念。〔註49〕但「文化的西南」是不以實體定西南，文化的交往與互動，

〔註45〕徐新建：《從邊疆到腹地：中國多元民族的不同類型》,《廣西民族學院學報》，2001 年第 6 期。

〔註46〕徐新建：《西南研究論》（總序），雲南教育出版社，1992 年。

〔註47〕彭文斌：《人類學的西南田野與文本實踐：海內外學者訪談錄》，第 153 頁。北京：民族出版社，2009 年。

〔註48〕徐新建：《西南研究：地方、邊省和國家：西南研究答問錄》,《貴州社會科學》，2010 年第 2 期。

〔註49〕此處借用徐新建：邊疆的含義包括了地理、政治和文化三個層面。徐新建：《從邊疆到腹地：中國多元民族的不同類型》,《廣西民族學院學報》，2001 年第 6 期。

自觀與他觀使其並不具有本體意義上的穩定性。蘇堂棟認爲：如果說西南是一個讓人存疑的實體或概念，首先我們應記住的是，概念只是一個詞，一個術語，因爲我們的使用，概念都會發生變化，而且概念同樣也會讓我們受到約束。我們需要承認這一點，不過這沒有關係，西南只是一個暫時的、流動的觀念，我們仍可以用。〔註50〕

但是，本書討論的民國時段，西南疆界很模糊，民國時期的西南從來沒有成爲一個單獨的行政區域。而且也沒有具體的行政劃分。據筆者考查，當時學者所定義的西南根本不統一。西南是一個暫時流動的概念。從人文學科尤其是民族學、人類學界對西南及其族群的定義可以得知：

1930 年，楊成志的《雲南民族調查報告》講到，所謂西南民族者除漢族外即指我國版圖內西南各省和印度支那的苗，夷，蠻，番，猺，藏……各種土著的部族而言。〔註51〕1932 年，廣州中山大學「西南研究會」成立時，楊成志又作西南民族研究自序，再次說到西南民族是包括粵、桂、滇、川、康、藏及印度支那各地所有之半開化的或未開化的各部族的總稱。〔註52〕之後1936 年，馬長壽認爲「中國西南民族」應爲「四川、雲南、湖南、貴州、廣西、廣東諸省所有之原始民族」〔註53〕。黃文山又認爲，「西南民族」是指「粵、桂、黔、滇、川、康、藏及印度支那各地所分佈的半開化的或未開化的部族的總稱」〔註54〕。可見，西南是一個相當廣泛的概念，而且沒有定論。但大體包括了粵、桂、黔、滇、川、康、藏七省及印度支那，主要是一個文化區域的概念。

李紹明先生曾說，「西南」這個概念形成於 1920 年至 1930 年間，最初是由民族學界提出的。1930 年由梁釗韜先生繪製的「西南民族分佈與分類略圖」表明，當時的西南範圍包括了四川、雲南、西康、西藏、廣西和湖南的湘西，以及廣東的海南島等地，代表了 20 世紀 30 年代學術界對西南及西南民族分

〔註50〕彭文斌：《人類學的西南田野與文本實踐：海內外學者訪談錄》，民族出版社，2009 年，第 126～127 頁。

〔註51〕楊成志：《楊成志人類學民族學文集》，北京：民族出版社，2003 年。第 136 頁。

〔註52〕《西南研究》創刊號，中山大學西南研究會（廣州）發行，1932 年 2 月 10 日。第 9～18 頁。

〔註53〕馬長壽：《中國西南民族分類》，載《民族學研究集刊》，1936 年第 1 期。第177 頁。

〔註54〕黃文山：《民族學與中國民族研究》，載《民族學研究集刊》，1936 年第 1 期。第 17 頁。

佈的認識。〔註55〕在民國時期,「西南」這個詞頻繁地被提及,尤其是在抗日戰爭時期,「西南」連著「邊疆」成爲「西南邊疆」,1938年,《西南邊疆》作爲刊物名稱在昆明創辦。這時候的西南,又極具政治的含義。

實質上,「西南」的含義至少包括了地理、政治、歷史和文化四個層面。這四個層面的含義本書都將兼顧,同時,西南之「夷」是民族學人類學調查的重點,因此,本書採用廣義文化西南的概念。不過,如此廣的「西南」本書不能一一論及,而只能根據文本研究的需要進行選擇。

由於筆者能力所逮,原則上,本書討論的行政區域重點以雲、貴、川、西康及其鄰省湖南、廣西等地理空間。〔註56〕但需要補充的是,第一,雖然西康省政府成立較晚(1939年),但是早在宣統三年(1911),川滇邊務大臣傅嵩炑在奏摺中,就首次提出建立西康省:「查邊境乃古康地,其地在西,擬名曰西康省」,建省後可以「守康境,衛四川,援西藏,一舉而三善備」〔註57〕。西康地區由此得名。在本書中將要討論的1928年,中央研究院正式組織人類學調查之時,西康這個名稱已在使用了。因此,在此之前調查中使用的西康名稱同樣有效。第二,關於省份的邊界問題。以上的西南概念主要是以行政單位來界定的。但事實上,族群問題、文化問題是跨地域、超省份的。尤其體現在地域的相鄰之處。譬如關於苗族的調查,鳥居龍藏的《苗族調查報告》重點在貴州之苗,而凌純聲、芮逸夫的《湘西苗族調查報告》卻是瀕臨貴州的湖南湘西。所涉民族誌描寫到的族群重點是苗族(苗夷)、羅羅(彝族)、擺夷(傣族)、猺族(瑤族)、藏族(西康省)等。但本研究並不以具體族群或區域設限,而重點以人類學的視野,從多元「文化西南」入手,兼及其自然地理形態、歷史表述與政治訴求等,以問題貫穿整個分析。

按照本書對西南的界定,可以大體劃出民族誌的空間分佈。不過也要強調說明,首先,很多調查無法嚴格地按照行省來分,因爲以族群或語言爲單位的調查有的會越出行省;其次,雖然本書以規範民族誌(科學民族誌)文

〔註55〕 據李紹明先生說,該圖原件現存於四川大學博物館,複件存於美國華盛頓州沃拉沃拉布惠特曼學院人類學系。筆者曾數次到四川大學博物館查閱無獲,甚是遺憾。等該博物館數字化完成的時候,也許可得一見。

〔註56〕 本書暫不將西藏納入。

〔註57〕 傅嵩炑:《請分設西康行省折(宣統三年閏六月十一日)》,傅嵩炑:《西康建省記》,北京:中國藏學出版社,1998年。第24~27頁。

本涉及到的問題進行具體討論，但是在分析過程中，卻會運用廣義的民族誌
文本，即凡是涉及到對特定人群的描寫並且作者具有實地參與性質，都列入
其中，另外一些關於民族政見的論文，也可能會在分析中運用；最後，本研
究重在國人對西南民族調查的表述問題，所以外國人的調查研究本書不重點
涉及，此處也不再列出。按照「西南、雲南、貴州、四川、西康、兩廣及雲
貴川西康周邊」的區域粗分，可作簡要概列（詳見附錄一：民族調查部分文
獻）。

民國西南政治區域圖〔註 58〕

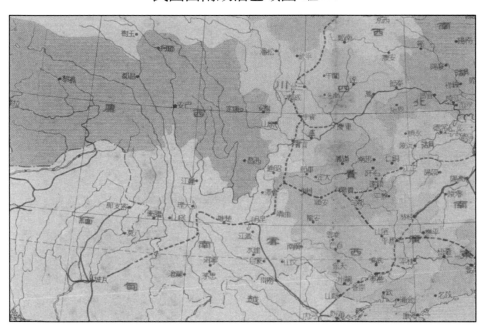

第二節　文本類型與體例

1. 文本類型

　　在本書中，涉及到廣義的民族誌與狹義的民族誌概念。廣義的民族誌
概念，即對特定人群的文化表述；狹義的民族誌概念是指自馬林諾夫斯基

〔註 58〕丁文江、翁文灝、曾世英編纂：《中國分省新圖》，上海申報館，1929 年。第
　　　　3 頁。

創立的需要民族學或人類學家通過實地參與調查而來的對特定人群及文化的客觀描述。筆者選擇狹義民族誌概念的文本所涉及的問題作爲本書討論的重點。但在探討這些問題時卻涉及到廣義的民族誌文本。狹義的民族誌文本大體可分爲兩種，一種是採用人類學的整體觀，對調查對象進行整體全面描述的，如淩純聲等人的《湘西苗族調查報告》、馬長壽的《涼山羅彝考察報告》、林耀華的《涼山夷家》〔註59〕等；一種是用人類學功能主義方法，對特定對象的功能進行細緻描寫的，如田汝康的《芒市邊民的擺》、江應樑的《擺夷的經濟文化生活》等。但筆者以第一種爲重點討論對象，一是因爲功能主義進入中國較晚，在早期的影響不如進化論、歷史學派等，尤其是關於西南民族調查的學者受歷史學派影響更大，這批學者後來被稱之爲「南派」；〔註60〕二是因爲本書需要討論到中國傳統文獻對民族調查的影響，不得不以受歷史影響較深的（「南派」）爲重點。但問題是，眞正稱得上此類標準科學民族誌文本的其實並不多，而要將凡是涉及到西南書寫的任何資料納入，卻又浩如煙海。因此，本書雖以規範的民族誌文本爲討論重點，但同時又不以其爲限，而是根據要論說的重點，擇要如下文本類型，其中既涉及到撰寫者的身份，也涉及撰寫的文本體例。

第一，規範民族誌文本。凡是有人類學、民族學知識背景的學者根據自己的親身調查所撰寫的民族誌文本，這類文本吸收了西方科學民族調查方法，有比較嚴格標準的文本體例，如淩純聲等人的《湘西苗族調查報告》、林耀華的《涼山夷家》、馬長壽的《涼山羅彝考察報告》等，在學術意義上堪稱比較典範的民族誌文本，也是此文中所言的狹義民族誌文本。此是本書論說的重點。

第二，方志與民族誌之間的文本。隨著社會調查的興起，有很多非學者身份的人員參與邊地異民族的調查，或爲政府人員，或爲社會團體等，作者（包括本族作者）可能模仿人類學、民族學等調查報告書寫體例，同時，又結合了傳統方志書寫體例，形成了中西文體雜糅的文本，如劉錫蕃的《嶺表

〔註59〕嚴格地說，《涼山夷家》是介於二者，既有全方位的夷族社會描寫，但在描寫具體對象時，又採用功能主義方法。林耀華說，在分析彝家社會文化的其他方面時，我採取的也是功能主義的觀點。見林耀華編：《林耀華學述》，杭州：浙江人民出版社，1999年。第77頁。

〔註60〕關於南派、北派的說法，見黃淑聘、龔佩華：《文化人類學理論方法研究》，廣州：廣東高等教育出版社，1996年。第420頁。

紀蠻》，任映滄的《大小涼山倮夷通考》等。此類文本數量極多，遠遠超過規範民族誌文本，暫可稱之爲「模仿民族誌」文本。

　　第三，傳統的邊疆風土書寫在民國時期以遊記文本的形式出現。這類文本可視爲廣義的民族誌，也即「遊記民族誌」文本。其特點在於，首先，都是對異文化的書寫；其次，民國時期的遊記文本秉持了較爲客觀科學的標準。最後，除了不具有中規中矩的書寫體例之外，其「參與觀察」以靈活的遊記形式體現在文本中，有時比所謂的「科學民族誌」更具有眞實性。如姚荷生的《水擺夷風土記》、陳碧笙的《滇邊散記》等。

　　當我們要理解一個科學民族誌文本時，必須依靠更多輔助材料，如理解第一類文本時須結合第二、三類文本。此外，民族誌文本也包括上文中所列民族學家發表的一些文章，這些文章常常非常具體或細緻地對某一群人或某群人生活的某一方面作描寫，諸如服飾、婚姻、社會組織、宗教信仰等。如收在《貴州苗夷社會研究》中的大部分文章，都是涉及到苗夷社會的某一方面進行研究。

　　上述文本可借用趙毅衡的觀點，將之歸爲「符號文本」。趙認爲，符號文本，需要各類伴隨文本的意義來理解。「任何一個符號文本，都攜帶了大量社會約定和聯繫，這些約定和聯繫往往不顯現於文本之中，而只是被文本『順便』攜帶著，在解釋中，不僅文本本身有意義，文本所攜帶的大量附加的因素，也有意義，甚至可能比文本有更多的意義。所有的符號文本，都是文本與伴隨文本的結合體。這種結合，使文本不僅是符號組合，而是一個浸透了社會文化因素的複雜構造。」〔註61〕如果將規範的民族誌文本作爲一個符號文本，上面所列第二三類文本都可以稱之爲「伴隨文本」。另外，同一作者圍繞文本相關問題，發表的其它非民族誌文本，也可以稱之爲伴隨文本。這些伴隨文本有助於理解主要的符號文本。

　　上述文本需要補充解釋兩個關鍵詞：

　　一是關於「調查報告」。「調查」與「報告」並非中國舊有術語，屬於近現代新詞彙（晚清時才出現），卻被冠在民族誌的標題中，這體現了中國民族誌怎樣的特點呢？先「調查」而後有「報告」。調查是爲瞭解情況而進行考察。晚清文獻中的「調查」用法如下：

　　　　1879 年黃遵憲《日本雜事詩》卷一：「太政官中，復有調查、

〔註61〕趙毅衡：《符號學》，臺北：新銳文創，2012 年。第 182 頁。

賞勳、法制三局,有總裁,即以參議分任之。」1902 年《萬國憲法比較》:「國會無變更既定憲法之權,然十年必委特務委員一次,調查一切,若有與原則相背謬之處,乃就勢改革。」1903 年關庚麟《日本學校圖論》:「凡實驗之法,或口答,或筆答,每學期於各學科調查實驗一回至三回,成績定爲十點,卒業實驗定爲百點,及第者給與卒業證書。」〔註62〕

「報告」一詞爲日語使用漢字來翻譯歐洲詞語時所創造。屬於現代漢語的中－日－歐借貸詞。〔註 63〕報告是爲了把事情或意見正式告訴上級或群眾。這一詞也在晚清時出現:

> 1889 年傅雲龍《遊歷日本圖經》卷十九曰:「常任委員及特別委員凡有開會之事項由該會長報告國務大臣暨政府委員。」1890 年《日本國志》卷二十二曰:「總務局分八課:白庶務課,曰征兵課,曰軍法課,曰武學課,曰勳章課,曰記室課,曰報告課,曰翻譯課。」〔註64〕

報告是用口頭或書面的形式向上級或群眾所做的正式陳述。如 1889 年傅雲龍《遊歷日本圖經》卷十九:「國家歲出歲入之決算,由會計檢察院檢查確定,政府將其檢查報告俱付帝國議會。」1890 年《日本國志》卷十四「凡歲出歲入之科目,豫算、決算之報告,國庫出納之法,官物管理之方,皆分別科條,創定規制。」1902 年羅振玉《扶桑兩月記》:「事務員導觀各處,時正試植大小麥,分畦列表,部署井井,並觀橘園及暖房、分析室等處,贈《實驗成績報告》及《養蠶講話》、《昆蟲講話》、筆記樹種。」〔註65〕可見,調查報告都用在官方較正式的場合。調查之後上陳即爲報告,調查者爲下級,上陳對象爲上級。

西南民族考察後所撰寫的文本,無論是以「報告」的形式冠名還是以「考察記」等形式冠名,都是向當局或中央政府上陳或上報調查情況,尤其是規範民族誌文本及政府官方所進行的調查。規範民族誌有時爲遵守客觀記錄的

〔註62〕黃河清編著,姚德懷審定:《近現代辭源》,上海:辭書出版社,2010 年。第169 頁。

〔註63〕劉禾:《跨語際實踐》,北京:三聯書店,2008 年。第 389 頁。

〔註64〕黃河清編著,姚德懷審定:《近現代辭源》,上海:辭書出版社,2010 年。第30 頁。

〔註65〕同上。

原則，未有明顯的調查目的說，但在一些未有學術規範的模仿文本中，調查目的明確地寫在行文中：有時於正文前，以「導言」形式出現；有時於正文後，以「策略」或「對策」形式出現。如任映滄的《大小涼山倮族通考》，雖然以「倮族通考」學術性標題命名，但內容卻為政府建言獻策之「報告」性質。〔註66〕

　　二是關於「遊記民族誌」文本。上述調查報告有一定的規範並附有上陳的義務，而遊記類文本不受此限制。本書之所以選取了遊記類文本進入，並不僅僅在於其是廣義的民族誌（對異文化的描寫），更在於具有「參與觀察」的「眞實性」特點，雖然這種眞實更屬於主觀眞實，但卻正有利於理解作者的表述傾向。

　　之所以稱之爲「遊記民族誌」文本，是因爲這類文本具有民族誌特質。首先，在西方現代科學觀念影響下，20世紀20年代以來，遊記考察之風盛行。在西方科學主義的驅動下，知識分子也對新式遊記提出要呈現客觀「科學知識」的要求。臺灣學者沈松橋曾對此進行過專文分析。比如，顧頡剛爲赴敦煌考古的陳萬里所著《西行日記》（序），力圖反思過去遊記之弊端；翁文灝爲楊鍾健所著《西北的剖面》（序）強調遊記「身臨其境」與「科學觀察」的特點；以及楊鍾健之《剖面的剖面》（自序）要求「適合於現代科學化的遊記」。〔註67〕20世紀30年代的遊記顯然具備了一些「民族誌特質」，如對異文化的參與觀察以及客觀科學的記錄等。

　　其次，在有的遊記文本中，作者並不是簡單地遵守客觀眞實的標準，許多遊記作者本來就是專家、學者，或者是非人文學科出身，但已閱讀過一些現代民族學著作。以從事新聞工作〔註68〕的姚荷生《水擺夷風土記》爲例，其文不僅引用了地方志、傳統風土記如《說蠻》、《辰州圖經》、《峒溪纖志》、《西南夷風土記》來說明自己遊記的眞實性，更引用了西方的弗理曼氏（Mr. Freeman）、司各脫（George Scott）、達維斯、科爾庫滂（Mr. Corguubom）等外國學者對西南的考察報告，其中大段引用達維斯的報告。〔註69〕書中又特

〔註66〕任映滄：《大小涼山倮族通考》，西康：西南夷務叢書社，1947年。
〔註67〕沈松橋：《江山如此多嬌———30年代的西北旅行書寫與國族想像》，《臺大歷史學報》，2006年6月。第165～169頁。
〔註68〕徐舒：姚荷生與《水擺夷風土記》http://www.jsw.com.cn/site2/zjrb/html/2006~09/11/content_778117.htm
〔註69〕姚荷生：《水擺夷風土記》（1948），昆明：雲南人民出版社，2003年。第148～149頁。

別提到當時出版的中國民族調查報告，如民族學家楊成志的《川滇蠻子歌》、江應樑關於「芒市擺夷」的描寫，以及劉介的《苗荒小記》、《嶺表紀蠻》、及《佘民調查記》，董彥堂的《樊夷曆法考源》等。〔註70〕而作者親身參與的「約騷（擺夷語意爲約會女孩子）」等行爲，比起規範民族誌更以生動的方式呈現出「參與觀察」的眞實性。

另外，遊記類考察文本有更大的大眾接受空間。雖然抗戰前後，西南民族調查達到頂峰，但是相比遊記作品及出版發行，標準的「規範民族誌」數量實是相形見絀。據學者統計，民國時期出版的調查遊記有 596 種，戰前 372 種（原文 378 種，有誤——筆者注），戰後 224 種，其中涉及西南遊記的數量最大（實際上當時的西南有時也包括兩廣，如果這樣，數量更大），見下圖：〔註71〕

表一：國內遊記地域分布

地　　區		數量	總計	地　　區		數量	總計
華北地區	總記	8	25	中南地區	總記	4	22
	北京	4			河南	2	
	河北	11			湖北	1	
	山西	1			湖南	3	
	內蒙古	1			廣東	3	
東北地區	總計	7	7		海南	2	
華東地區	總計	11	64		廣西	7	
	山東	11		西南地區	總計	20	69
	上海	1			重慶	4	
	江蘇	4			四川	33	
	安徽	5			雲南	8	
	浙江	14			西藏	3	
	江西	8			貴州	1	
	福建	4		西北地區	總計	22	37
	台灣	6			陝西	4	
					甘肅	3	
					青海	1	
					新疆	7	
總計		224					

〔註70〕同上。第 162～168 頁。
〔註71〕賈鴻雁：《民國時期遊記圖書的出版》，《廣西社會科學》，2006 年第 1 期。

　　從民眾的接受程度來看，科學民族誌的艱深也並非能讓大眾理解。對於中央研究院的調查成果，有人於 1934 年評論道：

> 　　近年來中央研究院雖曾注意此等民族的調查，如浙江畲民的調查，廣東北江猺山的調查，前者有德文單行本的報告，惜非一般人都能閱讀，後者有龐新民君廣東北猺山雜記一文，載歷史語言研究所集刊二本四分中。不是失之艱深，即陷於太簡，我們閱讀後，覺很難得若何的印象。

接著，作者讚揚了劉錫蕃的《嶺表紀蠻》，認為其「生長桂省白壽，與蠻為鄰，平日耳濡目染，加以實地考察所得，輯成斯篇，吾人閱之，有時竟覺如身歷其境，共處苗山，故是作就評者看來，確是一部通俗的而又不易多得的佳構！⋯⋯」〔註 72〕因此，撇開學術研究不談，非學術性調查文本可能在普通大眾中接受面更大，發揮西南民族宣傳的作用也更大。所以遊記類文本實可作為輔助性文本，來幫助理解規範民族誌在表述異文化中的價值取向等。

2. 民族誌表述圖譜

　　說明了本書所選用的文本及相關問題後，接下來筆者在以下幾章（第三、四、五章）中還將兼顧民族誌體例、表述及相關問題進行討論。人類學的研究主體是「人（人群）」以及「人」的行為結果——「文化」。如果用民族誌作品來對應人類學研究的主要內容，那麼中國早期的民族誌則用族源研究與族別分類來關注「人（西南民族）」及其服飾、婚姻、宗教等「文化」。以《湘西苗族調查報告》〔註 73〕為例，其體例與內容可總結如下圖一：

　　在接下來第三章的族源追溯中，民族誌與民族史的糾葛，充分體現了中國人類學民族誌的史學傳統。這一點，正是有別於西方民族誌的體例譜系。同時也體現了民族學者在調查報告中強調的總體認同框架。第四章與第五章是關於西南民族的分類及其文化的描寫。調查者在調查過程中常常要面臨更多的文化差異，在表述這些差異時，既顯示出（與「我族」）區分的意圖，也體現出尋找（與「我族」）認同的努力。此三章的結構可變作如下圖二：

〔註 72〕克凡：《書評轉載：嶺表紀蠻》，《同行月刊》，1934 年。第 2 卷第 7 期，第 20 頁。

〔註 73〕凌純聲、芮逸夫：《湘西苗族調查報告》，中央研究院歷史語言研究所單刊甲種之十八（上），1947 年。

圖一 《湘西苗族調查報告》目錄與分類

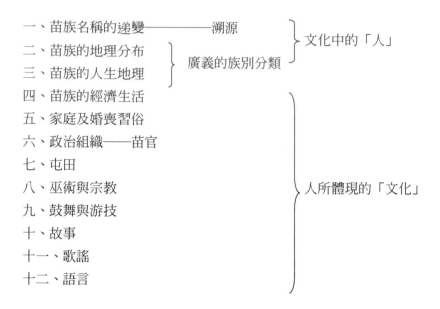

一、苗族名稱的遞變————溯源 ⎫
二、苗族的地理分布 ⎬ 廣義的族別分類 ⎫ 文化中的「人」
三、苗族的人生地理 ⎭ ⎭
四、苗族的經濟生活 ⎫
五、家庭及婚喪習俗 ⎪
六、政治組織——苗官 ⎪
七、屯田 ⎪
八、巫術與宗教 ⎬ 人所體現的「文化」
九、鼓舞與游技 ⎪
十、故事 ⎪
十一、歌謠 ⎪
十二、語言 ⎭

圖二 民族誌體例、內容與問題

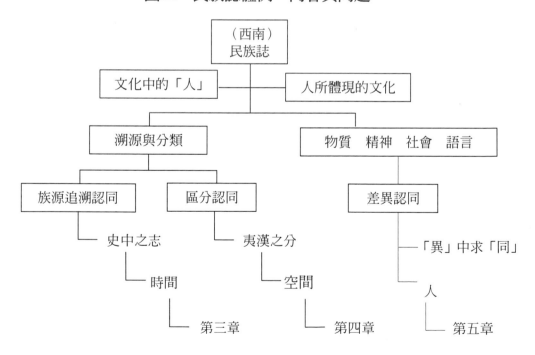

第三章　漢語民族誌溯源：我族與他族

　　關於人類學研究對象——人，在中國早期民族誌中，首先體現爲對被調查者（西南民族）的來源研究。此時的「人」主要爲「群體」的「人」。關於民族的溯源，臺灣的王明珂、何翠萍等學者已作了一定程度的研究。如王明珂在《華夏邊緣——歷史記憶與族群認同》與《英雄祖先與弟兄民族——根基歷史的文本與情境》等書中就有對中國早期民族誌回顧及中央研究院調查的評價、何翠萍也有對民族誌溯源與考證的科學性的質疑等。筆者在論說中亦無法迴避這一重要事實並將其作爲本書論說的起點。〔註1〕不過，此處要關注的重點是，民族誌作爲一種新興的文類落地中國後，在體例上增加了族源追溯，形成了民族誌表述與歷史文獻緊密結合的特點。筆者將這一問題納入「漢語中國」進行討論，認爲中國「正史」與「方志」的傳統文類被融合爲「民族史」與「民族誌」的新文類，換句話說，新文類「民族史」與「民族誌」中，可以發現「正史」與「方志」的歷史觀念。本書試圖分析這樣的歷史觀念如何體現在民族誌溯源表述中。也即是說，民族誌中的溯源研究，並不簡單意味著追溯被調查族群的歷史來源，其中更體現了國族觀念之下如何利用現代學科的民族誌話語，重新闡釋中國歷史文化的整體性、一體性、不可再分性等問題。

　　本章分析「漢語中國」之「志」與「史」，其關鍵點在於：第一，關於「漢語中國」問題。如前文所述，民族誌本身的翻譯對接的是漢語的連續書

〔註1〕 其相關觀點見本章後文。筆者在 2012 年於臺灣中興大學訪學期間，有幸聆聽王明珂先生的《中國上古史研究》課程，也有幸短暫拜訪了何翠萍先生，二位先生均提到這一問題，在此特別感謝其給予筆者的啓發。

寫系統。民族誌所處的是漢語經驗中的中國。此外更爲重要的是，振興漢學是整個民國學界所強調的學術自尊。當時中研院史語所創立時的學術目標，即「國族主義」信仰下搶回「漢學中心」的地位。〔註 2〕傅斯年指出，應著重四裔的漢學，主要是「虜學」，其具體計劃的求新材料，除考古發掘外，主要還是向西、向南發展，要脫離純中國材料的範圍，藉重「虜學」，考四裔史事，向四方發展。〔註 3〕西南民族調查被外人搶先意味著失掉了國人學術自尊，搶回對西南民族的發言權，即是實現此目標的途徑之一。但實現的方式，還是漢族學者借用漢文獻，並站在中原漢族立場來進行表述。民族學家自要擔當此重任。第二，關於「中國歷史」問題。實現用「科學的方法研究我們的歷史」〔註 4〕的途徑之一，也是民族調查。民族調查是研究歷史的一種科學實踐（至少在理念上如此），其研究成品之一是民族誌。承接了部分方志傳統的民族誌與民族史相結合，共同詮釋了民國新歷史，而民族誌的溯源研究，也正是在上述框架下實現了對中國西南少數民族歷史的重新表述，但這種歷史表述卻難以逃脫傳統的中國「中原史觀」。

第一節　「志」體表述與中原「史」觀

1. 方志的「中原史觀」

中國早期民族誌爲何要溯源，而且要如此溯源，除了中國本身具有豐富的歷史文獻外，更重要的是，此時西學而來的民族誌，其歷史觀念實爲方志史觀的承襲。此處將首先探討方志史觀。

國史與方方志的區別何在？民國學者李泰棻認爲：「方志者，即地方之志，蓋以區別於國史也。依諸向例，在中央者謂之史，在地方者，謂之志。」〔註 5〕不過，關於史與志的命名，李有自己的說法，他認爲，史乃官名，非學名。他從《說文》開始，探造字之初分析「史」字，又闡釋篆文、甲文、

〔註 2〕中央研究院八十年院史編纂委員會：《追求卓越——中央研究院八十年》（卷一：任重道遠），臺北：中央研究院，2008 年。第 19 頁。

〔註 3〕桑兵：《晚清民國的學人與學術》，北京：中華書局，2008 年。第 368 頁。

〔註 4〕陶英慧：《蔡元培與中央研究院》，《近代史研究所集刊》，1978 年第 7 期。第 7 頁。

〔註 5〕李泰棻：《方志學》，北京：商務印書館，1935 年。第 1 頁。

金文的造型，從造字本意分析「史」乃象最初史官動作之狀。益知「史」乃官名，非學名也。又從史官的來源進行分析說：

> 古者謂史爲墳爲典爲書，西周而後，又名春秋。……中國史官，肇自黃帝，黃帝立史官，倉頡沮誦居其職，至於夏周，乃分置左右，左史記言，右史記事。周官有太史，小史，内史，外史，御史，凡五官。逮及春秋各國皆有史官。魯有太史，鄭有祝史。以上皆足證史非名學乃以名官。〔註6〕

李泰棻沿襲章學誠的觀點，認爲「史等同於方志」。並用進化論的觀點進行分析：「史者乃記載並研究人類之進化現象者也。……然則方志亦必爲記載及研究一方人類進化現象者無疑。……方志與史相同。僅屬範圍稍異。」但是「何以不名方史，而曰方志，其理何在？曰，史名本屬不當，特以沿用既久未便即更耳，以『史』實官名非學名也。」

　　因此，在李泰棻看來，志爲史的補充，他贊同的是章學誠氏以「方志爲國史要刪」主張，所謂「要刪」，是指「刪要以備用」。〔註7〕所以李說：

> 各地社會制度之隱微遞嬗，不見於正史及各書者，往往於方志中見之，其一也；歷朝文物，應登正史而未列，或在當日無入正史之資格，而以今日眼光視之，其人靡重者，亦往往見於方志，其二也；遺文佚事，賴方志以存者甚多，其三也；地方經濟狀況，如工商各業，物價、物産等，其變遷多見於方志中，其四也；建置興廢，可以窺見文化升降之迹，其五也；古迹金石，可以補正史及文字遺缺者，其六也；氏族之分合，門第之隆衰，可與他史互證，其七也。

〔註8〕

　　以上承接的是志爲史的觀點，且表現出方志作爲正史之補充而體現出次一級的重要性。不過，關於方志的性質，歷來有不同的觀點。一爲屬於地理之說。如《四庫全書總目》稱：「古之地志，載方輿、山川、風俗、物產而已，其書今不可見，然《周禮‧職方氏》其大較矣。」〔註9〕一爲屬於歷史之說。以章學誠爲代表：「方志由來久矣。余考之於《周官》，而知古人之於史未嘗

〔註6〕李泰棻：《方志學》（序），北京：商務印書館，1935 年。第 7 頁。
〔註7〕見章學誠：《文史通義》（卷八‧外篇三）之「覆崔荊州書」。章學誠著，葉瑛校注：《文史通義校注》，北京：中華書局，1985 年。第 877 頁。
〔註8〕同上。第 16 頁。
〔註9〕紀昀：《四庫全書總目》，北京：中華書局，1983 年。

不至纖析也。外史掌四方之志，是一國之全史也。」〔註 10〕民國後不少方志學家和學者折衷兩說，提出了方志既是地理書，又是歷史書的史誌兼有的主張。〔註 11〕其實，方志應具有跨學科之屬性。從地理空間來看，它的書寫是於中心之外的各「方」，然後書寫其「方」之現狀與歷史。此歷史關聯中原，卻又具有地方屬性。體現出一種與中心相區別的格局和差異。

以《華陽國志》爲例。《華陽國志》也爲一方之志。〔註 12〕在此書中，常璩記述了三十幾個民族和部落的名稱和分佈情況，還詳細記載了其中主要部族巴、蜀、羌、叟、濮、夜郎、哀牢等民族的形成、歷史傳說、社會形態、經濟狀況、文化特徵等。〔註 13〕《華陽國志》所記西南少數民族比《史記‧西南夷列傳》更爲豐富、翔實。司馬遷的文中常出現「以十數」、「最大」等表述，僅僅指出相臨近的一群部族中爲首者之名，且民族名與部落名區分不清。尤中認爲，只有嶲、昆明是民族名稱，餘者均繫部落名稱，除了部落名稱外，他們都另有民族名。〔註 14〕。

有學者認爲，《華陽國志》「從內容上來說，是歷史、地理、人物三結合；從體裁來說，是地理志、編年史、人物傳三結合。這兩個三結合構成了《華陽國志》的一個顯著特點，這也是中國方志編纂史上的一個創舉」。〔註 15〕《華陽國志》共十二卷，前四卷《巴志》、《漢中志》、《蜀志》、《南中志》爲地理之部，所涉及的疆域，北起今陝甘南部，南到今滇南和滇西南邊境，西起今川西地區，東至長江三峽地區。此爲第一部分；後九卷是對西南地區重

〔註 10〕 章學誠著，葉瑛校注：《文史通義校注》，北京：中華書局，1985 年。第 571 頁。

〔註 11〕 典型的如黎錦熙提出了「兩標」說。見黎錦熙：《方志今議》，長沙：嶽麓書社，1983 年。不過，雖以跨學科的視野來看待方志的增多，但是學科屬性在當代仍屬有爭議的問題。比如當代學者葛劍雄、唐曉峰則強調方志的地理屬性更爲明顯，特別是唐曉峰，他認爲，地方志中關於社會問題的選擇，人文倫理的褒貶，全以王朝倫理爲標準，它的功能是顯示、維護」皇權在地方的有效性，在本質上仍屬於王朝地理學的範疇。見葛劍雄：《編纂地方志應當重視地理》，《中國地方史志通訊》，1983 年第 5 期；唐曉峰：《從混沌到秩序——中國上古地理思想史述論》，北京：中華書局，2010 年。第 310 頁。

〔註 12〕 「華陽國志」之「國」不是「國史」之「國」，而是表示當時的列國，也即古時的邦和方。

〔註 13〕 劉重來、徐適端主編：《〈華陽國志〉研究》，成都：巴蜀書社，2008 年。第 11～35 頁。

〔註 14〕 尤中：《雲南民族史》，昆明：雲南大學出版社，1994 年。第 19 頁。

〔註 15〕 劉琳：《〈華陽國志〉簡論》，《四川大學學報》，1979 年第 2 期。

大歷史事件和人物的記載，從遠古蠶叢、魚鳧的傳說時期起，至東晉咸康五年止，其敘述的側重點，則在公孫述、劉焉據蜀時期，三國蜀漢時期和氏李成漢統治時期。此為第二部分。此部分最能體現出作者的歷史觀念。

　　不同於《史記》的是，常璩跟司馬遷不一樣，常為東晉蜀郡江原人，屬於「西南作者」寫西南。常璩是否有西南情結？據任乃強的觀點，江左重中原故族，輕蜀人，璩時已老，常懷亢憤，遂不復仕進，裒削舊作，公元 348 年，李勢餘眾擁立范賁復據成都。於是常改寫《華陽國記》為《華陽國志》。其主旨在於誇詡巴蜀文化悠遠，記述其歷史人物，以頡頏中原，壓倒揚越，以反抗江左士流之誚藐。〔註16〕

　　但仔細分析，常璩的西南情結與其在中原失仕有關。常氏世代為官，為當地江原巨族。據研究，常璩在李勢時已官至隨侍皇帝左右，能掌規諫奏事，參預朝政的顯官——散騎常侍。另外，和常璩同時代的史學家孫盛就稱其為「蜀史」。李壽篡位改國號「漢」（338）以後，常璩也確曾用正史體裁寫過一部史書——《漢之書》。他寫這部著作，一是為外來割據巴蜀的人和李氏的功臣作紀傳；二是為合併益、梁、荊、寧四州的地志與古史，共十卷。由此推斷其可能任過史官之職。其大一統的思想也是很明顯的。〔註17〕如此以來，常璩自身的身份與華夏中原顯出多重聯繫，從《華陽國志》本身的表述可支證：

　　對於族屬，他稱自己是炎黃的後代，如他先舉地緣證據證明：「《洛書》曰：人皇始出，繼地皇之後，兄弟九人分理九州島，為九囿，人皇居中州，制八輔。華陽之壤，梁岷之域，是其一囿，囿中之國則巴、蜀矣。」後又以血緣證據曰：「巴國遠世則黃、炎之支封，在周則宗姬之戚親，故於《春秋》班侔秦、楚，示甸衛也。」〔註18〕對於中原帝王之功，常璩毫不掩飾其讚賞之情。其《南中志》「撰曰」指出：

　　　　南域處邛、筰、五夷之表，不毛闒澓之鄉，固九服之外也。而能開土列郡，爰建方州，逾博南，越蘭滄，遠撫西垂，漢武之迹，

〔註16〕晉・常璩撰，任乃強校注：《華陽國志校補圖注》，上海：上海古籍出版社，1987 年。第 2 頁。

〔註17〕劉重來、徐適端主編：《〈華陽國志〉研究》，成都：巴蜀書社，2008 年。第 3～10 頁。

〔註18〕晉・常璩：《華陽國志》華陽國志卷第二，四部叢刊景明鈔本，第 9 頁。

可謂大業。〔註19〕

公元前 4 世紀，秦滅巴蜀，在蜀地設立郡縣，實行全國統一的制度，並「移秦民萬家實之」（《華陽國志·蜀志》），到漢代，繼續向巴蜀地區移民，並進一步在文化思想、教育等方面加快對巴蜀地區的滲透。巴蜀地區深受中原文化的影響。漢代，正是人們精神對抗的一個階段：儒家思想被統治者利用，但是道教、佛教也產生於漢代，常氏在書中有所表述。比如，在人物傳部分，漢晉時期賢士貞女輩出，《先賢士女總贊》：「其耽懷道術，服膺六藝，弓車之招，旌旐之命，徵名聘德，忠臣孝子，烈士賢女，高劭足以振玄風，貞淑可以方姚繁者，奕世載美。」不過，他也因此而偏頗了本地神話傳說。顧頡剛曾對比《華陽國志》與《蜀王本紀》的寫法，歎息作為地方掌故專家的常氏書雖「雅馴」，但是對於「神話、傳說之素地而加以渲染粉飾」，而「揚氏為古典學家，偏能採取口說，奇矣。」並總結道：

> 知常氏作地方史，其標準有二：其一，秉「民無二王」之訓，將蜀之稱帝、稱王者悉歸之於「周之叔世」；其二，秉「子不語怪、力、亂、神」之訓，將蜀中神話性之故事悉予刪改。此足證常氏受中原文化洗禮之深厚。……常氏全不認識神話、傳說之本來面目。在此種心理之下，不知曾毀棄若干可寶貴之古人遺產，今雖刻意求之而不可得矣，惜哉，惜哉！〔註20〕

這是常璩有意為之，還是觀念使然呢？王明珂認為，《華陽國志》其實是一種具誇耀性、創作性的文本，並與「郡縣」或「地方」情境相互呼應。〔註21〕

由上分析可以看出，無論是中原還是本土的方志作者，當他們採用「誌」的體例進行書寫時，不僅在表述對象上為異地與異俗，更以中原中心的視野對書寫對象進行審視。在中國古文獻的三大文類——「國史」、「方志」、「家譜」的層級區分中，方志位於中間層：它類屬於地方，比家譜涵蓋範圍廣；然而與國史相比，除了如李泰棻所說的「範圍稍異」外，還具有認識上的等級之分。章學誠在《文史通義》中將史的部分列入「內篇」，將志的部分列入「外篇」，〔註22〕即代表了學者們對史與志在認知上的差別觀念。按照文類等

〔註19〕同上。第 38 頁。

〔註20〕顧頡剛：《論巴蜀與中原的關係》，成都：四川人民出版社，1981 年。第 78 頁。

〔註21〕王明珂：《英雄祖先與弟兄民族——根基歷史的文本與情境》，北京：中華書局，2009 年。第 75 頁。

〔註22〕參見章學誠著，葉瑛校注：《文史通義校注》，北京：中華書局，1985 年。

—88—

級的標準，方志永遠次於國史，〔註23〕卻又成爲國史的有力補充。爲何能達到如此效果，正在於方志所具有的中原史觀。

2. 從方志到民族誌 〔註24〕

　　民族誌是否承接了上述方志之特性？回到英文「ethnography」看，希臘文「graphein」（記述），爲何翻成「誌」呢？選擇「誌」（而不是「記」等相關詞彙）與「民族」對接也有其特定意義。第一個意義是上節所論述的，誌作爲動詞，可以與「graphein」（記述）意思對接。劉師培的《中國民族誌》之「誌」或許具有此種意義？第二個更重要的意義，是「誌」的選擇與本土傳統方志進行了對接。如果「誌」與傳統對照，自然與「方志」的關係最爲緊密。同時，中國的本土敘事傳統包括兩條，一條被我們稱爲「史」的，從司馬遷到班固，可以姑且稱之爲中原敘事的「大傳統」；另一條被我們稱之爲「方志」的，如《華陽國志》、《黔苗蠻記》等，可暫且稱之爲「小傳統」。〔註25〕民族誌正是接通了本土敘事的方志「小傳統」。從這個意義上說，民族誌之「誌」在史的觀念上回到了「方志」的含義，使得方志與民族誌在對異文化、邊緣文化的表述上，具有了某種程度的相似性（詳見本章第二節）。

　　20世紀初，傳統史學受到挑戰，1902年，梁啓超先生的《新史學》於《新民叢報》上發表，在史學界引起很大反響。梁啓超云：

　　　　紀傳體中有書志一門，蓋導源於《尚書》，而旨趣在專紀文物制度，此又與吾儕所要求之新史較爲接近者也。然茲事所貴在會通古今，觀其沿革。各史既斷代爲書，乃發生兩種困難：苟不追敘前代，則源委不明；追敘太多，則繁複取厭。況各史非皆有志，有志

〔註23〕　此觀點來源於筆者對徐新建教授的訪談。
〔註24〕　筆者於2012年在臺訪學期間參與王明珂先生「上古史研究」課題討論時，王先生有此提法，在此借用並感謝。後筆者搜到楊殿斛：《從方志到民族誌：中國民族音樂研究的現代進程》（《小說評論》，2008年第5期），但此文並不是討論方志觀念與文類的問題。娥滿：《人類學民族誌的方志淵源》（《昆明理工大學學報》，2011年第6期），此文強調方志、民族誌對人類學民族誌的影響，與本書強調史觀不同。
〔註25〕　「大傳統」與「小傳統」是美國人類學家羅伯特·雷德菲爾德（Robert Redfield）在1956年出版的《農民社會與文化》提出的文化的二元分析框架。大傳統指以大城市爲中心，社會中少數上層人士、知識分子所代表的文化；小傳統是指在農村中多數農民所代表的文化。國史、方志與大、小傳統有相似性但不完全對等。

之史，其篇目亦互相出入。遇所闕遺，見斯滯矣。於是乎有統括史志之必要。〔註26〕

另一方面，所謂新史學之「新」，在於歷史應該是民史。因此需要「眼光向下」尋求民史。〔註27〕關於如何修民史？方志被納入討論。「修史必自方志始，方志者，純乎其為民史者耳」。隨後幾年，劉師培又提出，方志還不足以修國史，還要編輯鄉土志序例。〔註28〕

方志應該如何修呢？李泰棻於 1935 年出版《方志學》，專章討論「修志之輔助學識」（第五章），他吸收了進化論思想，認為，「史的定義」蓋「人類進化之現象」，即「人類綜合文化」。修志如何達到此目的，其曰須備新知識即地理學、人類學、社會學、年代學、考古學、古文學、古泉學、言語學、譜系學、心理學、經濟學、法政學等學科。對於人類學為何進入，李泰棻道：

> 所謂史既以人類為主，而人類學當然不能漠視，自達爾文種源論出世後，進化之說，大明於世，然推原厥始，一元多元，為說不一。多元分法，以皮膚、言語、毛髮又復不一。然無論根據何種分法，各種亦有各自特性，特性不同，行為亦異。其所產生之史，亦因之異，故史與人類學，關係亦甚密切。人類學大別為二，一曰體質人類學，一曰文化人類學。……除人類一部分外，與史學關係極鮮，後者乃研究人類之集團生活。如習慣、常規、言語、宗教、民族、土俗等皆包於此中，故文化人類學之有關於史者至廣且大。而斯科本身，亦尚在繼續發展中，其有關於上古及記錄以前之時代尤重。〔註29〕

如此，民族誌在新修的地方志體例中，成為地方志中的一種，與輿地志、建置志，經政志等並列，而民族誌包括種族、戶口、禮俗等主要內容。〔註30〕

〔註26〕梁啟超撰，湯志鈞導讀：《中國歷史研究法》，上海：古籍出版社，1998 年。第 21 頁。
〔註27〕桑兵：《晚清民國的學人與學術》，北京：中華書局，2008 年。第 109 頁。
〔註28〕同上。第 109～110 頁。
〔註29〕李泰棻：《方志學》，上海：商務印書館，1935 年。第 65～67 頁。
〔註30〕鄭裕孚：《（民國）歸綏縣志》歸綏縣志目錄民國二十三年鉛印本，第 19 頁。筆者注意到，學界在討論人類學民族誌的方志淵源時認為，方志學界談論民族誌則完全放在方志學背景下，把民族誌看作專門志的一種，無視人類學民族誌的存在。這種判斷是值得商榷的。民國以後，方志中才出現了「民族誌」，作為「凡例」之一種，是因為受西學的影響，民國時期方志被重新修訂。才出現了民族誌。而民國以前，並無「民族誌」出現在方志中。見娥滿：《人類

　　李泰棻修改後的方志內容擬目及序列為：

　　　　　卷一　地理　卷二　建置　卷三　勝迹　卷四　民族　卷五　爵職
　　卷六　政治　卷七　黨社　卷八　法團　卷九　議會 卷十　產業　卷十一
　　禮俗　卷十二　生活　卷十三　宗教　卷十四　人物　卷十五（缺）
　　卷十六　古物　卷十七　前事　卷十八　掌故　卷十九　文徵

在關於序目的說明中，李泰棻言：各省有漢滿蒙回各族雜居之地，其本源同化之迹，均應詳徵。特設民族一門，述其經過。禮俗宗教二門舊志所有，本目分別細述，用顯民風；卷十二生活一門，舊志不載，即或連敘於風俗，亦多語焉不詳，本目特設此門，與產業互相表裏，至言語多為交際媒介，歌謠可作生活寫真，故亦並載此門焉。中山先生民族主義第一講，謂民族構成的要素有五：「當中最大的力，是血統，次大的力是生活，第三大的力是語言，第四個力是宗教，第五個力是風俗、習慣」，本目之四（民族）、十一（禮俗）、十二（生活）、及十三（宗教）諸卷，即本此意，以著人民構成之要素。〔註31〕

　　可見，方志強調在向「民史」的「新史學」靠攏同時，也親近了民族誌。方志中包含了民族誌的部分，民族誌也成為「新史學」填充的內容。隨著中國社會傳統向現代的轉型，學術的推動力量之一在於「眼光向下的革命」，民俗學、人類學被新史學借用的同時，也變得異常重要。它們之間的關係可歸納為：歷史借人類學民族誌積累新材料，民族誌借歷史尋找在中國學界之位置。

　　另外，從研究對象來看，少數民族在傳統表述上大多包含在方志的書寫中，即使在正史中也常被列入「列傳」等文類裏；而且在現代表述上，無論西方還是中國，民族學人類學在最初都是以「原始落後人群」作為重點研究對象。在民國時期，這一對象則重點為少數民族。

　　由此看來，無論在學理上，還是在實踐中，方志都無法脫離附屬於、服務於、補充於中國歷史（正史）的命運，方志這一特性被新文類民族誌所傳承。當時最高學術機構——中央研究院的學科設置，正是要藉國家的財力建立一個可以和先進國家媲美的學術機構，並把中國科學研究帶到至少可以與西方平起平坐的局面。其創始人傅斯年認為歷史學和語言學具有科學的普世性，中國人研究歷史學和語言學，因為搜集資料方便，故集中精力於研究中

學民族誌的方志淵源》，《昆明理工大學學報》，2011 年第 6 期。
〔註31〕 李泰棻：《方志學》，上海：商務印書館，1935 年。第 94～99 頁。

國資料，但這種做法無損於這兩門學問的科學價值。〔註32〕即丁文江所言，
「用科學方法研究我們的歷史」。而民族誌資料，即充當了如此使命。

綜上所述，民族誌具有方志的中原史觀，同時，民族誌與方志又成爲新
史學的一部分，共同增補著新史學的內容。不過，方志，更強調空間觀念，
但對民族誌而言，人及其產生的文化成爲其關注的重點。因此，人（西南民
族）如何成爲整體（中華民族）的一部分，成爲中國民族誌體例中的重要一
環，在下節要討論的溯源研究中可以找到線索。

第二節　溯源：由「蠻夷」到「同胞」

1. 族源的異同

淩純聲等人爲何要在民族誌書寫中，首當其衝對調查對象溯源呢？

1936 年，淩先生根據自己五次實地調查經驗，並參考了幾本民族學方法
論的名著如 Louis Marin: *Questionnarires Ethnographiques*; Gäbner: *Methodo der Ethnologie*; The Royal Anthropological Institute: *Notes and Queries on Anthropology* 等，寫成《民族學實地調查方法》一文，發表在《民族學研究
集刊》上。〔註33〕從淩所用的參考書可以看出，*The Royal Anthropological Institute: Notes and Queries on Anthropology*（英國皇家學會編訂：《人類學的
詢問與記錄》）對當時中國的民族誌調查具有重要的指導作用。此書目前一
共出至第六版，對當時學界產生影響的是第五版，第五版的特點在於將馬林
諾夫斯基的田野調查方法納入書中。實際上，馬氏也是在《人類學的詢問與
記錄》第四版的基礎上，形成了更爲「完整而實用」的調查框架與調查方法。
通過特羅布里恩島的調查實踐，馬氏提出了作爲科學民族誌的理論與方法，
並寫成《文化論》一書，其中的觀點被英國皇家學會採納，完善成第五版的
《人類學的詢問與記錄》，淩純聲等人當時組織的西南民族調查，正是以此
爲指導書。〔註34〕

〔註32〕中央研究院八十年院史編纂委員會：《追求卓越——中央研究院八十年》（卷
　　　　一：任重道遠），臺北：中央研究院，2008 年。第 27 頁。
〔註33〕淩純聲：《民族學實地調查方法》，《民族學研究集刊》，1936 年第 1 期。
〔註34〕何國強：《人類學的詢問與記錄》（序言），英國皇家人類學會編，周雲水等譯：
　　　　《人類學的詢問與記錄》，香港：國際炎黃文化出版社，1951 年。第 6 頁。此
　　　　書版次分別爲：第一版（1874），第二版（1892），第三版（1899），第四版（1912），

　　凌先生的《民族學實地調查方法》之論說承襲《人類學的詢問與記錄》
而來。在此文的「實地調查問題格」中，凌把問題格分爲23類842條，認爲
調查一個民族的物質、精神、社會三方面的生活大概都可以包括在內。這 23
類包括：

　　　　（一）地理與統計（二）住處與設備（三）飲食（四）裝飾與
　　髮飾（五）人工改造身體（六）衣服（七）武器（八）狩獵、漁業、
　　畜牧、農業（九）嗜好品（十）玩具、遊戲、運動（十一）音樂（十
　　二）交通器具（十三）貿易、錢幣的代替物、度量衡（十四）技術
　　（十五）政治情形（十六）司法及社會情形（十七）婚姻、婦女地
　　位、小孩（十八）生與死（十九）宗教敬神及神話（二十）圖騰（二
　　十一）醫藥（二十二）時間計算、天文、歷史（二十三）計數及算
　　術。〔註35〕

凌純聲等人的湘西苗族調查雖於民國二十二年（1933）已經開始，但因個中
原因 1939 年才整理成《湘西苗族調查報告》出版，而《民族學實地調查方
法》寫成於 1936 年。可見，在整個報告的結構布局及寫作框架的安排上，
凌都是作了一番考量的。在以上的 23 類問題調查格中，凌精心地選擇了其
中一些項，並根據調查對象作了修改調整，最後確定爲 12 項，分別爲：苗
族名稱的遞變、苗族的地理分佈、苗族的人生地理、苗族的經濟生活、家庭
及婚喪習俗、政治組織、苗官、屯田、巫術與宗教、鼓舞與遊技、故事、歌
謠、語言等。

　　但是，其中「苗族名稱的遞變」、「故事」、「歌謠」等類並未包含在他的
調查方法（23 類）之中。這似乎亦不足爲奇，因爲馬氏是功能主義創始人，
以他的調查方法爲主的調查書（《人類學的詢問與記錄》）極具功能主義的特
點，即都是在共時的層面選擇問題，重點關注的是「現在」的社會樣態。凌
氏所增加修改的部分，正是中國民族誌體例與西方相比最大的變化之處。或
者可以說，中國具有上千年的歷史文獻這一事實，是西方民族學知識譜系所
總結出來的調查方法不足以統攝的。此處正是要關注：在中國民族誌調查報
告中，爲何如此注重利用已有的歷史文獻呢？

　　「苗族名稱的遞變」實爲苗之族源的追溯。凌純聲先生在「苗族名稱的

　　　第五版（1929），第六版（1951）。
〔註35〕凌純聲、林耀華：《20 世紀中國人類學民族學研究方法與方法論》，北京：民
　　　族出版社，2004 年。第 17～42 頁。

遞變」一章中，作了幾條論證：第一，古代的三苗非今日之苗，第二，古代的九黎爲今日之黎，第三，古代之蠻爲今之瑤人與佘民，第四，今日之苗爲古代之髦。凌的重點是要通過古籍文獻來論證今日苗的族源問題。他主要舉例的中國文獻是章炳麟《檢論》：「凡俚獠諸族分保牂牁上下者謂之髳，音變爲苗。」此外別無證據。外文文獻中，凌純聲贊同了英人克拉克氏（Clarke）「貴州的苗，乃由他處遷來」的觀點，以及法人薩維那氏（sarina）「苗初至中國，住於河南，由河南遷至貴州，貴州而四川，四川而雲南，雲南而東京，東京而老撾」的觀點。用訓詁的方法，凌純聲舉了「髦」與「髳」同音譯文，「髦」與「夷」同義，古「髳」所在之地，來推論出「今日之苗爲古代之髦」的結論。在推論中，髳在何處？髳是由晉豫而遷巴蜀，巴蜀而湘黔，與薩維那氏的觀點大致相符。〔註36〕1941 年，何士能發表了《三苗非今苗考》一文，附和了凌純聲等人的觀點，文章否定了「苗族先漢族而據中原」、「鬼方爲苗族國名」等說法，同時，何也在此文中，透露出自己考證結論的時代緣由，即「三苗爲今苗祖先之說，雖經章炳麟張其昀呂思勉諸氏之反對，而學者尤篤守故說。此風不改，非獨民族問題，邊疆問題，無從解決，即學術前途，影響亦大。當今民族研究盛行，豈可漠然而息，此本文之所由作也。」〔註37〕如此解釋所意何爲？是否可作如此猜測：因爲如果三苗爲今之祖先，苗族先漢族而據中原，苗族土著說即成立，則很難處理苗與漢同源的祖源問題。

20 世紀 30 年代，部分民族史的撰寫都涉及到苗的問題。王桐齡、林惠祥、呂思勉等對此有過論說。1934 年，王桐齡的《中國民族史》這樣寫道：「現在中國動言五族平等；所謂五族，即漢滿蒙回藏族。譬如作一家人看，漢族是長兄，滿蒙回藏族便是幼弟，是爲現在人的觀察。若照歷史上觀察，中國民族，除了漢滿蒙回藏以外，還有一位長兄，即是苗族。」「當四千年前，漢族佔領黃河流域，以務農爲業，逐漸向四方發展時，揚子江中流，現在湖北、湖南、江西等地，已經有苗族佔領。」王氏講的是「三苗」時代的苗族。後來苗族子孫，有一大部分完全同化於漢族，不肯同化的一小部分即爲現在不開化的西南苗族。〔註38〕林惠祥持苗先於漢人入主中原之說。在

〔註36〕凌純聲、芮逸夫：《湘西苗族調查報告》，中央研究院歷史語言研究所單刊甲種之十八（上），1947 年。第 1～6 頁。

〔註37〕何士能：《三苗非今苗考》，見貴州省民族研究所編：《民國年間苗族論文集》，貴陽：貴州民族出版社，1983 年。第 116 頁。

〔註38〕王桐齡：《中國民族史》（1934），長春：吉林出版集團有限責任公司，2010

1936 年著的《中國民族史》中，林說：「當漢族未入中國之前，中國之中部及南部，本爲苗族所居。自漢族移入後，漸與苗族接觸。」又說：「炎黃之世……南有黎苗。黎苗世處南服。顓頊之前曰九黎，顓頊而後，乃曰三苗……故鄭玄、韋昭，皆以三苗爲九黎之後。」林氏還說：「稱三苗爲南蠻而在荊楚，楚亦自稱『我蠻夷』，則三苗必爲楚先。」〔註39〕上述說法，不僅承認了中國境內有苗族，而且還力圖證明，苗乃中原子孫，實爲中華民族的成員無疑。

但以上說法，都未說到淩純聲所言「髳」的層面，也未被淩純聲在民族誌溯源中引用。唯有呂思勉的《中國民族史》被淩純聲引用，其書提到「苗者，蓋蠻字之轉音。……我國以其居南方也，乃稱之曰蠻；亦書作髳作髦。」〔註40〕同時，淩氏也對「今所謂苗蠻者，其本名蓋曰黎」的觀點進行了辨正。〔註41〕可見，在淩純聲等人看來，在認同苗的同時，也多了一層區分的意思。

本族學者梁聚五對淩純聲的觀點並不認同。對於章炳麟「今之苗，非古之苗」以及淩氏等的「古代的三苗非今日之苗」的論說，梁聚五作了批評。梁認爲，如此說法，弄得中國各個民族離心離德，以致減低了大家團結的信念。三苗，決不是所謂什麼渾敦、窮奇、饕餮的苗裔，而是今之苗夷民族，及其所包含的蠻、荊、傜、僮、僚、羅羅、擺夷、水家、洞家、僰人、越人、蜑人、佘人……各個支族創立的國家。〔註42〕而對於王桐齡的苗乃「神州土著」的觀點，梁聚五表示贊同，並稱王敢於如此說，「多麼富於正義感啊！」〔註43〕梁否定了槃瓠、蛇種、貓頭、竹兒的傳說，以及交趾支那說、南太平洋系說。對於槃瓠，他認爲，槃瓠與盤古，本來就是一個名詞。有人要貶抑苗夷民族，便說槃瓠是他們的祖先。槃瓠是狗，盤古是神。「狗是苗夷民族的

年。第 5 頁。

〔註39〕 林惠祥：《中國民族史》（1939），北京：商務印書館，1993 年。第 103 頁。費孝通先生主編《中華民族多元一體格局》（修訂本，1999 年）一書（P135）稱之爲「新中國建立以前中國民族史的代表作」。

〔註40〕 呂思勉：《中國民族史》，見呂思勉：《中國民族史兩種》，上海：古籍出版社，2008 年。第 176 頁。

〔註41〕 淩純聲、芮逸夫：《湘西苗族調查報告》，中央研究院歷史語言研究所單刊甲種之十八（上），1947 年。第 6 頁。

〔註42〕 梁聚五：《苗族發展史》（1950），貴陽：貴州大學出版社，2009 年。第 43 頁。

〔註43〕 同上。第 14 頁。

祖先，要神才是華夏民族的祖先。狹隘的民族主義偏見，其庸俗可笑如此！」〔註44〕

站在本民族立場，梁氏認爲苗爲中國土著，強調中國是多民族國家，對於蔣介石《中國之命運》一書中否認「民族」而承認「宗族」、「支宗」的做法極力反對，稱蔣爲「赤條條的大漢族主義」者，因爲梁氏認爲，苗族並非是黃帝子孫。而對蔣之意旨執行的楊森更稱之爲「可恥」，因爲楊企圖「去苗夷民族」，而用廣義而歧語的「邊胞」代替。〔註45〕雖然，表達此觀點的《苗族發展史》寫在國民黨失勢之後，但也不失爲其時梁氏對於苗族潛在認同的證明。

歷史到底爲誰而寫？自表述與他表述的立場顯然有別：梁聚五站在本族的立場上談論苗史，目的爲了放大苗族，尋求苗族的政治地位；而淩氏則站在國族的立場上，將苗族縮小爲古代的「髳」（中原的一支），是想將其融入「五族」之內。

淩氏的寫法並非個案，將被調查對象的族源問題，放在調查文本開篇之首，利用文獻考證，加以推論與闡釋，幾乎是民族調查報告的書寫範式。

研究東南亞民族史的專家徐松石先生，曾深入中國西南各省的苗瑤壯寨進行考察。1938年，中華書局出版他的第一本學術專著《粵江流域人民史》，此書見解頗爲獨特，受到日本學界重視。但講到粵江流域的苗徭僮來源之時，徐氏根據文獻與音韻學及語言學知識，推導出僮人是最純粹的漢族。他說，華蠻分野這一個問題，本來是很簡單的，她只是廣義漢族許多部落當中的一個文化分野，可惜史家和諸侯攀附皇帝，使這個問題增加了複雜性。〔註46〕而漢人二字最正確的解釋，是指出於東西漢水流域的人，即古代荆梁二洲的部族。倘若這樣嚴格的辨別，僮族才是不折不扣的十足漢人。苗徭是南支漢族，也比北支漢族較爲切合「漢」字的意義。所以最低限度，我們要承認苗徭僮與中原人士一樣的同是漢人。〔註47〕

育種學家諸寶楚在講到滇疆「苗蠻」時說，「綜觀西南民族的體態、血統、文化、風俗等項，假若加以過細的研究，確與中國古時的原始民族處處有極相類似的地方，是西南民族歸根結蒂終逃不出蒙古種（movgolion type）

〔註44〕同上。第6頁。
〔註45〕同上。第266～267頁。
〔註46〕徐松石：《粵江流域人民史》，北京：中華書局，1939年。第6頁。
〔註47〕同上。第65頁。

的範圍，亦可稱爲亞洲的原始中國族系。……據中國歷代史書的傳記所載，更可明白確定西南民族是我國中原揚子江流域的土著民族」。〔註48〕

當時許多模仿文本，也因治國需要的政治考慮，將族源與《中國之命運》中的觀點結合，闡釋各民族爲同胞與兄弟的同祖同宗觀念。如，任映滄的《大小涼山倮族通考》，在氏族溯源部分，借用前人調查文獻，論證了「康族同源」、「炎帝貴胄」等族類，最後，根據這些前人的族類證據，認爲：

> 至於夷漢是否同源，茲就《中國之命運》研究，自應認定中華民族原爲同一始祖之「大宗小支」所「融合而成」。所有黃帝炎帝以及堯舜禹湯應爲由氏族而部族分割，由地理遷徙而語言分歧，絕非異族；實爲積年累月，氏族繁衍，遷徙遼遠，語言既異因之部族乃多，由是乃有「四海之內皆兄弟也」之倫理觀念之形成。而就全國而言，大地廣漠，現有滿蒙回藏各部族之名稱。〔註49〕

其實，雖然作者想要「通考」涼山倮族，但是作者的視野卻要解決歷史上東夷、西戎、南蠻、北狄的來源問題：

> 再明白而言之：中華民族初爲一基本氏族，嗣因地理分疆，乃發展而爲所謂東夷西戎南蠻與北狄之各部族。其在東西南北支緩衝地面是爲東西南北各部族之由分化而混一血統之聯合部族之中原。首先進入政治社會時期，組成文明國家者，是之爲中原內地。合東南西北各部族而言，是之謂神話禹域。其在兩方面者，因氣候溫和，多所繁殖，復以山川險阻之故，氏族部族，更多分割。今之苗、猺、黎、倮等部族名號，便予以確立。而就其實仍不外方言歧異，稱謂各殊，同種同源，初仍爲一基本氏族所派生。〔註50〕

最後談到西南苗倮的族源，作者認爲，在西南邊區者，由地理歷史之考證，雖有苗倮初分，烏白繼異。其實亦一基本氏族所分割。由是而有以上李景漢氏所轉述西南夷同「畢色」祖宗之故事之流傳，應可證實。等而下之，涼山諸夷仍由一基本氏族之所派生，最後再有氏族胞族之繁衍，現尚有線索可查。〔註51〕同父母所生爲「胞」，由蠻夷到「胞族」，其實是將政治認同轉化爲血緣認同。更從根基性上強調國人的一體性。

〔註48〕諸寶楚：《滇疆苗蠻紀略》：中國西南文獻叢書，第17卷。第13頁。
〔註49〕任映滄：《大小涼山倮族通考》，西康：西南夷務叢書社，1947年。第210頁。
〔註50〕同上。第214頁。
〔註51〕同上。第214頁。

　　將族源問題列入調查文本的開篇之首，既成爲中國民族誌的獨有特點，也是中國知識分子借用民族誌族源研究，以達到政治認同的特有方式。

2. 神話與祖源

　　除了開篇之首的族源研究外，還有另一類的神話及傳說故事，其作用與族源研究有異曲同工之妙，只是有時被排在目錄之尾，有印證開篇溯源之效。

　　在當時的民族調查中，祖源被通過神話、傳說來考證。這類神話、傳說一般采集於當地人的口述，但有意思的是，記錄者往往會在文本中表述自己的見解。

　　抗戰之時，貴州大夏大學的吳澤霖寫了《苗族中祖先來歷的傳說》一文，作者發現，八寨黑苗、花苗以及短裙苗中所流行的洪水神話，其情節結構都是洪水滔天、兄妹成婚、繁衍後代。根據這三則神話對比，吳澤霖下結論說：他們是民族復興的神話不是祖先起源的神話，不是開天闢地後第一個老祖宗的故事。他們神話中的洪水是大禹時的洪水。他們的祖先至少與漢人接壤，或是由漢人的傳說中傳佈過去的。關於兄妹通婚生畸形胎兒的神話，證明此神話形成之時這種通婚習俗應該不流行。吳澤霖認爲，這種優生學的原理被原始的苗族所注意，而苗族的婚改大致不會在漢族婚改前，因此這樣的神話當在春秋以後。〔註52〕此種觀點，說明洪水神話，只不過是一個漢化神話的傳說。

　　與吳澤霖不同的是，陳國鈞在《生苗人的人祖神話中》，將洪水神話稱之爲人祖神話，他列舉了三個洪水神話，而有兩則神話共同之處在於：

> 　　兄都叫 Cn，妹叫媚 Mei，大概古神話中就是這兩個名字，由他倆結了婚，才繁殖各人種的，分明恩和媚就是人類的始祖，現在各種人——漢、苗、侗、水、僮、瑤……都出自這一對共同的父母了。在這生苗的神話裏，想不到有所謂「人類同源說」或「人類起源於一元說」的科學見解。〔註53〕

陳國鈞從苗族的洪水神話中，抽離出人類普適性起源，極具人類學思想。同時，他認爲，至於兄妹之間的亂倫，因爲現在還有這樣的觀念，足見這種婚

〔註52〕吳澤霖：《苗族中祖先來歷的傳說》，載吳澤霖、陳國鈞等：《貴州苗夷社會研究》，北京：民族出版社，2004年。第104～105頁。

〔註53〕陳國鈞：《生苗人的人祖神話中》，載吳澤霖、陳國鈞等：《貴州苗夷社會研究》，北京：民族出版社，2004年。第119頁。

姻制度是曾經存在過的。雖然後來學了漢人有了「姓」，但是他們認定姑表姊妹爲當然婚姻仍不無血統混亂結合的懷疑。從神話中此族與彼族相頑抗中看出，神話中有提到漢王和苗王的仇恨，正刻畫了後來漢苗的仇恨。而神話中講到同一種族的三個人講不同的口音，成了後來的「侗語、苗語、漢語」，則從語言的角度證明了侗、苗與漢屬同一祖先之說。〔註54〕

神話傳說中最典型的是「三兄弟」的故事。如馬長壽關於羅夷傳說的記錄：

> 太古之時，有兄弟三人，攜犁趕牛，至肥沃荒原，選地三段耕之。……七七之後，洪水下降……阿哥不知飄向何方……天女下嫁某家阿弟，永偕伉儷。年生一子，三年後，三子在抱，均不能言，往問於天。黃雀自告奮勇，復上天探消息，潛身屋簷。天父語天母曰：「是誠愚，只將三竹筒爆炸發聲，即能言。」長子叫聲曰「娥廬過羅癡」（彝語無義），遂爲西番；次子叫聲曰「阿慈格一癡」（義爲熱得很），遂成羅彝；三子叫聲曰「比阿茲利癡」（彝語無義），遂成漢族。〔註55〕

這種類型的故事很多，而且記錄的模式爲：長子一般是本族人（講故事的人），而老三一般是指漢人。如民國時期民族學家華企雲記錄的景頗族：野人大哥，擺夷二哥，漢人老三。對於此類「漢人爲老三」的故事，當時的調查者只是將此記錄下來，並未有對此作仔細分析。直到當代，王明珂將其稱之爲「弟兄祖先故事」，並站在他者的角度，分析其「歷史心性」，認爲這樣的故事是想表現本族的自尊，漢人的優勢，以及各民族間應有的對等關係。〔註56〕

然而記錄也顯示了另外一種情況。於漢族記錄者來講，雖然都是本族人講的故事，江應樑的記錄卻並不一樣。在《涼山夷族的奴隸制度》中，涼山傳說中同樣的故事卻出現了不同的民族排位順序：老大是漢人，老二是黑夷，老三是藏族，老四是白夷。〔註57〕在陳國鈞的記錄中，顯示的也是「漢先苗後」。〔註58〕這是否是記錄者「以漢爲尊」的心理，而修正了一種關於祖先的

〔註54〕同上。第 121 頁。
〔註55〕馬長壽：《涼山羅彝考察報告》，成都：巴蜀書社，2006 年。第 664 頁。
〔註56〕王明珂：《民族文物之反映與映照》，《歷史月刊》，2003 年 6 月，第 115 頁。
〔註57〕江應樑：《涼山夷族的奴隸制度》，載江應樑：《江應樑民族研究文集》，北京：民族出版社，1992 年。第 135～137 頁。
〔註58〕陳國鈞：《生苗人的人祖神話中》，載吳澤霖、陳國鈞等：《貴州苗夷社會研究》，

歷史記憶呢？

　　無論是本族人的「攀附」，還是漢人的自尊，當時調查者記錄下來的兄弟故事，其實都重在強調共同血緣，即各族皆爲同根生。把這樣的故事放在民族誌中，是爲了證明無論什麼民族，都與漢族是一體的同胞。

　　如此的觀察點還在於通過「古歷史」與「今現實」的關照，從苗族的「神話」中看苗族的「歷史」。用進化論的觀點看，神話裏留著進化的痕迹。「神話中的野蠻怪誕的要素可以說是古時野蠻祖先的遺物。」〔註 59〕因此，神話是我們過去的「歷史」。

　　在《湘西苗族調查報告》中，凌純聲強調神話的文化作用。強調洪水神話等至今仍活在苗族社會生活中，並且影響著苗人的生活、命運和活動。〔註 60〕凌的強調，明顯帶有功能主義的特點。在故事講述中，凌未像吳澤霖等人作闡釋和分析。在敘述完了（鳳凰吳良佐講述的）故事後，卻提到故事詳考可參看芮逸夫《苗族的洪水神話故事與伏羲女媧的傳說》一文。

　　根據各地洪水神話故事，並通過文獻考證，芮先生的《苗族的洪水神話故事與伏羲女媧的傳說》從神話學的觀點，得出伏羲女媧爲苗族之祖神，並且，此類「兄妹配偶型」模式，範圍自中國本部，南至南洋群島，西起印度中部，東迄臺灣島，可成爲一個「文化區」（culture area），其文化中心當在中國本部的西南，並由此傳播開去。〔註 61〕芮氏的人類學報告給聞一多先生很大的啓發。在《伏羲考》一文中，聞列表比較分析了四十九個采集於各地各民族的兄妹洪水神話，指出故事的最基本主題是洪水遺民再造人類，即造人是故事的核心。而在造人故事中，葫蘆又是造人的核心。葫蘆，作爲南方洪水神話所反映出來的具有普同性的文化要素，受到聞一多的高度重視。根據葫蘆造人這一原始觀念，聞一多又進一步到古代文獻中尋求伏羲女媧與葫蘆的關係。他通過神名的音韻訓詁，得出伏羲女媧就是葫蘆的結論。同時他還論證了瑤佘民族所信仰的「盤瓠」亦爲「匏瓠」即葫蘆，並且與伏羲同姓，說明苗瑤亦同源共祖。聞一多認爲「龍和蛇本同類，從古至今是分不清」

　　　　北京：民族出版社，2004 年。第 114 頁。
〔註 59〕林惠祥：《神話論》，上海：商務印書館，1933 年。第 13 頁。
〔註 60〕凌純聲、芮逸夫：《湘西苗族調查報告》，中央研究院歷史語言研究所單刊甲種之十八（上），1947 年。第 243 頁。
〔註 61〕芮逸夫：《苗族的洪水故事與伏羲女媧的傳說》，《中央研究院歷史語言研究所人類學集刊》，1938 年第 1 卷第 1 期。

〔註 62〕，證明了龍與伏羲女媧之間的關係，提出「龍圖騰」的重要概念，論證了他認爲屬於龍圖騰的古代部族，確定了夏、共工、祝融、皇帝以及匈奴、苗、越等部族均爲龍圖騰的部族。進而，聞一多在芮逸夫的基礎上，圈了一個更大的文化區，他所提到的所有部族，均同祖同源。

　　以上的神話研究與人類學關係極其密切，以致聞一多欣喜地發現人類學的調查報告正給了自己非常適用的材料。實際上，五四前後的神話研究普遍地採用了人類學的觀點。在未接觸馬克思主義神話理論之前，中國學者對神話的見解主要受人類學派神話學的影響，這可從茅盾《中國神話研究初探》（1978）一書再版時的前言看出來：「人類學派的神話學者，被公認爲神話學的權威。」〔註 63〕

　　人類學派的神話研究，其理論邏輯在於：現代的文明人是由野蠻人進化而來，這兩類人的思維之間並無不可逾越的鴻溝。因此，他們主張用人類學的方法「取今以證古」，即通過對現代野蠻人生活及信仰的研究，去瞭解並恢復古代原始神話的面目。〔註 64〕這種論證方法也被史學家所認同，徐中舒就非常贊同芮逸夫的觀點：「從民族與地理的分佈，認爲伏羲女媧爲苗和猓猓的傳說，盤古爲猺和佘民的傳說，爲古史指出一個新方向。芮先生的兩個假定，皆有堅實論證。」〔註 65〕同時，人類學派神話學家運用進化論的觀點來解釋神話的各種現象，肯定了神話與原始人生活及思想的關係、並把神話研究領域從神話學派只注意的印歐民族擴展到全世界、全人類，從文明人擴展到未開化的野蠻人，從語言學派只關心的自然神話擴展到社會神話（泰勒稱之爲文化神話）。〔註 66〕由是觀之，對於研究神話的學者來說，證明古代神話在世界神話史中的地位，是其神話研究的學術目標之一。顯然，這種論證爲民族誌的溯源研究作了很好的注釋。無論是芮逸夫，還是聞一多，其神話傳說研究都傾向於共同的旨歸，即要論證一個更大的具有同質性的文化區。而利用

〔註 62〕聞一多：《伏羲考》，《聞一多全集》（第 3 卷），武漢：湖北人民出版社，2004年。第 58～131 頁。

〔註 63〕馬昌儀：《人類學派與中國近代神話學》，苑利主編：《二十世紀中國民俗學經典》（學術史卷）北京：社會科學文獻出版社，2002 年。第 79～80 頁。

〔註 64〕同上。第 78 頁。

〔註 65〕芮逸夫：《中國民族及其文化論稿》（上），藝文印書館印行，1972 年。第 1062頁。

〔註 66〕馬昌儀：《人類學派與中國近代神話學》，苑利主編：《二十世紀中國民俗學經典》（學術史卷），北京：社會科學文獻出版社，2002 年。第 78 頁。

人類學采集的口傳故事，是爲了使其論證更顯「科學」的權威。

無論是民族誌中傳統文獻的族源追溯，還是利用傳統文獻對照現實的神話傳說；無論是借古論今，還是取今證古，學者們都借用人類學方法，爲治學找到了新方向。對於人類學家而言，爲探討現在「初民」社會之特性，借古論今更重要；對於歷史學家而言，爲古史研究尋找新方向，取今證古更重要。不過，歷史學與人類學畢竟都在時間的差異中尋找連接，其目的並非一分爲二，而是一石二鳥，鄭振鐸的研究可爲一例證。周予同在《湯禱篇》（序）中這樣表述：鄭振鐸想憑藉他的希臘神話學的修養，應用民俗學、人類學的方法，爲中國古史學另闢一門戶，使中國古史學更接近於眞理的路！〔註67〕然而，在《湯禱篇》結尾中，鄭振鐸用「蠻性的遺留」學說來揭露和鞭撻當時社會的陋習，指出「在文明社會裏，往往是會看出許多的『蠻性的遺留』的痕迹」，「原始的野蠻的習慣，其『精靈』還是那麼頑強的在我們這個當代社會裏作祟著！打鬼運動的發生，於今或不可免。」〔註68〕鄭氏的研究既論證了古史，也爲「借古治今」找到了理由。

從政治現實的角度看，苗漢同源實爲急迫現實的需要。實則比他們更早，一批國外研究已經有了關於苗的族源論說。1924 年，法國傳教士薩維納著《苗族史》，苗族的起源路線爲裏海和波斯灣之間，向東行，受阻於帕米爾高原，後至東北，經土耳其、西伯利亞、蒙古、陝西、河南，然後分散到西南各地。此爲典型的「苗族」西來說。〔註69〕此外還有日本關於苗族與印度支那關係之說，比如鳥居龍藏的調查研究。鳥居當時到中國西南進行人類學調查之前，就已經出過《有史以前的日本》一書，此書論說日本民族的構成要素中就有印度尼西亞與印度支那民族，而所謂印度支那族，是指華南地區漢化以前的居民，包括苗族系統的人。在《從人類學上看中國西南》一書的開頭，他提出臺灣高山族和中國西南的一部分苗族「在人類學上有沒有密切關係」的問題，此問題需要通過對苗族的實地調查來解決，這是他去旅行的主要目的。第二個目的是乘機到雲南、四川等地對散居的彝族等民族也作一些調查。所以，鳥居作調查時目的是欲解決苗族和高山族的關係問

〔註67〕 鄭振鐸：《湯禱篇》，見《鄭振鐸全集》（第 3 卷），石家莊：花山文藝出版社，1998 年。第 575 頁。

〔註68〕 同上。第 603 頁。

〔註69〕 〔法〕薩維納著，立人等譯：《苗族史》，貴陽：貴州大學出版社，2009 年。第 134 頁。

題。〔註 70〕在後來撰寫的《苗族調查報告》一書中，鳥居著重記述了苗族在外貌、體質、語言及其文化方面與印度支那居民相類似的許多例證，也就是對日本民族構成要素中的印度支那民族的要素展開來分析比較。在苗族「土俗」中，鳥居說，苗族土俗上之事實，頗類似於古代漢族及現今印度支那諸民族，尤以後者為多，此非偶然之符合，蓋有民族間之相互關係可以證明也。〔註 71〕

　　擴展開來，為什麼要追溯夷族〔註 72〕的族源，是因為關於夷族的來源，日、英、法學界都有他們的說法，日本論者認為：大和民族是由南洋來的，夷族也是由南洋來的，同時南洋來的，彼此應親近。英國論者認為：夷族是西藏族之別支，係由前藏移來；法國論者認為：海外九支，海內三支，海外是洋人，海內就是番夷。我們同一祖宗，夷人常歡迎洋人幫忙，信奉洋人宗教。以上說法，顯然各有用心。〔註 73〕因此，我們可以看到，在識別夷族的過程中，處於當時的語境下，實際上一直滲透著一種認同的思想。中國學者認識到，如何重新論證苗族之來源問題變得至關重要，顯然，論證結果為與漢族「同源」更為重要。

　　值得注意的是，在上述討論中，梁聚五所說的苗夷民族的概念幾乎可以囊括西南民族。而凌純聲在《湘西苗族調查報告》中的苗夷民族，是指狹義的苗（真正的苗或稱純苗）。〔註 74〕但是，這些都未成為他們作為論爭的焦點，在某種意義上說，無論廣義還是狹義的苗，與漢同源，才是學者們思考的重點所在。因此，我們總會在各類考源中看到性質相同的結論。其實，關於族源考查方法，當時學者談到的遠不止這些，但論證方法都涉及到傳統文獻。

〔註 70〕〔日〕大林太良著，黃才貴譯：《到中國的少數民族地區去》中的「解說」，貴州民族研究（季刊），1994 年第 1 期。

〔註 71〕〔日〕鳥居龍藏著，國立編譯館譯：《苗族調查報告》（1903），貴陽：貴州大學出版社，2009 年。第 261 頁。

〔註 72〕關於西南民族的表述，當時也用「夷族」作為西南民族的統稱。有時又用「夷苗」作為統稱，有時僅用「夷族」來指「彝族」。當時的用法並不統一。

〔註 73〕安成：《西南夷族不是中國土著民族嗎？》，《新夷族》，1936 年第 1 卷第 1 期。

〔註 74〕凌純聲、芮逸夫：《湘西苗族調查報告》，中央研究院歷史語言研究所單刊甲種之十八（上），1947 年。第 1 頁。

民國西南邊危圖〔註75〕

　　有時候，即便是血統來源，研究者也利用傳統文獻來推測。在《麼些民族考》中，方國瑜對西南 naci 一族詞源進行了考查，認為其稱謂「當與漢人頻繁接觸後，因為naci 的意思為『黑人』或『黑族』，應是與漢人膚色對比後的稱謂。因此，從前的『麼些』為野蠻時代之名稱，而 naci 則為已開化時代之名稱。對於族之名稱問題，方國瑜認為太『繁夥』，名稱代表文化集團，而西南實由一血統民族，以血統言之，今日西南民族中，鮮有不混合者，眾族之漢文化程度有差異，亦即漢族血液多寡之差異，名號無存在之必要，想必有一日西南民族之眾名盡歸於消失也。」〔註76〕最後一句，可看出作者論說的真正目的。

　　王明珂認為，中國史學界流行的溯源問題已被學者們從語言學、考古學、歷史學等方面進行研究。〔註77〕在民族誌調查中，這些方法都被不同程度地運用。如語言學被認為具有客觀科學的證據，在溯源中很多人都會由此下手。吳宗濟在《拼音文字與西南邊民教育》一文中，認為本部與邊地聯繫的鏈子是「同語系」。甚至西南各省的五花八門的民族，無論語言分歧到怎樣，裝束

〔註75〕張其昀監修，程光裕、徐聖謨主編：《中國歷史地圖》，中國文化大學，1984年。
〔註76〕方國瑜：《麼些民族考》，《民族學研究集刊》，1944 年第 4 期。
〔註77〕王明珂：《華夏邊緣：歷史記憶與族群認同》，北京：社會科學文獻出版社，2006 年。第 35～44 頁。

不同到怎樣，一提起語言來，大部分仍和漢族同一系統。這系統我們稱爲「印度支那語系」。因此更加強了西南民族和漢族的統一性。〔註78〕

　　而利用文化這一新術語來研究又推陳出新。董彥堂的《僰夷曆法考源》，考證了僰夷所用的是「佛曆」，將這「佛曆」與古代曆法相比後，董發現：僰曆是古之四分法、僰曆正月是秦之正朔、僰曆置閏同於秦曆。由此，僰夷民族的本原及其最初的根據地和僰夷原始民族和秦的關係值得考究。怎麼追述呢？僰夷自稱爲「臺」，而這正是「氐」的音變。在殷周之時，稱西方的異族爲氐羌，到了秦代則稱曰西戎。「氐」之原始根據地必在秦隴之南四川西北一帶。再考證秦與西戎的歷史關係，氐與秦人有混血無疑，因此氐與秦人關係親切。從歷史記載來看，秦之聲威及於西南。作者最後總結說：

　　　　就文化方面研究西南民族，只此一個小小的曆法問題，便可以推求出僰夷與秦相關，也可以見西南民族歷史的悠久。如能一一考其源流，則二千年來，爲漢人歧視的西南民族，安知不是二千年前，吾中華民族之支裔流派，同沐吾先民文化的一家人？英人史考特（T.George Scott）由體質與語言之觀點研究臺族與中國民族之關係云：臺族與中國民族之關係，似無問題。其在人形與特質方面，較在語言尤其顯著。（錄馬長壽譯文）史氏又稱臺語與中國語爲「姊妹語言」，我們現在由曆法上的證明，也可以說僰夷的文化與中國文化爲「兄弟文化」。〔註79〕

從「姊妹語言」到「兄弟文化」，皆爲殊途同歸的表述訴求。其中，英人史考特（T.George Scott）的觀點因爲跟中國理想的論證結論相符合，被當時眾多學者引用。

　　主張西南不要再分民族的張廷休，在《再論夷漢同源》一文中也從夷漢語言的同源、神話與傳說的同源、夷漢在體質上的同源、夷漢的混合四個方面進行論說。〔註80〕夷漢同族到底有多少證據？安成從體貌、語言文字、畏天敬祖、傳說、曆法和服飾等五個方面來進行論證，認爲其與漢族文化習俗非常相同。〔註81〕劉錫蕃的《嶺表紀蠻》（第二十八章）算是大全。劉認爲，漢蠻之不同，是由於「進化之先後」與「環境之善惡」，即從時間與空間上找

〔註78〕吳宗濟：《拼音文字與西南邊民教育》，《西南邊疆》，1938 年第 1 期。
〔註79〕董彥堂：《僰夷曆法考源》，《西南邊疆》，1938 年第 3 期。
〔註80〕張廷休：《再論夷漢同源》，《西南邊疆》，1938 年第 6 期。
〔註81〕安成：《西南夷族不是中國土著民族嗎？》，《新夷族》，1936 年第 1 卷第 1 期。

到了「蠻人」落後的證據，進而作者又用達爾文的觀點「生活狀態，能直接影響於身體構造之發達，且其效力能及於遺傳」而論證之。而一部分同化之苗玀獠猺各族，則完全與漢人一樣，無論何人，不能指出何種特異之區別，此即可爲例證。然後，作者選取了「漢蠻同族之十大證據」專門進行分析：姓氏、干支、言語、家族村舍之組合、集會、祭典、歲節與婚俗、巫蠱、契券、史事。〔註82〕現在看來，這些證據大都以一概十，以偏概全，充斥著調查者的主觀見解。

可見，族源考證成爲中國早期民族誌調查的首要之項，其重要性可見一斑。而神話傳說的祖源追溯，實際上加固了族源考證的力量。神話傳說來源於田野調查，歷史文獻的「前田野（文獻田野）」工作結合田野「口述史」的實地調查，牢固地構建了西南少數民族的歷史。同時，這樣的研究也成爲中國新史研究的添加與增補。

第三節　歷史・民族史・民族誌

1. 民族史：借民族學表述的中國歷史

民國時期，由於民族問題的重要，中國歷史的研究，有時也變成了中國民族史的研究。梁啓超的《中國歷史研究法》可見一斑。梁認爲，「中國史之主」如下：

> 第一，說明中國民族成立發展之迹而推求其所以能保存盛大之故，且察其有無衰敗之征。
>
> 第二，說明歷史上曾活動於中國境內者幾何族，我族與他族調和衝突之迹何如？其所產生結果何如？
>
> 第三，說明中國民族所產文化以何爲基本，其與世界他部分文化相互之影響何如？
>
> 第四，說明中國民族在人類全體上之位置及其特徵，與其將來對於人類所應負之責任。遵斯軌也，庶可語於史矣。〔註83〕

梁啓超先生的歷史研究，一直與「民族」問題緊密聯繫。1905 年，梁

〔註82〕劉錫蕃：《嶺表紀蠻》（1934），臺北：南天書局，1987 年。第 263 頁。
〔註83〕梁啓超：《中國歷史研究法》，上海：古籍出版社，1998 年。第 6 頁。

氏就發表了《歷史上中國民族之觀察》。1921 年秋，梁又在天津南開大學作關於歷史研究方法演講，並於 1923 年出書發行《中國歷史研究法》，民族問題在其歷史研究中之重要地位突顯。該書從首次出版至 1947 年共印了七版，〔註 84〕可見影響之大。雖然，梁氏主要針對中國歷史研究法，但在上述問題如「中國境內者幾何族」、「我族與他族調和衝突之迹何如」的追問中，卻重在關注民族問題。中國歷史研究，變成了中國民族史研究。

　　在 20 世紀早期，民族誌有時也被用作民族史。早在梁啓超發表《新史學》的 1903 年，劉師培已寫成《中國民族誌》。《中國民族誌》是一本什麼樣的書呢？如果說鳥居龍藏的《人種誌》是介紹世界各民族的分佈、體質類型、人口、語言及風俗等情況的話，〔註 85〕那麼劉師培的《中國民族誌》是否就是介紹中國各民族的分佈、體質類型、人口、語言及風俗呢？如前文（第二章第二節）所述，劉氏的《中國民族誌》僅是 ethnology。在書裏，劉認為，「民族者，由同血統之家族化合不同血統之異族而成一團體者也。」劉師培說明著作《中國民族誌》的原因：「吾觀歐洲當十九世紀之時，為民族主義時代。希臘離土而建邦，意人排奧而立國，即愛爾蘭之屬英者，今起而爭自治之權矣。吾漢族之民，其亦知之否耶？作民族誌。」劉作民族誌的心情是急迫的，但仔細分析其書中的「民族」又有著特定的內涵。此書雖然記述的是中國歷史上各民族的基本分佈、發展與興衰等，卻更像是一本民族史尤其是漢民族史的著作，全書以漢族作為全書的主線，將漢族與各民族之間的關係脈絡進行了概述。在「論本書大旨」中，劉師培說明該書是「以漢族為主，而以他族為客」，並把中國歷史上的民族關係分為：四個「漢族界線之擴張」時期、五個「異族勢力之侵入」時期、「漢族與異族之混合」三大板塊。〔註 86〕民族誌實質是民族史。在這裡，志即為史，而且是國史。在這個層面上，其承接的是章學誠「四方之志，是一國之全史也。」〔註 87〕劉實際上是借用了「民族誌」這一西學術語，來書寫中國的民族史。

〔註 84〕 梁啓超撰，湯志鈞導讀：《中國歷史研究法》，上海：古籍出版社，1998 年。第 17 頁。

〔註 85〕 王建民：《中國民族學史》（上卷），昆明：雲南教育出版社，1997 年。第 76 頁。

〔註 86〕 劉師培：《中國民族誌》，見蔡元培、錢玄同：《劉申叔遺書》（上），南京：江蘇古籍出版社，1936 年。

〔註 87〕 章學誠著，葉瑛校注：《文史通義校注》，北京：中華書局，1985 年。第 571 頁。

　　更有甚者，當時，在一些知識分子眼中，民族史的民族，指的就是漢族，如劉師培。劉「曾著《攘書》以排滿復漢，更撰《中國民族誌》而倡民族主義。」〔註88〕劉氏曾寫過《漢人之稱所自來》，稱「今世稱中國人爲漢人，習古言也，自古已然」。〔註89〕關於中國民族起源的追溯中，劉師培在《皇帝紀年論》中說：「黃帝者，爲四百兆漢族之鼻祖，乃製造文明之第一人，而開四千年之化者。近世以降，若康梁輩，漸知中國紀年之非，思以孔子紀年代之。吾謂不然。蓋康梁以保教爲宗旨，故用孔子降生爲紀年；吾輩以保種爲宗旨，故用皇帝降生爲紀年。」保種之目的，當「欲保漢族之生存」，「以之紀年，可以發漢族民族之感覺。」〔註90〕可見，正如梁啓超所言，劉師培類的反滿立漢思想不過是「小民族主義」，〔註91〕而《中國民族誌》正是他漢滿種界之辨思想的體現。

　　劉師培的思想主張，還可以從當時他對「中國文明西來說」的認同進行分析。關於中國文明的起源問題，最初討論的並不是中國學者，西方學者和日本學者作了很多考釋，形成了文明起源的多種說法，主要有埃及說、巴比倫說、印度說、中亞說。在這幾種學說中，引起當時中國知識分子最大興趣的是文明西來說。〔註92〕但上述的幾種論說在尋找證據的時候都是通過與中國漢民族，特別是漢民族文字的類比得出的結論。此種結論現在看來確實有些證據不足，因爲其無視中國是由多民族構成的社會現實。事實上，中國的滿、蒙、藏、維吾爾等民族都有自己的文字。之所以主張文明西來說，跟當時知識分子的民族意識有很大關係。以劉師培爲例，其民族意識既有西方近代民族主義的因素，又有中國固有的「華夷之辨」觀念，呈現出中西交匯的

〔註88〕劉師培：《中國民族誌》，芮逸夫序。中國民族學會，1962年。

〔註89〕劉師培：《漢人之稱所自來》。李妙根選編：《國粹與西化——劉師培文選》，上海：遠東出版社，1996年。第139頁。

〔註90〕劉師培：《皇帝紀年論》。汪宇編：《劉師培學術文化散文》，北京：中國青年出版社，1999年。第222頁。

〔註91〕梁啓超：《飲冰室合集·文集》（13卷），北京：中華書局，1989年。第73～76頁。

〔註92〕參見陳星燦：《中國史前考古學史研究（1895～1949）》，北京：三聯書店，1997年。中國人種、文明自西而來，巴比倫是發源地的核心觀點，對劉師培、章太炎、梁啓超的影響較大。主要體現在英國拉克伯里（Terrien De Lacouperie, 1844～1894）的《Western Origin of the Early Chinese Civilization from 2300 B.C.to 200 A.D.》與《Traditions of Babylonia in Early Chinese Documents》兩部著作中。

特色。前者體現在認同漢族同樣具有歐洲民族的「種姓」，完全有能力在優勝劣敗的種族生存競爭中取得勝利；後者體現在以「夷族劣而漢族優」爲藉口，以「物競天擇，適者生存」爲依據，強化的是「排滿建國」的合理性。〔註93〕

　　同樣在1903年，以種姓論的方式論說漢族在歷史上的權威地位，極端地體現在章炳麟的《訄書》（重訂本）中，《序種姓》宣告以繼承王夫之的反滿思想爲職志，希望保持漢種獨貴，不可使「異類」攘奪政權。《序種姓》的核心思想，就是要辨明「夷族」和漢族姓氏的根源，使之流別昭彰，不得互相混淆。「對於巴、褻、賨、蜑弔詭之族，或分於楚、越，亦與諸華甥舅，宜稍優游之，爲定差等，勿使自外。獨有滿洲與新徒塞內諸蒙古，……視之若日本之視蝦夷，則可也。」〔註94〕並提出「歷史民族」的概念，以區別於「本使然」之天然民族。〔註95〕章氏的漢族中心意識使其它民族要麼被極端地排除，要麼被視之爲次等級。

　　試圖以「漢族」替代「民族」的旨意也體現在其後學者所著的民族史中。利用中國的歷史文獻，在民國時期特別是30～40年代，產生了一批以「中華民族」或「中國民族」命名的民族史，這批融和了西學方法的史書爲國族建構提供了「較爲完整的相關知識系統」。〔註96〕這些史書如：常乃德的《中華民族小史》（1928），張其昀的《中國民族誌》（1928），王桐齡的《中華民族史》（1934），呂思勉的《中國民族史》（1933）、《中國民族演進史》（1934），郭維屏的《中華民族發展史》（1936）、林惠祥的《中國民族史》（1941）、李廣平的《中華民族發展史》（1941）、張旭光的《中華民族發展史綱》（1942）、俞劍華的《中華民族史》（1944）等。

　　著者們對民族史的表述不盡相同，但表述的重點大體都是以漢民族爲中心，融合其它各民族而成中華民族或中國民族。在論證的過程中，重點在於如何由「異」而「同」。具體論證模式爲：第一，血統混雜，無突出之「異」。如呂思勉謂：一國之民族，不宜過雜，亦不宜過純。過雜則統理爲難，過純

〔註93〕李帆：《西方近代民族觀念和「華夷之辨」的交匯——再論劉師培對拉克伯里「中國人種、文明西來說」的接受與闡發》，《北京師範大學學報》，2008年第2期。

〔註94〕章炳麟：《訄書》，瀋陽：遼寧人民出版社，1994年。第94頁。

〔註95〕同上。第64頁。

〔註96〕黃興濤：《民族自覺與符號認同：「中華民族」觀念萌生與確立的歷史考察》，《中國社會科學評論》（香港），2002年2月創刊號。

則改進不易。惟我中華，合極錯雜之族以成國。而其中之漢族，人口最多，開明最早，文化最高，自然爲立國之主體，而爲他族所仰望。而其民族性自不虞漸滅，用克兼容並包，同仁一視；所吸合之民族愈眾，斯國家之疆域愈恢；載祀數千，巍然以大國立於東亞。斯固並世之所無，抑亦往史之所獨也。〔註 97〕王桐齡表述爲：實則中國民族本爲混合體，無純粹之漢族，亦無純粹之滿人。〔註 98〕林惠祥之「今日之漢族實爲各族所共同構成，不能自詡爲古華夏系之純種，而排斥其它各族」〔註 99〕表達的都是同樣的意思。第二，漢族爲主，異族同化。呂思勉說，《中庸》「車同軌，書同文，行同倫」是最表現得出我們民族形成的情形的；而亦即是我們民族所以能形成的原因。「車同軌」是表示政治的統一的。因爲交通也是一種政治。「書同文」表示語言的統一。現在許多人，都說中國語言不統一，比不上外國，是非常荒謬的。說這話的人，忘掉中國有多大。中國本部之大，略＝歐洲－俄羅斯。他們的語言，共有幾種？中國則只有一種，不過因地方廣大，發音不甚一致而已。這實在算不得什麼歧義。〔註 100〕「行同倫」是代表風俗和信仰的統一的，中國的風俗與信仰是否統一，呂思勉並不敢肯定地說，所以只說，「一個民族，信仰，風俗，都不宜走於一極端。」〔註 101〕以上所論體現出傳統的中原史觀。在談到中國民族怎樣演進的時候，呂思勉認爲，過去數千年的民族，被同化於中國的，已不知凡幾；而此項作用，現在還在進行；將來很有把這一區域內的民族，陶鑄爲一的希望。說到本部的西南各山嶺崎嶇之地時，呂認爲，雖有苗、粵、濮三族雜居，然以地形論，不能自成一區。所以這諸族，在很早的時期，就成爲中國國內的雜居——非國外對立的民族。其同化，總是遲早問題。〔註 102〕張其昀於民國十七年撰寫的《中國民族誌》與劉師培同出一撤，第一章即爲「中華民族發展史」，其在「中華民族同化之次序」中謂「漢族爲二千年來同化他族之主體」。並說，中國自秦漢以來，向以一個民族造成一個

〔註 97〕呂思勉：《中國民族史》，見呂思勉：《中國民族史兩種》，上海：古籍出版社，2011 年。第 10 頁。

〔註 98〕王桐齡：《中國民族史》（序），文化學社，1934 年。

〔註 99〕林惠祥：《中國民族史》（上），北京：商務印書館，1934 年。第 40 頁。

〔註 100〕呂思勉：《中國民族史》，見呂思勉：《中國民族史兩種》，上海：古籍出版社，2011 年。第 287 頁。

〔註 101〕同上。第 288 頁。

〔註 102〕呂思勉：《中國民族演進史》，見呂思勉：《中國民族史兩種》，上海：古籍出版社，2011 年。第 271～288 頁。

國家。東西洋各國常有一個民族分屬於幾個國家者，或一個國家之內包容數個民族者。故在外國，言民族與國家者，往往有別，而在中國則民族即國家，國家即民族，此實中華民族之特色也。其書的第五章為「原始民族之開化運動」，論說了西南諸族和東北森林地帶諸小民族及其開化問題。〔註103〕

呂思勉的《中國民族史》也承認中國境內不止漢族，還有匈奴、鮮卑、丁令、貉族、肅慎、苗族、粵族、濮族、羌族、藏族等。在《中國民族演進史》中，他認為，民族是民族，國族是國族，二者是不能混淆的。但是，在「中國民族的起源」問題上，又說：開化較晚的民族，或可借助於開化較早的民族的歷史，以說明其起源。〔註104〕中國民族是怎樣形成的呢？呂氏列舉了中國的黃帝譜系，認為中國境內，皆黃帝子孫。而南方民族譜系，與三苗之國有關，「三苗亦姜姓之國，……炎帝之後。」〔註105〕可見，在當時，所謂的「中國民族史」皆為漢族史。在進化觀及同化思想的影響下，中國知識界將中國傳統歷史與西方現代知識巧妙地結合，構建了一個新的中國「民族史」。

以上說明中國歷史研究如何借民族史來強調漢民族的歷史。在此問題的探討中，人類學視角與材料已經被借用來說明中國民族史的問題了。本章第一節也說到，在20世紀早期，作為西學民族學、人類學而來的民族誌，與正史、方志關係密切。在《中國民族演進史》中，呂思勉用到人類學家鳥居龍藏的調查報告，及人類學的演進派、傳播派等觀點。〔註106〕在《中國民族史》中，呂氏也用了很多文獻中的文化風俗材料來分析。如羌族濮族之別在於：濮族椎結，而羌族編髮、濮族耕田有邑聚，而羌族隨畜移徙。〔註107〕雖然呂氏大都用傳世文獻來證明民族的演進史，但是在西南少數民族部分，又寫到今之調查得來的事實，如：「今貴州男子，有娶苗女者，猶多為親族所歧視；甚至毀其宗祠。至漢女嫁苗男者，則可謂絕無矣。……今苗人疾病，猶不知醫，一聽於巫。俗謂其人能畜毒蠱，造蠱以害人，則未必有此事。」〔註108〕

〔註103〕張其昀：《中國民族誌》，上海：商務印書館，1928年。第1～52頁。
〔註104〕呂思勉：《中國民族演進史》，見呂思勉：《中國民族史兩種》，上海：古籍出版社，2008年。第271頁。
〔註105〕同上。第282～286頁。
〔註106〕同上。第272頁。
〔註107〕馬戎：《讀王桐齡〈中國民族史〉》，王桐齡《中國民族史》（1934），長春：吉林出版集團責任有限公司，2010年。
〔註108〕呂思勉：《中國民族史》，見呂思勉：《中國民族史兩種》，上海：古籍出版社，2008年。第184～185頁。

此類寫法，似乎有民族誌之特點，但未見作者標注調查材料來源。

另外，本章第一節也列舉了李泰棻民國修方志的問題，「新史學」的範圍也包括新方志與民族誌。以上都說明，無論是中國新的民族史還是方志，民族誌作爲其中一部分，其作用之一在於增補中國新的歷史。

2. 民族誌：進化論中的線性歷史

民族誌在溯源問題上，遵循的是梁啓超《新史學》中的「歷史者，敘述進化之現象也」。進化論成爲溯源之理論，而時間問題則貫穿始終，這種時間大多是一種直線時間（linear time）而非當地的時間（local times）觀念。

在關於「我者」與「他者」的時間關係中，西方學術界提到，「他者」自己的歷史不是被忽略，就是被「我們」所利用，從而得不到眞正的呈現。如費邊（Fabian）認爲，「他者」被排除於「我們的」歷史之外，放置在一個完全不同的時間裏；〔註 109〕沃爾夫（Eric Wolf）也說，雖然有些社會對時間有不同的概念，可是顯然沒有任何社會是在歷史之外的；〔註 110〕克斯汀·海斯翠普（Kirsten Hastrup）強調，「他們」不應該只是因爲被牽扯進我們的歷史才被歷史所承認，應該讓他們有自己的歷史。〔註 111〕在西南民族誌的表述中，這種關於「他者」與「歷史」的關係表現爲：「他者」的歷史被編製進了「我們」的歷史之中。另外，費邊（JohannesFabian）在《時間與他者》（1983）中，通過社會人類學表述中的「時間和時態」，來對進化論以來人類學各學派加以重新思考。他認爲，功能主義以前的人類學總用「過去時」來討論非西方文化，把非西方文化當成西方文化以前的歷史；而功能主義之後的人類學則把非西方文化當成「沒有歷史的文化」，似乎只有西方文化才有歷史。〔註 112〕

民國時期的西南民族誌同時具備了費邊所言的兩種歷史特徵。林耀華的《涼山夷家》、田汝康的《芒市邊民的擺》、許烺光的《祖蔭下》、費孝通的《祿

〔註 109〕Fabian, Johannes. *Time and the Other: How Anthropology Makes its Object*. New York: Columbia University Press, 1983.

〔註 110〕Eric Wolf: *Europe and the people without history*, Berkeley: University of California, Press, 1982.

〔註 111〕〔丹麥〕克斯汀·海斯翠普（Kirsten Hastrup）編，賈士蘅譯：《他者的歷史：社會人類學與歷史製作》，北京：中國人民大學出版社，2010 年。導論。第 2 頁。

〔註 112〕王銘銘：《西方人類學思潮十講》，桂林：廣西師範大學出版社，2005 年。第 149 頁。

村農田》（1943）等受功能主義影響的民族誌文本，是無法納入溯源研究的，在結構上，也未見族屬來源的篇章。在功能主義看來，「現在」社會形態更重要。因爲這個特點，也被後來的一些學者稱之爲「北派」，即以燕京大學社會學系爲基礎，以吳文藻爲首的人類學家社會學家們爲代表。〔註 113〕不過，上述文本並不追溯調查對象的歷史，是因爲功能主義的學術規範之因，並不證明他們不重視歷史。在民族誌文本之外的表述可以看出，他們尤其關注少數民族與漢族的歷史關係。比如，撰寫《涼山夷家》的林耀華先生在《邊疆研究的途徑》中談道：

> 所謂歷史包括歷代的記載和民間的口傳。從歷史事實，我們得悉區域內發展的過程。我們可以探求什麼民族在什麼時代居住什麼地方，這民族有沒有移居遷徙，移居時移到什麼區域，因爲什麼緣故移居，移居之後怎樣調適或控制新的環境，發生何等樣文化，這文化經時多久，這民族有沒有和外族接觸，有沒有引用外族文化，或和外族衝突，衝突之後，哪個民族得勝，哪個民族失敗，被侵略者是否被迫同化，抑或被驅境外，另行遷移其他區域，重新建造起來。這些問題應當反覆追問，精細檢討。〔註 114〕

林耀華先生列舉，西南的歷史狀況未曾經過詳細的研討和分析，但是由於正史和方志等的記載，我們略知這些民族情形以及他們和漢族的關係。林先生追溯了大約漢族向南發展的幾個時期。追溯這些有什麼用呢？有了這些部分之後，林先生馬上進入了功能主義的社會觀察：史地情形的敘述和分析要詳細精確，使民族或人群團體間的生活狀況、交通情形、衝突鬥爭、分佈狀態等，能夠一一表現出來。有了史地之後，即應劃分區域，民族或團體，以作分頭的考察和研究。〔註 115〕林先生關注少數民族歷史，還是爲了重建中國正史。

　　本書更要重點討論在民族誌撰寫中也融入歷史的「南派」。此處所討論的南派，是以 20 世紀 30 年代在南京的中央研究院民族學組以及南方的一些大學的人類學者們爲代表。「他們接受了早期進化學派的一些觀點，但更多地受後來的美國歷史學派的影響，並與中國傳統的歷史考據方法相結合。他們認

〔註113〕黃淑聘、龔佩華：《文化人類學理論方法研究》，廣州：廣東高等教育出版社，1996 年。第 420 頁。
〔註114〕林耀華：《邊疆研究的途徑》，《邊政公論》，1943 年第 2 卷第 1～2 期。
〔註115〕同上。

為中華民族文化也有進化的過程，提出應研究中華民族的文化歷史的主張，而人類學方法正是重建中華民族文化史所必需。」〔註116〕如淩純聲在實地考察的方法中論及，「怎樣對付土人」？要「眞正的同情」。同情如何表達呢？

> 一是告訴他們，我們的祖先即爲你們現在這樣的生活，這樣他們便可以「自願說出兩種文化的相同點和相異點」；二是將他們以上等人相待。因爲「雖然他是受制於某種環境，文化的階段及其他情形，以致形成他的生活和思想，這種事文明人的祖先大半都經歷過，不過現在已成過去了。」〔註117〕

在這裡，淩先生明確表達了我們就是文明人，他們就是我們的過去的「同祖同源」的思想。歷史學界的桑兵說：人類學者在處理歷史問題時，常常會將調查材料直接作爲史料來運用，或是以調查的體驗作爲理解史料的鑰匙，其假設前提，無疑是認爲下層社會的變動比較緩慢，可以長時間爲衡量單位，或者所關注的多屬文化風俗，本來就沒有什麼變化。〔註118〕此說法有一定道理。即土著的歷史，大部分被看作靜止的歷史。這種歷史被放置於「我們」的過去，成爲我們歷史的一部分。這種觀點就體現在淩純聲的上述調查指導中。

在關於神話的分析中，也同樣蘊含著歷史的進化觀。林惠祥在《神話論》中認爲，神話中的野蠻怪誕的要素可以說是古時野蠻祖先的遺物，而這種祖先的智慧程度是和現在的澳洲人、布須曼人、印第安人、安達曼島人等相近的……蠻族人也和文明人一樣富於好奇心而喜歡知曉事物的原因，可惜他們的注意力卻不足，他們急於要知曉現象的原因，只要有一條說明便滿意了。他們的知識基礎既薄弱，所產生的意見自然常是錯誤的。〔註119〕這種觀點即爲泰勒所言的「殘存」（survival）概念，「現實中殘存著無意義的習慣，它們在當時曾經具有實用意義，至少爲了禮儀性的目的而曾爲人們遵守，但當它被移植到新的社會後，由於完全喪失了其原先的意義，於是就成了無聊的舊習……可是根據這種或那種習慣的原來所擁有的、但在今天已經喪失了的意

〔註116〕黃淑聘、龔佩華：《文化人類學理論方法研究》，廣州：廣東高等教育出版社，1996 年。第 420 頁。
〔註117〕淩純聲、林耀華：《20 世紀中國人類學民族學研究方法與方法論》，北京：民族出版社，2004 年。第 5 頁。
〔註118〕桑兵：《晚清民國的學人與學術》，北京：中華書局，2008 年。第 124 頁。
〔註119〕林惠祥：《神話論》，上海：商務印書館，1933 年。第 13～16 頁。

義，我們能夠解釋用其他方法所不能洞察其意的、一直被認為是完全不可思議的諸習慣。」〔註120〕通過追溯少數族群「殘存」的文化遺留之物，正可以重建一種適用於現在的進化中國史觀。

　　這種「借古言今」的方法表現在馬長壽先生關於涼山羅夷的考察報告中。馬氏在「涼山羅彝」之《創世經書》神話中，找到了本地「荒古史中一進化之觀念」，在「羅彝古史鈎沈」一章中，馬說：

　　　　創世史中，雯治子十二變化，略述人類進化之歷程。古彝語謂人不曰「楚」而曰「舉」，言「脊」，言人之脊椎。人類進化以脊椎進化為其特質，其為義至為新穎……舉成為有生之倫之共名。以雯治十二種變化神話之本體言，雯治可變為動物，亦可變為人，唯人則須經幾種歷程始能成為完型之人，其同源而異流，人類乃修積而至之意，至明無待贅言。〔註121〕

作者仔細分析了《創世經書》有關「猴」的一些說法，再列舉了羅彝關於猴之傳說。指出羅彝心理有進化之觀念，並說，此觀念「始由於遠古時代所遺留之由猴變人與人與其他生物齊觀等說以形成之。今之科學家盛昌『生物進化』與「人猿同源」之說，而羅彝神話彷彿尚能暗示其端倪一二於此。其由原始民族去古未遠，荒古陬莽之情，尚易回憶其什一，抑偶有相合耶？志於此，以待生物學家之參考。」〔註122〕作者在羅彝的本族文本中驚喜地發現其「進化之觀念」，正契合了他所期望的羅彝之進化觀，並將其視為具有現代科學之特性。

　　本節最後再考查一下 ethnohistory（民族史）的來源。「ethnography」被翻成「民族誌」與「ethnohistory」被翻成「民族史」，都有著同樣的緣由，即前文所言，不僅因為「民」與「族」本身所指代的人群概念內涵，還因為「民族」一詞契合了當時的社會需要與知識分子的政治訴求。然而，在北美，ethnohistory 起初是民族學（ethnology）研究中的一支。按 WilliamC.Sturtevan 的說法，民族史「通常是為人類學家所研究的族群的歷史」，〔註123〕因為涉及

〔註120〕〔英〕愛德華·泰勒著，連樹聲譯：《原始文化》（1871），上海：上海文藝出版社，1992年。第98～99頁。
〔註121〕馬長壽：《涼山羅彝考察報告》，成都：巴蜀書社，2006年。第151頁。
〔註122〕同上。第153頁。
〔註123〕Sturtevant, WilliamC. "*Anthropology, History,and Ethnohistory*", Ethnohistory（13）. 1966, p.1～51.轉引自莊孔韶著：《行旅悟道——人類學的思路與表現實踐》，北

到史學，民族史究竟屬於什麼學科並沒有在學界取得一致的看法。〔註124〕民族史是一個在人類學與歷史學之間徘徊的學科。但是在中國20世紀早期，民族史卻偏向歷史（而且是正史），最終成爲主體民族撰寫並強調主體民族的歷史。在表述除主體民族之外各族歷史之時，並不從人類學的角度來撰寫「他者的歷史」，從而，其餘各族（他者）的歷史，成爲主體民族（漢族）歷史的一部分。在「時間」的觀念上，他者的歷史也融入當時所謂「進化論」的線性時間軌道上。這一觀念也被人類學民族誌借用。

的確，與之前相比，西南民族從未被如此重視過，如呂思勉等學者，利用當時的民族調查資料，將苗族歷史作爲重點寫進了「民族史」，但在當時民族史更像是正史的情況下，即主要撰寫「我族」歷史的情況下，便消退了在撰寫他者民族時所應當具有的「他者」眼光。

在認識中國歷史的問題上，「民族史」佔據著重要位置。在《湘西苗族調查報告》中，呂思勉的《中國民族史》作爲參考文獻，在苗史溯源中被引用。〔註125〕同樣，在這之前的《松花江下游的赫哲族》、梁啓超的《中國歷史上民族之研究》、王桐齡的《中國民族史》、張其昀的《中國民族誌》等〔註126〕也被凌純聲先生引入調查報告。總之，借用民族學方法重建中華民族文化歷史的學術思想，〔註127〕是民族學研究的目的之一。而民族史作爲新文類，也作爲中國民族誌中歷史書寫的一部分，成爲當時認知中國新知的來源之一。

第四節 「科學民族誌」與溯源研究

1. 溯源研究中的科學討論

雖然當代學者將20世紀早期的民族調查稱之爲民族學、人類學的民族

京：北京大學出版社，2009年。第320頁。

〔註124〕王明珂：《臺灣地區近五十年來的中國西南民族史研究》，載徐正光、黃應貴主編：《人類學在臺灣的發展》，中央研究院民族學研究所，1999年。第302頁。

〔註125〕凌純聲、芮逸夫：《湘西苗族調查報告》，中央研究院歷史語言研究所單刊甲種之十八，1947年。第6頁。

〔註126〕凌純聲：《松花江下游的赫哲族》（1934），中央研究院歷史語言研究所專刊甲種第14號，臺北：中央研究院歷史語言研究所。1991年。第1頁。

〔註127〕龍平平：《舊中國民族學的理論流派》載《中國民族歷史與文化》，北京：中央民族學院出版社，1988年。第191頁。

誌進行研究，但能被當時學人稱之爲「民族誌」的卻極少。據筆者檢索，僅凌純聲先生的《松花江下游的赫哲族》及與芮逸夫合著的《湘西苗族調查報告》被作如是稱。〔註128〕一是1934年《圖書季刊》介紹新書《松花江下游的赫哲族》：「這書雖屬於民族學中偏於記錄的民族誌（ethnography），然而對於古代記載的參證，以及歐西人對於東北民族研究的見解，都加以很公允的論斷。」〔註129〕另外是1948年，胡慶鈞對《湘西苗族調查報告》的書評：「這是一本可以稱爲民族誌（ethnography）的煌煌大著，全書447頁，共十二章。」〔註130〕而對其民族誌的科學性，只針對《湘西苗族調查報告》這樣說道：

> 從這本厚厚的報告裏我們不只是得到很豐富的材料，而且可以看出它所表現的方法，這方法是多元的，舉凡歷史、地理、考古、工藝、宗教、語言等，各種科學的訓練都在這裡兼容並蓄，交織其中……〔註131〕

眞正將上述文本稱之爲「科學民族誌」，已經是20世紀後期的事了。凌純聲的《松花江下游的赫哲族》，在李亦園先生看來，堪稱第一本完整的科學民族誌書，也是繼1922年B.Malinowski出版《西太平洋航海者》（*The Argonauts of the Western Pacific*）之後至1935年間，全球人類學致力於基本民族誌資料搜集與著述期中，重要的民族誌書之一，而在國內也長久是民族學田野研究的範本。〔註132〕跟隨贊同者眾多，如學者祈慶福也認爲，凌純聲等人的民族誌調查可被奉爲中國的經典民族誌。〔註133〕王建民說，他享有這樣的殊榮，與當時提倡實地調查和革新學術研究範式的歷史要求相關聯。〔註134〕質疑商権者也有，如臺灣學者何翠萍、黃應貴等人。其質疑的

〔註128〕 筆者檢索民國時期期刊資料，除發現凌氏的兩本外，其它運用功能主義調查文本如林耀華《涼山夷家》、田汝康《芒市邊民的擺》，或調查大全的劉錫蕃《嶺表紀蠻》都未有「民族誌」一說。

〔註129〕 作者不詳：《新書介紹：〈松花江下游的赫哲族〉》，《圖書季刊》，1934年，第1卷第4期第57頁。

〔註130〕 胡慶鈞：《湘西苗族調查報告》（書評），《邊政公論》，第1948年第7卷第3期。

〔註131〕 同上。

〔註132〕 李亦園：《凌純聲先生的民族學》，王汎森、杜正勝：《新學術之路：中央研究院歷史語言研究所七十週年紀念文集》，臺北：中央研究院歷史語言研究所，1998年。第739頁。

〔註133〕 祁慶富：《凌純聲和他的〈松花江下游的赫哲族〉》，《中南民族大學學報》，2004年第6期。

〔註134〕 王建民：《中國民族學史》（上），昆明：雲南教育出版社，1997年。第391

重點都放在用古籍資料來進行溯源考證的科學性問題上。關於溯源研究的目
的，論者眾多，如王明珂總結，顧頡剛等古史辨派學者所掀起的中國古史之
爭，一方面顯示，「科學理性」使得部分中國學者已無法接受傳統中國史料
中的古史之說；另一方面，激烈的爭辯顯示，站在駁斥與維護古史立場之雙
方都對此歷史「起源」有深度關懷。在此情境下，凌純聲的《松花江下游的
赫哲族》與《湘西苗族調查報告》等都有借用歷史學將異己納為國族同胞的
溯源行為。〔註 135〕黃應貴認為《松花江下游的赫哲族》還是重在解決中國
上古史問題。〔註 136〕另外，臺灣大學學者謝世忠也曾撰文論說，芮逸夫先
生一生都有在其學術研究中構建「中華民族」的企圖。〔註 137〕

　　對溯源科學性的質疑，主要體現在臺灣學者何翠萍的討論中。何氏列舉
凌純聲為赫哲生活留下的記錄時強調：「因為研究民族學的人在研究一民族
時，對於所見所聞，都要很忠實的記錄，既不能如文學家的做小說，可以憑
空懸想；也不能如史學家的修史，必須考證事迹。」何認為，其說法很符合
當時社會及知識界在五四運動之後所標榜的求真、求實、求辯的科學精神。
但何質疑：為什麼一本如此強調科學性，而地點、族別都標示得如此明確的
赫哲專書，全書的各章節卻總是以包括整個中國的地理範圍、貫穿古今不同
民族的中國古籍開場？〔註 138〕何將《湘西苗族調查報告》一同納入分析，認
為凌純聲與芮逸夫先生對溯源的興趣，與其說是對異文化的研究，還不如說
是對自己的中國或中國古代邊疆史的研究。從文化上看，是當時人不自覺的
將「異己」與「己」間關係預設為同質，但有上下、尊卑、禮俗、文野的等
級秩序的文化概念。〔註 139〕

　　何的質疑最後還是回到了對溯源研究目的的討論上。本書受其質疑啟

頁。

〔註 135〕王明珂：《川西民俗調查記錄 1929》（導讀），黎光明、王元輝著，王明珂編
　　　　校導讀：《川西民俗調查記錄 1929》，臺北：中央研究院歷史語言研究所，2004
　　　　年。第 20 頁。

〔註 136〕黃應貴：《人類學的評論》，臺北：允晨文化，2002 年。第 299 頁。

〔註 137〕謝世忠：《類含與全述／典型與異型：芮氏中國民族誌的半世紀》，徐正光、
　　　　黃應貴主編：《人類學在臺灣的發展：回顧與展望》，中央研究院民族學研究
　　　　所，1999 年。第 319 頁。

〔註 138〕何翠萍：《從少數民族研究的幾個個案談「己」與「異己」的關係》，徐正光、
　　　　黃應貴主編：《人類學在臺灣的發展：回顧與展望》，臺北：中央研究院民族
　　　　學研究所，1999 年。第 367～369 頁。

〔註 139〕同上。第 370、373 頁。

發，想藉此討論，被現代學者認爲並不科學的溯源研究，爲何被正當地放入所謂規範、科學的民族誌中？當時學者是如何看待借用文獻求證的科學性問題的？

　　用現在標準看來並不科學的文獻考證，在當時學者看來可能並不如此。換句話說，遭遇現代社會及學科轉型時期的他們，既帶有傳統學術的糾纏，又顯示著現代學術的激進，使得其對「科學」概念的理解時而嚴謹，時而隨意、寬泛，可能希望「科學的東方學之正統在中國」〔註140〕的強烈願望，致使他們在對某些問題的解釋上，不自覺地向科學的含義靠攏。

2.「科學民族誌」在中國

　　據金觀濤考證，「科學」一詞是甲午後大量流日學生從日本帶回來的。最早是日本學者西周在 1874 年《明六雜誌》第二十二號《知說》一文中提及的，其意義是分科之學。中國最早在現在意義上使用「科學」一詞的，是康有爲 1897 年的《日本書目志》，其中有《科學之原理》和《科學入門》等書名。〔註141〕但這一用法並不普及。在這之前，甚至直至 1902 年，中國對應 science 的，乃是「格致」一詞。

　　早在明末，士大夫已經用「格致」概括西方科學知識。金觀濤從中外文化融合的長程模式出發來理解五四以後中國思想的科學主義，梳理了中國文化的第二次融合，即始於十九世紀，從「格致」到「科學」的演變歷程。他認爲，甲午後，除了「科學」和「科舉」兩詞容易混淆外，另一個阻礙「科學」取代「格致」來譯 science 的因素是意識形態。在 19、20 世紀之交的重構儒家道德意識形態以指導改革的思潮中，今文經學在引入西學潮流中扮演了重要角色。在今文經學中，「格致」具有建構意識形態功能，最具代表性的是：「格致」中原有的一個側面——「格古今之事」，在這一時期高度凸顯，它具備「科學」不可能包含的意識形態意義。而 1902 年後，中國知識分子紛紛拋棄「格致」，而採用「科學」作爲 science 的譯名，是因爲「科學」取代「格致」意味著中國知識系統的現代轉型，與儒家意識形態中的「格致」劃清界限；20 世紀中國文化雖然實現了現代轉型，但在知識系統和終極關懷

〔註140〕中央研究院八十年院史編纂委員會：《追求卓越——中央研究院八十年》（卷一：任重道遠），臺北：中央研究院，2008 年。第 19 頁。
〔註141〕金觀濤、劉青峰：《觀念史研究：中國現代重要政治術語的形成》，北京：法律出版社，2010 年。第 339 頁。

的關係上，仍受到傳統結構的制約。〔註142〕

「格古今之事」的「格致」之意雖然被 science 對譯的「科學」所拋棄，卻使中國知識分子在面對西學東漸的科學話語時埋下了一個情結，其表現爲對古史的爭議（對疑古學派的討論）或對史學的執著。以王國維爲例，他認爲疑古學派的癥結在於：「而疑古之過，乃並堯、舜、禹之人物而亦疑之。其於懷疑之態度及批評之精神不無可取，然惜於古史材料未嘗爲充分之處理也。」〔註143〕王國維既不贊成尙古，也不贊成蔑古，他說：「今之君子，非一切蔑古即一切尙古。蔑古者，出於科學上之見地，而不知有史學；尙古者，出於史學上之見地，而不知有科學。」〔註144〕1925 年，王國維在《古史新證》中明確提出「二重證據法」，二重證據法的實質就是王國維在樸學考據方法與科學實證方法之間所作的一種調和。〔註145〕

從「格致」到「科學」，談「史學」與「科學」，早期民族誌的溯源研究正是體現了當時知識分子與傳統歷史文獻相糾結的「科學」心態。這種「科學」是否與馬林諾夫斯基的科學民族誌相吻合呢？

馬氏在《西太平洋的航海者》的「導論」中總結自己的田野調查經驗，確立了科學人類學的民族誌的準則和方法。科學的民族誌必須做到搜集資料的主體與理論研究的主體的合一。馬氏在《西太平洋上的航海者》中講到田野調查的三種科學處理方式：

> 第一，在科學的處理方式中，一位學者會將調查勘測的完整性與精細性擴展得更爲深入，並且採取一種學究式的系統而有條理的方式。

> 第二，在科學的處理方式中，科學訓練過的頭腦會追尋眞正相關的途徑，朝著眞正重要的目標推進；事實上，科學訓練的目標即在於它給以經驗爲依據的調查者提供了一份「心智航行圖」，使他能夠據此調整航向。——「心智航行圖就應該被轉換成現實中的一類，它應該被物質化爲一份圖表、一個圖樣、一種窮盡一切案例的大綱

〔註142〕同上。第 325～340 頁。

〔註143〕王國維：《古史新證》，姚淦銘、王燕主編《王國維文集》（下），中國文史出版社，2007 年，第 286 頁。

〔註144〕王國維：《國學叢刊序》，《王國維文集》（第 4 冊），中國文史出版社，1997 年，第 366 頁。

〔註145〕楊驪：《重估大傳統：四重證據法的方法論價値》，《百色學院學報》，2012 年第 4 期。

式的列表」。

　　第三，記錄下其精神內容──土著人的看法、輿論與說法。

〔註146〕

　　大體說來，馬氏所言民族誌的科學方法在於實驗、實證、參與觀察的科學記錄。凌純聲的《民族學實地調查方法》把調查問題格分爲 23 類 842 條，溯源問題不在其中。但溯源研究是否影響了民族誌的科學性？

3.「科學民族誌」本土化

　　對於溯源研究而言，「科學民族誌」的本土化體現在中國傳統考據學的使用，〔註147〕考據法，民國時期梁啓超、胡適等人也曾認爲其具有科學性。梁啓超認爲，清代考證學，愈析而愈密，愈濬而愈深，是近於「科學」的。〔註148〕胡適指出乾嘉之學「是歸納和演繹同時並用的科學方法」。〔註149〕但美國學者施奈德（Laurence A Schneider）認爲：對顧氏和胡氏來說是一樣的，科學主要是方法。科學從觀察開始仍然回覆到觀察。從西方自然科學發展出來的演繹法與歸納法之間有複雜的關係，但顧、胡二氏對此僅有皮毛的瞭解。〔註150〕梁、胡的觀點在學界的爭議這裡暫且不論。但是，中央研究院史語所的創始人傅斯年並不推崇文獻求證。他說，清代在惟六經三史是尚的研究典範下，所用的方法及材料是內循環式的，基本上是從文字到文字，從文獻到文獻。〔註151〕在《考古學的新方法》中，傅氏又說：「我們要用全副的精神，做全部的觀察，以整個的文化爲對象去研究，所以必比墨守成規專門考訂文字要好的多。」「古代歷史，多靠古物去研究，因爲除古物外，沒有其他的東西作爲可靠的史料。我們大概都可以知道，古代歷史多不可靠，就是中國古史時期，多相信《尚書》、《左傳》等書，但後來對於《尚書》、《左

〔註146〕〔英〕布羅尼斯拉夫·馬林諾夫斯基著，張雲江譯：《西太平洋上的航海者》，北京：中國社會科學出版社，2009 年。第 11～19 頁。
〔註147〕感謝四川大學博士楊驪在與我探討「考據學與科學」這一話題時給我的啓示。
〔註148〕梁啓超：《清代學術概論》，《飲冰室合集》專集之三十四，北京：中華書局，1989 年。第 22、78 頁。
〔註149〕24 胡適：《清代學者的治學方法》，《胡適文存》第 2 卷，上海亞東圖書館，1926 年。第 216 頁。
〔註150〕轉引自田旭東：《二十世紀中國古史研究主要思潮概論》，北京：中華書局，2003 年。第 161～162 頁。
〔註151〕傅斯年：《性命古訓辯證》，《傅斯年全集》（第 3 卷），臺北：聯經，1980 年。第 501～502 頁。

傳》，亦發生懷疑，不可信處很多很多，於是不能不靠古物去推證。〔註 152〕雖然有上述看法，但是對於文獻大國的中國，古史材料又不能不用，如何用才算科學呢？傅斯年說：「《說文》為材料之一種，能充量的辨別著去用一切材料，如金文、甲骨文等，因而成就的文字學，乃是科學的研究。」〔註 153〕

看來，傅斯年認同文獻溯源之方法，在於「凡一種學問能擴張他所研究的材料便進步，不能便退步。……材料愈擴充，學問愈進步，利用了檔案，然後可以訂史，利用了別國的記載，然後可以考四裔史事。」〔註 154〕雖然並未擴張到「動手動腳」找的東西——器物層面的考古證據，但凌純聲卻利用了很多當代民族學的材料。而很多材料，尤其是溯源部分，依然是從文獻到文獻。比如，在《松花江下游的赫哲族》中，凌在溯源部分，對漢學家與中國民族史中關於「今之通古斯為古代的東胡」的觀點一一列舉駁斥。〔註 155〕但凌氏的方法依然是從文獻到文獻。在序言中，凌交代：「脫稿後，又承蔡子民，傅孟眞，李濟之三先生精審指正；著者均所深感，謹此誌謝！」〔註 156〕可見，凌「大膽假設，小心求證」而來的結論，是為傅斯年等人所滿意的。在後來的《湘西苗族調查報告》中，凌也駁斥了呂思勉《中國民族史》中的「今所謂苗族者，其本名蓋曰黎」的觀點，〔註 157〕同時，也對外國人對苗族之調查的結論一一考證、辯駁，樹立了自己關於「今日之苗為古代之髳」的觀點，〔註 158〕從而將苗彙入「西南夷」的統稱中。

在傅斯年等人看來，凌純聲先生即使在古籍層面上作溯源研究，但因沒有僅僅依靠古籍，而是在新材料的擴張上作文章，大概也可解釋為「科學」吧。這也與地質學出身的丁文江關於科學的看法異曲同工。丁氏認為，所謂「科學」與「非科學」，是方法問題，不是材料問題；只要用的方法不錯，都

〔註 152〕傅斯年：《考古學的新方法》，載《傅斯年全集》（第 3 卷），臺北：聯經，1980年。第 88～94 頁。
〔註 153〕傅斯年：《語言歷史研究所之工作旨趣》，《傅斯年全集》（第 3 卷），第 10 頁。
〔註 154〕同上。第 6 頁。
〔註 155〕凌純聲：《松花江下游的赫哲族》（1934），中央研究院歷史語言研究所專刊甲種第 14 號，臺北：中央研究院歷史語言研究所。1991 年。第 1 頁。
〔註 156〕凌純聲：《松花江下游的赫哲族》（1934）（序），中央研究院歷史語言研究所專刊甲種第 14 號，臺北：中央研究院歷史語言研究所。1991 年。第 2 頁。
〔註 157〕凌純聲、芮逸夫：《湘西苗族調查報告》，中央研究院歷史語言研究所單刊甲種之十八，1947 年。第 6 頁。
〔註 158〕同上。第 8～9 頁。

可以認為科學。〔註159〕只是傅斯年沒有想到的是，淩在溯源考證中違背了他處理材料的準則，即「反對疏通」。「我們反對疏通……推論是危險的事，以假設可能為當然是不誠信的事。所以我們存而不補。這是我們對於材料的態度；我們證而不疏，這是我們處置材料的手段。」〔註160〕

在後來的研究中，淩純聲總結自己邊疆研究得出：「科學」已經證明，昔日被視為是無稽之談的夷漢同源說是事實。……根據現有的材料，從時空兩方面去悉心研究，以能尋流溯源，條分縷析，漸得證明漢藏系西南各族實為同源，至少是同幹異枝的文化。〔註161〕可見，在溯源研究中，也有空間的活態文化或實物為證。比如，張廷休的《再論夷漢同源》從夷漢語言的同源、神話與傳說的同源、夷漢在體質上的同源、夷漢的混合四大證據列舉，〔註162〕劉錫蕃《嶺表紀蠻》從姓氏、干支、言語、家族村舍之組合、集會、祭典、歲節與婚俗、巫蠱、契券、史事十大證據分析「漢蠻同族」。〔註163〕所以，總體來看，早期民族誌溯源研究其實也融合了實地調查與現場記錄。

然而，對於實地調查得來的「遺俗論」，馬林諾斯基並不贊同。費孝通先生對此有過詮釋。1995 年，在北京大學社會學人類學研究所開設的文化人類學高級研討班中，費向學員講了「從馬林諾斯基老師學習文化論的體會」：

> 馬老師對這種（遺俗論）人類學很不滿意，而且概括出一條有關這些學派共同的「方法論」，說他們專門尋找失去了現實作用的奇聞怪俗作為立論的關鍵論據。他說那不是把科學建立在「無知」之上麼？因為所謂「失去了現實作用」就是說研究者不明白這種風俗在當地人民生活中的作用。那不是無知麼？無知的基礎上怎能建立科學呢？……馬老師一再說明他所反對的只是憑空臆造的歷史，「遺俗」重構的歷史是主觀的設想，不是事實。〔註164〕

馬氏並不認同現存活態文化現象與過去的聯繫。淩純聲也附和了這一觀

〔註159〕丁文江：《科學化的建設》，《獨立評論》（第 105 號），1935 年 5 月 19 日。第 10 頁。
〔註160〕傅斯年：《語言歷史研究所之工作旨趣》，《傅斯年全集》（第 3 卷），第 10 頁。
〔註161〕淩純聲：《中國邊疆文化》，《邊政公論》，1942 年第 5 卷第 7 期。
〔註162〕張廷休：《再論夷漢同源》，《西南邊疆》，1938 年第 6 期。
〔註163〕劉錫蕃：《紀表嶺蠻》（1934），臺北：南天書局，1987 年。第 263 頁。
〔註164〕費孝通：《從馬林諾斯基老師學習文化論的體會》，謝中立主編：《從馬林諾斯基到費孝通：另類的功能主義》，北京：社會科學文獻出版社，2010 年。第 24～25 頁。

點，他認為，原始民族根本就沒有歷史，又如何能分辨歷史上的人物？〔註165〕
凌氏正是根據馬氏《巫術、科學、宗教與神話》一書的觀點，即原始人的藝
術或者理論科學都是研究神話的歷史派或自然派附加上去的。〔註166〕可見，
凌先生還是站在我族中心來看待何謂歷史的問題。

　　凌純聲等被稱為民國時期人類學、民族學的「南派」學者。有學者指出，
即使學習了美國歷史學派的研究方法，但在研究中國時，他們卻與美國歷史
學派形成了較大的差異：

　　　　南派也被稱為中國的歷史學派，但美國歷史學派研究族群及其
　　　文化卻不重視研究它們的歷史發展，而中國人類學家卻在運用人類
　　　學方法研究中國歷史文獻記載的同時，也在一定程度上利用已有的
　　　歷史資料進行人類學研究。這一研究方法在後來的中國人類學研究
　　　中有進一步的發展，研究現狀追溯其歷史發展進程，以說明現存社
　　　會文化現象之所以然。〔註167〕

　　綜上所述，從溯源研究來看，「科學民族誌」在民國年間的本土化特徵表
現在，溯源需要「格古今之事」。在這個意義上，科學的含義仍然依附著傳統
史學的意識形態。在西學科學主義的大潮流下，近代中國的知識分子在民族
誌溯源問題上依然無法拋棄強大的史學傳統，然而科學與史學也時顯牴觸。

　　為了科學的民族誌，學者們似乎常常在博厄斯與馬林諾夫斯基之間徘
徊，前者認為「人類學是一門科學，而科學是歷史」，後者尋求一種關於文化
的科學定義。〔註168〕而科學，在某種意義上不過是學者們的一種工具，力圖
站在國家立場，將異族納入中華民族的凌純聲等人，有時將科學作為區分民
族差異的標準，有時又利用其作為稱讚一種文化現象的口實。其實，大部分
學者都並不追求其嚴格的定義。

〔註165〕同上。第 302 頁。
〔註166〕〔英〕馬林諾夫斯基著，李安宅譯：《巫術、科學、宗教與神話》，北京：中
　　　　國民間文藝出版社，1986 年。第 82～83 頁。
〔註167〕黃淑聘、龔佩華：《文化人類學理論方法研究》，廣州：廣東高等教育出版社，
　　　　1996 年。第 421 頁。
〔註168〕比阿特麗斯‧魯伊斯著，姚介厚譯：《人類學：科學與哲學》，《第歐根尼》，
　　　　2001 年第 2 期。第 36 頁。

第四章 夷漢分類：區分與認同

　　通過族源的追溯，西南各民族都被納入中華民族的大體系之中，然而，西南各族到底還是不同於中原漢族。在民國之前的明清時期，在類似於民族誌的官方與民間文本與畫冊中，滇黔非漢族群，被漢人透過歷史記憶、既存的族群關係和刻板印象來強化華夷之別。〔註1〕到了民國，如明清類的歷史文獻被再次借用，卻是爲了重新思考華夷之別的民族關係，或者爲了突破傳統的華夷之別觀念。重新思考或者突破傳統的關鍵在於對西南族群的識別與認知。既然少數民族的族源被追溯爲同源，那又如何來認知在考察中所看到的斑駁異族景象及其形成的原因？如何來識別與中原漢族在文化習俗方面具有相當差異的西南各族？

　　其實，就歷史來看，中國人對於中原與邊疆，區分的觀念遠遠早於認同的觀念。即使在近代強調國族一體性的語境下，歷史上遺留下來的區分觀念也並未消除。因此，本書此處沿用舊稱（夷/漢）來討論西南民族的分類問題，理由在於：其一，關於民國時期對非中原漢族的稱呼並沒有一個統一的說法，有邊疆民族、邊胞、蠻夷等。有的稱呼是 20 世紀始創，有的是歷史的沿用，如「西南夷」，是自《史記》以來漢文獻對西南民族的總稱。〔註2〕因此，「夷」

〔註1〕 王鵬惠：《漢人的異己想像與再現：明清時期滇黔類民族誌書寫的分析》，《臺灣大學考古人類學刊》，2002 年第 58 期，第 146 頁。

〔註2〕 依祈慶富的觀點，在絕大多數情況下，「西南夷」是一個時代的專稱，僅指兩漢。兩漢以後，「西南夷」一詞不絕於史籍之中，但指的是作爲不同時代「西南少數民族」的泛稱。並且，兩漢時期的西南夷，是立足於巴蜀，並不包括巴蜀，巴郡和蜀郡是開拓西南夷的基地。見祈慶富：《西南夷》，長春：吉林教育出版社，1990 年。第 3～4 頁。

也被大量寫進 20 世紀早期民族調查報告中，本書選「夷」統稱，是因爲此時的「夷」也是對「漢」以外民族的普遍稱呼，但此處是取其中性之義，無褒貶、歧視之別。即《說文解字》釋：「從大，從弓，東方之人也，」或《禮記‧王制》所言：「東方曰夷。」其二，此處列出「夷」、「漢」，並非爲了強調其二元對立之關係，而是暫用這種習慣的稱呼，客觀論證在民族誌中如何通過族別分類，來表述二者之關係。另外，作者在撰寫分類，識別西南民族時，除了歷史既存傳統文獻的支證外，也有西方現代科學分類方法的借用。

分類的關鍵是什麼呢？如果說上一章族源追溯重在強調夷漢之間「時間的懸殊」，那麼此章判斷西南民族特質的主要原因在於「空間的隔絕」。〔註3〕地理空間首先被作爲對異族認知的重要依據，也成爲分類的「客觀」條件。在西南民族的調查報告中，無論是規範的還是模仿的調查文本，都非常重視對地理空間的描述。本章即首先分析科學的地理學知識如何進入民族誌調查文本，並與西南民族的生存狀況及其文化特質產生關聯；接著分析客觀的地理條件如何隔絕出具有差異性的異族文化，這些具有差異性的異族文化，又如何被調查與分類。

第一節　地理交通：分類的起點

20 世紀前後，關於中國發生歷史性劇變的原因，各界學者從各方闡釋，眾說紛紜。在文化界，從東方文化與西方文化的關係來思考中國的文化困境及其前途，被梁漱溟、金子馬治、北聆吉、李大釗等眾多學者討論，其中，最引人關注的莫過於梁漱溟於民國十年秋出版的《東西文化及其哲學》（儘管梁在後來再版的序言中一再強調，初版中論述有很多錯誤，包括見解錯誤，方法錯誤）。在此書中，梁認爲，西方文化是以意欲向前要求爲其根本精神的；中國文化是以意欲以調和持中爲根本精神的；印度文化是以意欲反身向後要求爲根本精神的。梁是從文化整體觀的角度，闡釋了中國文化之所以出了問題，是因爲其沒有按照文化發展的客觀進程，所以要回頭接受西方文化，但是人類最後要落實到肯定人生、調節欲望的儒家文化。〔註4〕

梁氏從文化的角度闡釋中國出現的問題，卻不能爲一心救亡圖存的知識分子所滿足。因此，地理學，這一更具科學性的西學（當時有「地理科學」

〔註 3〕凌純聲：《中國邊疆民族與環太平洋文化》，臺北：聯經，1979 年。第 33 頁。
〔註 4〕費孝通：《論梁漱溟先生的文化觀》，《群言》，1988 年第 9 期。

一說）被中國學者所借用，來闡釋東西文化差異。從當時《地學雜誌》所刊
登的文章來看，20 世紀早期，地理學、地學已被借用來解釋文化，如鄭光禹
在《地理與文化之關係》中寫道：

> 一則因環境甚佳，自然界能滿足人生之欲望。故東方人民能與
> 物遊，而無需從事環境上之改造。故其思想常在一整一之極大系統
> 籠罩中，故中國之數千年前即有燦爛之文化，而不能有繼長增高之
> 進步者，則因中國之環境，皆不能爲中國之觀摩，環華夏而處者，
> 僅有東夷南蠻西戎北狄之野蠻民族而已。故與鄰國相接觸，亦不能
> 得他山之助。由是中國人有以中國爲「天下」之稱，其「夜郎自大」
> 之態度，實足以減其銳進之精神。

在他看來，文化因地理而形成。以中西文化對比，平原丘陵之文化易進步，
而高地山嶽之文化雍塞，大陸文化具宏大之規模，而海島文化少宏大之規模，
以及寒溫熱三帶文化有發達之難易。同時地理因文化而改造。﹝註5﹞這是從中
國的地理環境來判斷中國之所以不進步的原因，而環境甚佳的中原卻造成了
中國的「不進步」，是因爲「環華夏而處」的野蠻民族，「不能得他山之助」。

　　20 世紀早期，美國著名學者埃倫・塞坡爾（Ellen Semple）領導著學術界
的「環境決定論」。他以「環境決定論」爲基礎，把文化的發展看作是人類適
應基本氣候因素的過程。後來，「環境決定論」被所索爾（Carl O. Sauer）所批
評，認爲其將文化的複雜性簡化爲推動整個系統發展的惟一因素，「環境決定
論」是爲歐洲帝國主義辯護的自私理由。﹝註6﹞

　　對於中國學者而言，他們對地理環境學說的認知與接受，顯得更爲複雜。
一方面，他們用「環境決定論」來分析中國「蠻夷」之地造成了中國文明整
體落後於西方；另一方面，他們又不願承認，西方或其他優秀的文化是由地
理環境所決定的。如此，中國豈不永遠落後於西方？所以，中國學者的地理
觀，在論說的層面會因目的的不同而有所區別。具體來說，當中國作爲世界
文明古國來看待，需要顯耀中國的燦爛文明之時，地理環境成爲一個科學合
理的解釋。如：

> 地理不僅與文化有關，而且與世界文明之差異有關，亦與文明

﹝註5﹞ 鄭光禹：《地理與文化之關係》，《地學雜誌》，1922 年第 13 卷第 2 期。

﹝註6﹞ 〔英〕邁克・克朗（Mike Crang）著，楊淑華、宋慧敏譯：《文化地理學》，南
　　　京：南京大學出版社，2003 年。第 20 頁。

之發達成比例，區而分之，可爲三種。一曰高原，二曰平原，三曰海濱。高原之特質最適於畜牧。牧民逐水草而居間。其富則數畜以對。而非數地以對也。雖行族長政治。頗近似於國家。然捨血族之外，更無他道以相團結。雖有成吉思汗帖木兒等野蠻中之英雄，時田於其間，然終不能成一鞏固之國家。故文明無可言焉。中國，印度，埃及，巴比倫，皆在數千年以前龐然成一大國。文明燦然。蓋平原之地勢使然也。〔註7〕

文明燦爛的中國是平原（中原）文明使然。如此，在論說中國整體文化時，地理環境，成爲文明與野蠻的分野，所以成吉思汗帖木兒最多也只能算是「野蠻」之英雄，因爲其居住之地的高原特質。「人類之進化與退化，民族性固有大關係，而其所處的地位足以判定之或限止之。地位若優，則性雖較蠢，未常不能進化，反之，民性固優，而所處不良，反足以阻減之。即謂位置可以定人類的進化，亦未始不可。」〔註8〕所以，人是其次，地爲首要。

另外，當針對外國地理學家純粹以物質的地理環境論，來解釋人類社會種種的事物及歷史變化，用所謂「地理決定論」（Geographical Determinism）來解釋中國落後於西方的時候，中國學人並不贊同。如一生注重民族文化建設的羅家倫在《民族與地理環境》一文中，認爲：

英國伯克爾（Buckle）著《英國文化史》（*History Of Cevilization in England*）將英國文化的發展，完全歸之於自然環境，美國的韓停頓（Huntington）著有《文明與氣候》（*Civilization And Climate*）單從氣候說明人類文明的發展可以靠氣候所支配，美國地理學家孫撲爾女士（miss Semple）《地理環境的影響》（*Influences Of Geographic Environment*）中所闡述的觀點，都屬於「地理命定論」。這種學說自然也持之有故，言之成理，然而它把地理環境對於人類的影響卻看得太呆板了，所以它的結論只限於一方面，而不能顧到他方面。因爲，第一，從客觀方面或物的方面來考察，地理環境本身是可變的。所謂「高岸爲谷，深谷爲陵」。第二，從主觀方面來說，地理環境可以由人來改造的。所以人類的行動和全部歷史的發展，雖然與

〔註7〕 中國之新民（作者不詳）：《地理與文明之關係》，《新民叢報》，第1號。

〔註8〕 盛敍功：《地理在人類歷史中的潛勢力》，《地學雜誌》，1923年第14卷第3～4期。

地理環境有很大的關係，但決不是受地理環境的絕對支配。若是但從地理環境來研究一個民族，一定很偏頗而很難得當的。〔註9〕

羅家倫所贊同的是人文地理學派，如法國的白拉熙（Vidal de La Blache）和費伯佛（L, Febvre）的觀點。費伯佛著《地理與人類進化》一書，認爲地理對於人類的關係，不過是提供許多「區域的可能」而已。所以一個區域對於一個民族，只是一大群可能的業績，而非一個前定的命運來斷定民族的將來。那些可能純賴這個民族的選擇才能實現；而一個民族的前途，也就決定於這種選擇的關係之中。所以講到地理環境與人類的關係，最重要的還不是前者所提供現存的種種可能，而是後者對於這種種可能之隨時的選擇。如從經濟文化方面來說，中國領土以內，有種種不同的地形，氣候，物產，因此有種種可能，發生互相調劑的作用；從軍事與國防方面來說，中國是眞正的「自然區域」，如喜馬拉雅山野人山及怒江形成西南那方面的局勢，是中國「雄壯完整的版圖」的一部分。〔註10〕如此，羅家倫即想證明，以「自然區域」（National Boundary）來講，中國即使現在落後於西方，中國的領土也是有可能產生優秀民族與文化的地方。同時，與下文周仁術之於西南的觀點不同的是，西南作爲自然區域，也成爲中國雄壯版圖的一部分。

否定地理決定論，從中華民族可能發展的地理空間來看待中國，使得更多的學者站在與羅家倫相同的立場。在羅家倫前後均有學者對環境與國家民族的關係進行過探討。在羅之前的 1928 年，毛起雞就撰文《地理環境與文化》，表達了與羅大致相同的觀點。毛認爲，地理環境是不能說明文化的，因爲在同樣的環境中，能發現各種特殊的文化；因爲文化的產生，並不一定要在相當的環境中；文化的發展，也並不一定要在有利於人類生活的環境中；因爲有許多文化或許在相當的環境中遺失，或許在不易生活的環境中保存的。〔註11〕另外，1935 年，李長傅也提倡科學的地理學之新轉向，認爲，地理學起源甚早，有「百科之母」之稱。可是以前重記述，不過是地的記述而已。其成爲科學，尚在近一世紀。人地關係論的缺陷在於用速成推論法，而將人地中間項，全然忽略。〔註12〕

〔註9〕 羅家倫：《民族與地理環境》，《新民族》，1938 年第 1 卷第 15 期，第 1～3 頁。
〔註10〕 同上。第 4 頁。
〔註11〕 毛起雞：《地理環境與文化》，《社會科學雜誌》（上海），1928 年第 1 卷第 4 期，第 1～11 頁。
〔註12〕 李長傅：《科學的地理學之新轉向》，《地學季刊》（上海中華地學會），第 3 卷

　　但是，在分析中原周圍的蠻夷之地時，「環境決定論」被普遍採用。如周仁術也將其用於中國境內的劃分，並用於西南人物特性分析。在他看來，開發西南的觀點不一定全對，因為中國的西南，不問東南與西南，雖然土地肥美，人口眾多，但只夠資格為工業國家的倉庫，產生及儲藏各種農產品或礦產品。南方地理環境，對於各種基本的工業，是很不相宜的。在中國，北緯三十三度以南的地理區域，有三個最大的仇敵，一是溫度過高過久的氣候，最不利於南方民族的健康，及工作的效率，二是潮濕過高過久的空氣，最宜於寄生蟲與微菌之滋生與繁殖，故南人疾病的數量，實遠超過北人的數量；三即是南人所食的白米之營養，遠不及北人所食之小麥之營養。而西南正具有上述缺點，因此開發西南是「忽略了民族生物學的原理，而把我國整個優秀民族再行投入悲慘的命運之中！」〔註13〕西南民族，因為客觀的地理環境，被周仁術認定不可能成為優秀的民族。如此，「地理」清晰地區分出民族之優劣。

　　雖然中國學人質疑「地理決定論」，卻又適時利用了「地理決定論」。對於他們來講，地理知識非常重要，學界對地理學也高度重視。當時，地理學知識的傳播載體是「中國地學會」與《地學雜誌》（The Geographical Journal 1910～1937）。地學會由國學大師章炳麟、地質學家鄺榮光、人文地理學家白月恒、水利學家武同舉、歷史學家陳垣、教育學家張伯苓和蔡元培等一大批著名學者組成；《地學雜誌》在 28 年的辦刊過程中共刊登文章 1520 餘篇。〔註14〕同時，中國地學會會長張相文非常重視對西方先進地理思想與理論的吸納傳播，其作者中不乏一些著名學者和知名人士，如章鴻釗、張謇、白眉初、翁文灝、章太炎、梁啟超、鄒代鈞、王桐齡、謝家榮、王恒升、李春昱、譚錫疇、竺可楨、徐炳昶、譚其驤、朱士嘉、黃國璋、鄒豹君等。且當時中國地學會會員以及《地學雜誌》的編輯中有許多留學生，因此《地學雜誌》中刊載了很多介紹西方地理理論以及地理名著的部分篇章。〔註15〕可見，當時的地理學已涉及整個人文學科。

第 3 期，1935 年 2 月 1 日，第 25～29 頁。

〔註13〕周仁術：《地理環境與人生》，《新文化》，1934 年第 2 期，第 8～14 頁。

〔註14〕陳亦文：《中國地學會與〈地學雜誌〉》，天津網～數字報刊，2009 年 3 月 29 日。

〔註15〕李兆江、劉焱：《試論〈地學雜誌〉與中國近代地球科學》，《科學》，2012 年第 2 期。

中國地學會創辦的《地學雜誌》封面〔註16〕

　　地理學的重要，還在於地理知識對解釋中國現狀的有效性。民國時竺可楨的學生，地理學家張其昀認為，「地為萬物之母，地理所以究名人地適應之故。歷史所以解釋過去，地理所以解釋現在。文化者，蓋合時地人三要素而成之，偏舉其一，皆不足以概括本義而無憾。」並倡導：高中課程開設地理，可考見人地相應之故，而明「易地而皆然」之義。讓學生知道「人類學與風俗學之常識」，將來至海外經商、遊曆、從軍、作吏，對於土著皆有同情的瞭解。要而言之，地理教育雖尚不出實驗時期，但其地位之重要，則已卓立。今之地學，絕非拾他科之餘粒，而實自成一有機體，生氣勃然者也。〔註17〕這裡，張氏將地理知識列為人類學與風俗學常識，以使其「對土著同情的瞭解」。1928年，張出版《中國民族誌》一書，其中有一部分，就是結合邊疆地理來解釋中國的民族，其中寫到「雲貴高原」的西南方山谷間有蠻族數百萬人，尚未開化。〔註18〕張正是用地理知識解釋現在民族的狀況。

〔註16〕　來源於孔夫子舊書網。http://book.kongfz.com/23787/160045535/。
〔註17〕　張其昀：《近年英國地理教育之趨勢》，《教育雜誌（1909年）》，1926年第18卷第4期。
〔註18〕　張其昀：《中國民族誌》，上海：商務印書館，1929年。第3頁。

對於認識中國邊疆民族的現狀，地理環境是最重要的一環，以至於地理環境成為邊疆民族具有「特殊性」、「差異性」的客觀因素，甚至西方人所持，而被中國部分知識分子所否定的「地理決定論」，有時也被用在中國邊疆民族特性的論說之中。下面以西南民族誌為例分析之。

1. 民族誌中的地理表述

史書的族源追溯是調查前的文獻準備，而真正在調查中的第一感官認知，則是其所處的地理環境。地理空間，被用作西南民族現狀獨特性之原因分析。在一本民族誌中，開篇之首如無溯源研究，則可能是有關地理、區域等記錄；或有溯源研究部分，接下來也很可能就是地理、區域等研究。其書寫的邏輯即如張其昀所言，「歷史所以解釋過去，地理所以解釋現在」。先用歷史解釋過去，後用地理解釋現在，成為民族誌書寫的慣用思維方式。

用西南地理來解釋西南的「現在」，是表述西南的常見方式。但有意思的是，在這種貌似客觀的表述中卻流露出表述者的主觀見解。如凌純聲先生：

> 中國西南的地形甚為複雜，境內多崇山大川，深菁峽谷，以致交通困難。外來移民一經移入住定之後，因山川險阻，與故鄉的本族因失去聯絡，即在西南的同族，亦常老死不相往來。由於地理的隔絕，文化因交流的不易，每得獨立生長而繼續保存。……西南文化的區域，大概可分為青藏高原區，雲貴臺地區，南嶺山脈區三個主要區域。〔註19〕

> 青康藏高原可稱西南文化的起源區，因漢藏系各族多自稱來自中亞，約在高原的東北，部族只有遷出而少移入，故至今文化能保持統一。南嶺山脈為文化殘留區，僅有若干文化列島，苟延殘喘，不久即將消失。雲貴臺地為文化的總匯區，各族文化先後移入，因山川險阻，交通不便，各種文化而得繼續保存，各自發展，迄於今日集成西南文化大觀。〔註20〕

如此，地理環境解釋了「現存」民族文化之狀況。地理與文化的關係自然很重要，但在預測未來的可能性上，凌先生的「南嶺山脈為文化殘留區……苟

〔註19〕凌純聲：《中國邊疆民族與環太平洋文化》，臺北：聯經，1979 年。第 33～34 頁。
〔註20〕同上。第 37 頁。

延殘喘，不久即將消失」的論點又帶有明顯的地理進化觀。誰來「消失」那
些「殘留」的文化，淩先生到底要表達什麼？從上面的論說中，可以看出，
一方面，客觀的地理環境造成了現存西南各族的「特異」，另一方面，在解說
這些差異性時，又帶有論說者的主觀選擇。

西南各族所處的地理環境，到底是他們主動的選擇，還是被動的屈居這
裡暫不討論。這裡重點分析，當時的調查者，如何對這種客觀的地理環境進
行表述。「獨立羅羅」、「苗疆腹地」、「秘密車里」等被中國史書記載不多的「隔
絕區」，是被調查者如何打開的呢？下面以「獨立羅羅」爲例進行分析。

據楊成志考證，獨立羅羅（Independent Lolo）〔註21〕的說法，最早是英
國人 Davies 對西南特殊區域人群的描述。〔註22〕所謂的「獨立」，是外國人所
稱的「國中之國」、「漢人難以接近的地方」，〔註23〕只有郵遞員、商人、洋人
等三類人敢去。〔註24〕楊成志是在調查中用「獨立羅羅」一詞最多的人，他
甚至曾計劃寫一本名爲《獨立羅羅》的書。並列出了詳細的綱要，但最後未
完成計劃。〔註25〕

爲夷務治理，進入「獨立羅羅」進行考察並撰寫報告的很多。這些考察
報告，既是政府行爲的產物，同時也不乏學術性。比如常隆慶等人的《四川
省雷馬屏峨調查記》，是由中國科學院組織的考察團，分爲地質、植物、動物
三組對四川雷波、馬邊、屏山、峨邊等地進行調查。另外，更具有人類學與
民族學特點的調查報告爲楊成志的《從西南民族說到獨立羅羅》、馬長壽的《涼
山羅彝考察報告》、江應樑的《涼山奴隸制度》、林耀華的《涼山夷家》等。
這些報告大部分都對涼山的地理環境作了一番描繪，以凸顯爲何會被稱之爲

〔註21〕「獨立羅羅」，當時的考察報告也寫成「獨立儸儸」，或「獨立倮倮」等，這
　　　裡統一簡寫爲「獨立羅羅」。
〔註22〕《雲南——印度與揚子江的連接界》，被楊成志在調查報告中引用，見楊成
　　　志：《楊成志人類學民族學文集》，北京：民族出版社，2003 年。第 192 頁。
　　　據李列的考證，英國人巴伯（Barber）是第一次稱涼山彝族爲「獨立羅羅」。
　　　以後，西方很多著作中都用到「獨立羅羅」。見李列：《民族想像與學術選擇：
　　　彝族研究現代學術的建立》，北京：人民出版社，2006 年。第 61 頁。
〔註23〕李列：《民族想像與學術選擇：彝族研究現代學術的建立》，北京：人民出版
　　　社，2006 年。第 61 頁。
〔註24〕曾昭掄：《大涼山夷區考察記》（第二編，關於涼山區域概況），見駱小所主編：
　　　《西南民俗文獻》（第 13 卷），《中國西南民俗文獻》（第四輯）。蘭州：蘭州
　　　大學出版社，2003 年。
〔註25〕楊成志：《楊成志人類學民族學文集》，北京：民族出版社，2003 年。第 56 頁。

「獨立」的特點。

周邊自然地理區域的特點，成為「獨立羅羅」由來的科學依據之一。楊成志在《從西南民族說到獨立羅羅》中描述：

> 巴布涼山，漢人稱為「蠻子的大本營」，外國人稱為「獨立羅羅」。未到之前，腦子裡所想像的，雲南就是高山，野蠻人和瘴氣的地方，現在覺得惟其因有高山，才有野蠻人的存在；惟其因有野蠻人，才發生種種隔閡的瘴氣傳說。這可使人驚怕三種連環事體，我們現在要把他們倒轉起來，變成為自然科學的實驗室，社會科學的博物館和民族學語言學和歷史學的故鄉看才對！

緊接著，楊成志追述了歷史上漢人進攻獨立羅羅均被他們所稱的「蠻子」伏擊，巴布涼山確是滇川兩省的心患，他們不受政府的政治權力支配，其實川滇兩省的當局也沒有甚麼力量來統治他們。所以外國人叫他們為「獨立羅羅」，他們叫漢人為「漢奴」，這似乎是應該的。〔註 26〕如此的政府立場，結合「惟有高山，才有野蠻人的存在」之地理觀，促成了楊成志完整的地理表述。

楊成志的學生江應樑，於民國二十九年自重慶西入成都，沿岷江至嘉定，逆大渡河到峨邊境，跨進了涼山區域，出入沿邊夷漢之區，經峨邊、屏山，而至馬邊，由馬邊深入涼山，出雷波而達金沙江岸，過江入雲南境，始出涼山界。用時 110 餘日。〔註 27〕後江根據其經歷，寫成《涼山奴隸制度》。在此文中，江用科學的地理學知識首先對涼山作了地理描繪：

> 西康省的西昌、會理以東，西康省的越巂和四川省的峨邊以南，四川省的馬邊以南，屏山、雷波以西，雲南省的巧家、永善以北，永勝、寧蒗東北，便是所謂的涼山區域。位置約當北緯 27～29 度，東經 102～104 度之間，海拔 1000～5000 米。〔註 28〕

用科學的地理學知識描述，自然是很客觀，可是接下來，作者寫道：

> 在歷史上，涼山的區域遠較現時為廣，唐代征馬湖夷，於其地設馬湖部；元明為馬湖府；清為馬湖廳；後改建為峨山、馬邊、屏

〔註 26〕 楊成志：《從西南民族說到獨立羅羅》，《新亞細亞》，第 4 卷第 3 期（1932 年 7 月）。

〔註 27〕 江應樑：《涼山奴隸制度》，載江應樑：《江應樑民族研究文集》，北京：民族出版社，1992 年。第 118 頁。

〔註 28〕 同上。

山、雷波等縣，廣大夷區，乃漸成爲漢土，清代更日向內經營，至清末，夷人所保有的，僅限於萬石坪以南，黃茅埂以西，昭覺以東之地，這即是現在一般所指的大涼山。民國初年，夷人幾次叛亂，攻佔昭覺，陸續侵佔雷、馬、屏、峨諸縣境，今日黃茅埂以東，窪海以北的夷地，都是這一時期陸續侵佔的，這些地帶，即是一般所謂的小涼山。全境面積究竟有多大，因自來無人實際測量過，無法知其確數，據邊地人士估計，謂縱橫約及千里，茲試以涼山中心的牛牛壩爲起點，照一般步行抵達四周漢地的途程，以測知涼山範圍的大小。〔註 29〕

此段描述，結合歷史表述，使得夷人現在所遭遇的環境帶上了「主動選擇性」，而且還是叛亂「侵佔」而來。可見，在地理研究上作爲「他表述」的立場取向。或許，梁氏所引用夷人的話：「你有千軍萬馬，我有大山老林」的表述，〔註 30〕才暗含著這個神秘區域迄今依然保持其原始狀態的真正原因。

對地理環境的描述，有時甚至更多地爲了現實關懷，即使在以功能、平衡論的觀點去考察涼山社會〔註 31〕的《涼山夷家》中也是如此。功能主義注重共時性研究，因此，林耀華先生未對「夷家」進行溯源，而是將「區域」作爲其文本的第一章。在此章中，林先生客觀地描寫了雷波、馬邊、峨邊等各個地勢，更將西寧這個非常具有社會特性的邊區作爲描寫的重點：西寧由於居於雷、馬、屏三縣的交界處，又爲夷漢雜居的中樞，因此作者認爲：開發小涼山應先充實西寧，即開發大涼山亦當以西寧爲根據地。〔註 32〕林更詳細地交代每到一處所見到的夷漢交易情況，這樣的表述既補充了「區域」所呈現的文化特徵，同時也在區域描寫中透露出將其「納入國家」系統的設想與願望。在此書後的《川邊考察紀行》中，講到泛舟金沙江，看到東南山與西南山，林氏由此感歎：「兩山遙相對應，夷漢原是一家」。〔註 33〕通過第一章的「區域」描寫，後文的「氏族」部分隨即而出，正是林先生所自稱的「造

〔註 29〕 同上。第 121 頁。

〔註 30〕 同上。第 119～120 頁。

〔註 31〕 林耀華：《林耀華學述》，杭州：浙江人民出版社，1999 年。第 75 頁。

〔註 32〕 林耀華：《涼山夷家》（1947），昆明：雲南人民出版社，2003 年。第 6 頁。

〔註 33〕 林耀華：《川邊考察紀行》，載林耀華：《涼山夷家》（1947），昆明：雲南人民出版社，2003 年。

出許多神話」〔註34〕的氏族社會。

在政府調查報告中，有更多「人間地獄」之涼山奴隸存在的表述。1934
年，中國西部科學院雷馬屏峨考察團在《雷馬峨屏調查記》中認定：「在大
涼山中，倮儸分爲黑白二種。黑夷爲眞正之倮儸。白夷爲黑夷之奴隸，乃均
繫被擄去之漢人專賣而來。惟黑白二夷，不通婚媾。種族之階級之界限，極
端分明。……黑夷乃眞正之倮儸，爲涼山之貴族。」〔註35〕1941 年，四川省
政府印行的《雷馬屏峨夷務鳥瞰》內亦承認「有黑夷、白夷、娃子之分……
娃子賤於黑白夷，爲奴隸階級。」〔註36〕1942 年，政府派遣康昌旅行團及康
青考察團分別視察西南西北。朱楔參加康昌旅行團，沿途視察財政金融，留
意經濟民生，竊仿顧炎武《天下郡國利病書》之遺意，寫成《康昌考察記》
〔註37〕。其中描寫西南夷民，「種有數十，而以倮爲最強大，盤踞深山之中，
時服時叛，爲數千年來未解決之問題。民國以還，土司制度解體，夷人更割
據一方，互相仇殺，呈無政府狀態；甚且侵城掠地，殺人越貨，擄劫漢人，
淪爲奴隸，夷務問題之亟待解決，不自今日始矣。」〔註38〕1947 年，任映滄
的《大小涼山倮夷通考》引經據典地對此進行了確認。〔註39〕並稱「涼山夷
區奴隸社會之發展，實爲吾國近代史上之一大污點，非僅以『獨立倮儸』之
遺譏於世也。余恥之，痛之！」文中用了一系列形容詞——「殘暴」、「黑暗」、
「苛刻」、「墮落」等，描寫了奴隸制度之「罪行」，還重點關注了此「夷患」
問題的解決，並在最後爲「近百年解放涼山奴隸之呼呎」提出了「制夷」方
案。〔註40〕

在上述的「他表述」中，獨立羅羅的地理環境爲何會造成如此的「獨立」，
似乎跟其「叛亂」行爲有更緊密的聯繫。這樣的表述使得羅羅在環境選擇上
更偏向主動性。而其本身「殘暴」、「黑暗」、「苛刻」、「墮落」之「事實」，結
合著「深山阻隔」的客觀現狀，造成了政府所關心的「夷患」問題。

〔註34〕 林耀華：《林耀華學述》，杭州：浙江人民出版社，1999 年。第 64 頁。
〔註35〕 常隆慶等：《雷馬峨屏調查記》，中國西部科學院，1935 年，第 38 頁。
〔註36〕 唐興璧、毛筠如編述：《雷馬屏峨夷務鳥瞰》，四川省政府，1941 年。
〔註37〕 朱楔：《康昌考察記》（1942），駱小所主編：《西南民俗文獻》（第 13 卷），蘭
　　　　州：蘭州大學出版社，2003 年。第 3 頁。
〔註38〕 同上。第 101 頁。
〔註39〕 任映滄：《大小涼山倮族通考》，西康：西南夷務叢書社，1947 年。第 284～
　　　　295 頁。
〔註40〕 同上。第 495 頁。

2. 被選擇的地理與被區分的族群

被描述爲急需官方治理的夷族叛亂的夷人等是否爲本族人所接受呢？關於「羅羅」與「獨立」的「自表述」中，本族知識分子有自己的看法。1933年，夷（彝）族軍官曲木臧堯在《西南夷族考察記》中，理清了「他稱」與「自稱」的區別，指出歷史上漢人對「猓玀」的稱呼，其意「輕視」，與「動物相似」，「不脫犬羊的形狀，未具做人的資格」，這證明的是中國民族的狂妄自大。而「夷人」的稱呼，是當地漢人對猓玀的「平常稱呼」，比較客氣的稱呼。〔註41〕另外，客觀地說，對少數民族「他稱」上的改革，國民政府作出了一定的努力。1929 年，國民政府頒佈行政院訓令，禁止沿用苗、夷、蠻、猺、猓、獞等稱謂。此次改動了 65 字，改大部分「犬」旁爲「亻」旁的共有43 字，改用同音假借字者，有 22 字。〔註42〕雖然民族學家的調查中使用的「玀玀」或「玀玀」，已經過「他稱」的修正，變爲去掉動物性、歧視性的「羅羅」或「羅羅」，但是這只是漢人閱讀的書面表述而已，在口語中仍然無法迴避這一發音的相同性。「羅羅」的表述法，對於涼山中的夷人而言，仍然體現了漢族中心的沿襲。對「獨立羅羅」一詞的使用與認同，更使「羅羅」帶上了一種不服從、不歸順的反叛特性。

夷（彝）族開明土司嶺光電也反對「獨立羅羅」的「獨立」說法。他認爲，是歷史造成了被動的「獨立」選擇。他說：「對彝人所佔領地的認識不應該與一個獨立國家在外交上的認識混淆起來，其實它只是對彝族進行戰爭的延期償付……黑骨頭的貴族並沒有像緬甸和泰國那樣形成一個國家，這裡沒有國王也沒有中央政權，沒有城市，更說不上擁有被中央政府稱之爲首都的地方。在十分緊急的情況下，當這個種族到了生死存亡的關頭，這時才會召開所有彝族貴族首領大會，在危機期間，彝人有可能選出一個臨時的首領來領導他們。」〔註43〕這是《彝人首領》的作者顧彼德拜訪嶺光電時，嶺光電對外人稱自己民族爲「獨立羅羅」的反感表現。

顧彼德帶著《三國演義》中所描寫的族群想像踏入了神奇的彝人〔註44〕

〔註41〕曲木臧堯：《西南夷族考察記》，南京：拔提書店，1933 年。第 3 頁。
〔註42〕見芮逸夫：《西南少數民族蟲犬偏旁命名考略》，《中國民族及其文化論稿》
　　　　（上），臺北：藝文印書館，1972 年。第 96～97 頁。
〔註43〕顧彼得（pote Gullart）著，和鏴宇譯：《彝人首領》，成都：四川文藝出版社，
　　　　2004 年。第 113～114 頁。
〔註44〕此處所用的是當代的翻譯本，因此被譯成「彝人」，這裡採用譯本的用法。

「帝國」，顧氏對他所體驗的異文化充滿著好奇和稱讚，作者將神秘區域中所見的情景稱之爲「叢林中的文明」，並在通篇都體現出對高貴的黑彝讚美之情（雖然常常弄錯了黑白之彝族）。在關於漢彝之間的關係上，作者對彝人充滿了同情。在略帶誇張又具想像的表述中，顯示出第三方立場：

> 是省裏的漢人把他們給抹黑了，漢人厭惡彝人，同樣也被彝人所厭惡，彝人眞的是這麼聲名狼藉嗎？漢人和彝人之間之所以存在這麼大的敵意，是因爲前者想征服後者，漢人想把他們的官員和文明強加給彝人，把彝人肥沃的土地開放給漢族農民，榨乾彝人所擁有的一切財物，而在他們自己的政府裏則不給彝人任何的發言權。可惜的是，彝人有自己的想法和文明，不管他們在漢人的眼裏看來是多麼的野蠻，但他們的確是天生的武士，而且絕對不笨也不傻。他們的生活方式看山去確實顯得原始或是古老，但現在我明白了，希望過著樸素和節儉的生活，遠離城市生活的奢華，他們認爲那樣的生活會腐蝕自己的肉體與靈魂，最終使自己衰弱和使整個民族墮落。〔註45〕

這似乎與本族人的觀點契合。曲木藏堯對此表示：一到追溯歷史上之沿革，爲何會有夷漢關係的不和，責任卻並不在夷而在漢，因爲當地辦理夷務的長官敷衍，「不以實情上聞，且不予以法律保障，其教育與政權更說不上，不但如此，並助漢抑夷」，以致夷族激憤日久，心生報復，卻被漢人稱之爲「夷匪作亂」。〔註46〕

同樣，這種情況也發生在苗族。苗族學者梁聚五對於苗子造反，也說：「試問乾嘉咸同之後，貴州哪年沒有苗子『造反』？他們的造反，雖和過去不同，可是反對滿清統治者的勢力，是和太平天國沒有兩樣的。苗族失去了土地，只好在高山窮谷間，實行原始的刀耕火種。儘管刀耕火種，收穫過於欠薄；但爲維持他們的生命，繁殖他們的子孫，除此一路，還有什麼方法呢？有的就是不斷的『造反』」。〔註47〕

如此，自表述所言的「被動」與他表述所言的「主動」顯然有別。雖然

〔註45〕顧彼得（pote Gullart）著，和鑣宇譯：《彝人首領》，成都：四川文藝出版社，2004 年。第 143 頁。

〔註46〕曲木藏堯：《西南夷族考察記》，南京：拔提書店，1933 年。第 3 頁。

〔註47〕梁聚五：《苗族發展史》（1950），貴陽：貴州大學出版社，2009 年。第 246 頁。

如此，但最終是誰來定義這些被表述人的特性？他們的特性與地理有何關係呢？

　　關於地理與群體分類的問題，英國的邁克‧克朗（Mike Crang）在《文化地理學》中表達了這樣的觀點：特性的分類既不完全是人為的，也不完全是先天的，對人的劃分是一個政治過程，對那些被認為理所當然、無可置疑的分類進行定義是這一過程的標誌。特性是建立在區分的基礎上。〔註48〕那麼，這跟地理有什麼關係呢？接下來克朗說：對特性的定義，是根據我們是什麼樣的人，而不是根據我們是誰。克朗所選擇的案例，主要是歐洲人面對美洲的「他者」與東方的「他者」時，都會互相給對方以定義，但這種定義是「不平等」的。〔註49〕在對人進行定義之時往往是將其看著「客體的物」，而不是「主體的人」。〔註50〕這正是地理學的切入點，因為這裡的「我們」和「他們」常常是以地域來劃分界限的：

　　　　我們採用空間速記的方法來總結其他群體的特徵，即根據他們所居住的地方對「他們」進行定義，又根據「他們」，對所住的地方進行定義。〔註51〕

這種根據被調查者自己的特性來定義被調查者的做法，也體現在中國西南民族的書寫中。雖然這裡的「地域」跟本書所講的「地理」不能等同，但地理環境成為識別西南民族性質的客觀知識，這種客觀知識，使得西南的「他們」與我們進行區別分類的時候，就有可能因為其居住的地理環境而帶有「理所當然」的性質，從而遮蔽了可能因歷史原因造成的被動選擇。如馬毅對西南何為「異族」的解釋是：所謂苗夷，概括湘桂黔滇邊地各種部族而言。西南各部族同胞，大部分非盡土著，亦有經歷代變亂，逃避隱居，終以地處偏僻，散居深山邃野，保持其固有之風俗言語習慣，遂亦目為「異族」。〔註52〕馬毅的觀點，代表了一般學人的普遍認知。

　　對於被大多數調查者作為「高尚的野蠻人」想像的擺夷邊民，趙純孝也強調了地理環境與其文化特徵之間的重要關係，他認為，雲南各部族的複雜

〔註48〕〔英〕邁克‧克朗（Mike Crang）著，楊淑華、宋慧敏譯：《文化地理學》，南京：南京大學出版社，2003年。第77頁。
〔註49〕同上。第83頁。
〔註50〕同上。第87頁。
〔註51〕同上。第87頁。
〔註52〕馬毅：《苗夷教育之檢討與建議》，《西南邊疆》，第7期。第26頁。

最能有力地解釋厥爲雲南地形之特殊複雜：

> 生活在優裕環境中的漢人，絕不願去冒這個大險，更因地理環境的險阻，使擺夷社會少和外界交通而與外面的文化隔絕，這是使擺夷社會能保存其原始文化制度形態之較完整而不被強族完全同化消滅的最大原因……我們在上面把雲南區的地形和氣候所以作這樣詳述，是因爲如果對於這一個區域的地理環境沒有一個明白的認識，則對於特殊形態的擺夷社會制度是不易瞭解的。如果單講擺夷社會經濟制度的歷史上的成因，而忽略了這個地理環境的因素，這只能說明其制度之來源，而不能解釋其現時的存在。〔註53〕

當時的西南民族調查，正是先將西南地理進行界定與說明，進而將與此相隔的人群歸爲不同於邊疆之內的（內地）特質的人群。漢人與擺夷，在地理上已經區分開來，自然也因地理形成了不同於漢文化的特徵。而這些未受到教育的邊民將會給國家帶來很大的麻煩：

> 彼等既無國家觀念，又無民族意識，散處邊地，易受外人誘惑，今日爲中國人，明日亦可爲外國人。朝秦暮楚，不知國家民族爲何物。對於國防上及安定後方生活危險殊甚。〔註54〕

如此表述，地理環境已提到救國的高度，而對於「懵懵懂懂」的自在邊民來講，自己無意中居然成了國家的絆腳石、國難的責任者。

地理問題，常常與交通問題聯繫在一起進行表述。當時，有「交通救國論」的宣導。交通總長葉玉虎於民國十一年，發表《我國今後急待發展之交通事業》；接著，凌鴻勳在《國聞周報》也發表了《述交通救國》進一步對其加以論述；再後，有徐漢夫的《交通救國論》，更有 1935 年，容業熊在《大中學生》上發表的《交通救國論》長文。〔註55〕其中，徐在文中倡導，交通的功能在於傳播文化。學問由切磋而進步，智識由交換而增加，切磋也，交換也。自輪船火車通，而縮地有方，郵電設而飛行使者現。互相交換，互相切磋，取其善者而從之，取其不善者而改之，則文化昌明，指日可期，民國

〔註53〕趙純孝：《擺夷邊民研究（中緬之交）》，《亞洲民族考古叢刊（第二輯）》，臺北：南天書局，1999 年。第 26 頁。

〔註54〕凌民復：《建設西南邊疆的重要》，《西南邊疆》，第 1 期，1938 年。

〔註55〕參見凌鴻勳：《述交通救國》，《國聞周報》，第 2 卷第 35 期，1925 年。徐漢夫：《交通救國論》，《商業雜誌》，第 4 卷第 11 期，1929 年。容業熊：《交通救國論》，《大中學生》，第 4 期，1935 年。

因之而得志。國因之而能強。故交通為文化宣傳利器。〔註 56〕交通，也是救國的利器，因為交通可以串連起全國疆域，是全國團結的硬件設施。「全國疆域，或劃割為若干勢力範圍，或分隸於不同之交通系統，對本國中樞，反呈麻木不仁，或有各自為政之概。有其獨立交通系統，或與自國之政治中心聯絡，或與自國之經濟口岸相通，如此則有中樞，有四肢，如腦使手，如手使指，有節節相通，得心應手之效。」〔註 57〕交通網絡，成為打開西南文化的通道。

在民族誌表述中，地理問題常常與交通問題結合起來，更加固了「邊民」的特性，其表述邏輯是：

地理險阻——交通不暢——風俗各殊、語言各異、情愫不通——蠻人為蠻

以劉錫蕃的《嶺表紀蠻》為例。第十四章「交通概況」，文章首先敘述的是：

苗山猺山地方，萬山嵂鬱，高淩霄漢，一峰未逾，一峰又來，鎮日跋涉，非上即下，幽深險阻，迥絕人寰。其人不但與漢族斷絕往來，即其同類蠻族，相距略遙，亦即不相聞問。是以同一苗人，而風俗各殊，同一猺人，而言服互異。吾人遊於苗山，至甲寨，為花苗；行數里，至乙寨，又為紅猺；再行數里，至丙寨，則又為青苗。此種情形，在在而有。甚至望衡對宇，亦風俗語言各異。情愫不通，同類尚難同化，其於情格勢禁猜忌嫉恨之漢族，欲其「華風沃澤，同流共貫」，又烏可能，此蠻人之所以為蠻人也。〔註 58〕

接下來，作者才提到其「道路」、「橋梁」、「船舶」、「夥棧」等具體的交通問題。交通問題時常轉化為人的問題：「終身不知舟車為何物者，居其大半。若與之談火車、輪船、飛機、電報，真如對牛彈琴，向頑童說封神。」〔註 59〕最後說，「蠻人自生至老，皆與嶔嶔險峻之環境奮鬥，故其本能亦特異於人。」〔註 60〕

在另一篇民族調查中，也生動地寫到猺人這一特點：

輪船、火車，飛機為交通利器，除非不談交通問題，如果談起

〔註 56〕容業熊：《交通救國論》，《大中學生》，第 4 期，1935 年。
〔註 57〕胡煥庸：《交通革命中之雲南》，《西南邊疆》，1938 年第 3 期。
〔註 58〕劉錫蕃：《紀表嶺蠻》(1934)，臺北：南天書局，1987 年。第 115 頁。
〔註 59〕同上。第 116 頁。
〔註 60〕同上。第 120 頁。

> 這個問題，總脫不了這三種。猺人知識閉塞，完全不曉得這三樣是
> 什麼東西，甚至除了一兩個自命極開通的人物以外，其餘許多許多
> 簡直連船都沒有看過，乘坐更不必說了。〔註61〕

　　由交通說起，接著作者就列舉猺人幼稚的問題：「與水這樣的接近」，「船裏面不是很冷嗎？」進而嘲弄沒有坐過火車的猺人坐在火車上是如何的緊張、窘迫，嚇得臉都白了，「雙手緊緊的抱著椅靠，雙足實實的踏著車底，眼瞪瞪的看著我」。最後作者說，嚴格說起來，猺山山裏頭簡直無交通之可言，有之也不外一些千灣萬曲，鳥道羊腸的山路罷了，然而以那十分懶怠的猺人，能夠做出怎樣的路道，我們不難一揣即得了。〔註62〕在作者看來，這些現代詞彙，甚至國民交通工具，作為現代的國民——猺人也應該懂得。所以認為他們居然都不知道，實屬好笑。結論是，猺人既無交通，當然需要「我們」去建設交通。因為猺人是不可能做到的。

　　此為中山大學生物學系的助教任國榮先生於 1929 年撰寫的《廣西猺山兩月觀察記》。他們此行不但收集到兩萬件動植物標本，而且還順便獲得《廣西猺山兩月觀察記》這樣的成果，讓當時負責西南民族調查的顧頡剛先生興奮不已，於是有了後面《西南民族研究專號》的出爐。

　　在這裡，僅僅借用一個交通問題，即道出異族「猺人」閉塞，完全不懂現代知識，顯然不同於「我們」的特點。在任氏寫交通之前，更有「概略」部分專門寫了猺山的地理、地勢，以及在行走過程中的險阻。

　　不懂現代「交通」為何的猺人，卻在外人湧來之時不自覺地充當了交通工具。

　　其實，「地理」、「交通」這些西方經由日本傳入中國的外來詞彙，對當時中國知識界，不僅是一種認知衝擊，更是一種思想的變更。如上所述，在開始較大規模的西南調查之前，中國學者已經非常重視地理知識與現代文明國家的關係了。任國榮正是用自己所具有的西學知識譜系調查西南瑤族，才導致了他們如此區分地去看待「異族」猺人。

　　通過地理、交通等客觀現狀，中國人群可以被「科學」地區分出「夷」、「漢」類別。這種以「客體的物」作為分類的起點，也影響到對西南夷（人群）自身的分類。

〔註61〕任國榮：《廣西猺山兩月觀察記》（1929），《亞洲民族考古叢刊（第二輯）》，
　　　　臺北：南天書局，1999 年。第 26 頁。
〔註62〕同上。

川康科學考察團地理組「全家福」〔註63〕

第二節 分類層級及表述

西南「夷」，即西南少數民族。作爲群體單位，由微觀到宏觀，西南「夷」實際上涉及到三個層次的分類：某具體族群的分類；西南民族的分類；西南民族被統稱爲夷，然後對夷與漢進行二分。在當時的西南民族調查中，這三個層次都有不同程度的呈現，下面先稍加闡述：

微觀層次，即調查者對調查的具體族群進行分類。如苗族，羅羅族，擺夷等。此分類的標準一般是漢族調查者對「他者」（具體族群）的漢化程度進行區分。常用形容詞「生」與「熟」等，如生苗與熟苗，生番與熟番等，或者藉居住地域以區別，如旱擺夷與水擺夷等，或以同一族群的不同風俗文化特徵進行分類，如花苗、白苗等。

中觀層次，即調查者用民族學知識對西南民族整體進行分類。這些分類根據語言、地域、文化習俗等特點進行。通過如此分類，西南民族被分成幾大類別。

宏觀層次，即西南民族常常被統稱爲「夷」，與「漢」進行區分，先形成二元區分後，再被合二爲一。如此，西南「夷」既被區分於「漢」，又被強調爲中華民族的一部分。下面就從第三層次到第二層次再到第一層次，從微觀

〔註63〕孫明經攝影，孫健三撰述：《定格西康——科考攝影家鏡頭裏的抗戰後方》，桂林：廣西師範大學出版社，2010年。第44頁。

到中觀再到宏觀進行分析。

1. 微觀：同一「族群」的多樣性

這裡借用當代學術術語「族群」，或用識別後的族稱回過頭去分析民國時期的族類表述，可以更清晰地顯示，現在被稱之爲同一民族（族群）的人群，在文化上具有的多樣性。而這種多樣性，既表現爲一種客觀的存在，也體現爲一種主觀的劃分。

地理交通，影響到對西南具體族群的分類。地理空間造成西南族群與漢族的隔絕，於是少數民族在傳統上已有「生」與「熟」之分：

> 其深藏山谷，不籍有司者爲生苗；附近郡邑，輸納丁糧者爲熟苗，熟苗與良民無異，但性頑嗜殺。〔註64〕

於是在調查者眼中，漢化成爲識別此族群的第一個標準，漢化的程度被用「生」、「熟」這樣的形容詞來區分：

> 貴在羈縻，未有怨毒猜嫌而能長久寧貼者。貴州境內多與苗疆相接，「生苗」在南，漢人在北，而熟苗居中，受雇直爲漢人傭，相安已久。「生苗」所居深山密菁，有熟苗爲之限，常聲內地。〔註65〕

不得不強調的是，這樣的區分併不是民國時期所特有，而更多的是傳統分類的有效運用。如上文關於生苗與熟苗的分法，是歷史文獻的沿用。在《明史》與《清史稿》中，即有大量「生苗」的描寫。如：

> 有苗民絕異於漢人而不能相害者，熟苗之外另有生苗，多在深山窮谷之中，性情嗜好，飲食居處，皆與人殊，漢民既不能入生苗，亦復稀出，雖有狡點客民，無所施其伎倆。〔註66〕

> 境內夷民，種類不一，其居山野者，曰洞人，曰場□，曰仡僚，曰犵頭，曰沐僚，曰生苗，曰熟苗。〔註67〕

> 又欲割地以授友，謀於淵，因以天壩干乃本州懷遠故地，爲「生

〔註64〕清·賀長齡：《清經世文編》卷八十六兵政十七，清光緒十二年思補樓重校本，第2265頁。

〔註65〕民國·趙爾巽：《清史稿》列傳七十七，民國十七年清史館本，第3435頁。

〔註66〕清·葛士濬：《清經世文續編》卷八十兵政十九，清光緒石印本，第1558頁。

〔註67〕明·沈庠修、趙瓚纂：《（弘治）貴州圖經新志17卷》，貴州圖經新志卷之五，明弘治間刻本，第221頁。

苗」所據，請兵取之。〔註68〕

上述描寫，在民國時期的調查中也被沿用，如此，西南民族在具體族群分類的特點可以概括爲：

第一，沿用了歷史上的分類標準，在一定程度上，也體現出中原漢族的書寫立場，採用歷代漢化的標準，用「生」與「熟」來區分異族，以區別其漢化的程度。即未漢化的或漢化程度較少、保持自己文化特性的被稱之爲「生」，漢化或漢化程度較大的稱之爲「熟」。

在《湘西苗族調查報告》中，有「苗疆的人生地理」一章，在此章中，淩純聲根據嚴如煜的《苗防備覽・險要考》分出「生苗」區域：

> 「馬鞍山城西南五十里，高約八九里，山勢險峻，形似馬鞍，山頂有井，取汲不竭，山沖頗有水田，爲生苗歷憑之險。」臘耳臺地，因多山坪與井泉，所以村寨星羅棋佈，苗人生息其間，向爲生苗巢穴。溪河下游區……溪河可行小船，交通較爲便利，爲漢人移殖之區。〔註69〕

第二，在關於地理及人群描述上，大多數文本既有歷史文獻的支證，也有現實地理描繪，歷史文獻與現實調查的結合，強化了分類標準，地理成爲「生」與「熟」分野關鍵而客觀的條件，也成爲漢化的重要因素。作者最後的目的是要考慮如何打通進入「生蕃」的通道，強調更多的現實關懷，有時類似戰術分析。如淩先生描述：

> 漢人的聚落，多分佈於交通的孔道及哨卡要地。一遇警報，即可互相聲援……苗寨的分佈多不在交通要道，常在山谷深處，只有小徑可通。遠處雖可望見，但多可望而不可即。如無近代的火器，頗不易攻破。數百年來湘西苗亂不斷，與苗寨所處易守難攻的地形，可說大有關係。〔註70〕

第三，在貌似客觀的族群分類上（大多數對生苗再進行區分），無論是歷史文獻已有的歸納，還是民國調查的再次分類，都具有隨意性與主觀性。如苗族學者對黔西苗族進行調查時就談到，黔西十三種苗中，除水西苗一名包含有地理意義外，其餘各名皆以苗族裝飾形式命名者也。而裝飾化苗民，大

〔註68〕 清・張廷玉：《明史》卷三百十二列傳第二百，清乾隆武英殿刻本，第3350頁。
〔註69〕 淩純聲、芮逸夫：《湘西苗族調查報告》，中央研究院歷史語言研究所單刊甲種之十八，1947年。第30頁。
〔註70〕 同上。第35頁。

多數可能為他集團之苗或非苗族之民族所命名，而實非該苗族集團原有之名。﹝註71﹞「裝飾性」名稱也可稱之為「修飾性」名稱，意為在「他表述」中，為了區分不同的「苗」而運用形容詞或名詞對不同的「苗」進行描述與修飾。例如民國以前關於「白苗」的文獻描述：「白苗」之習略同花苗。其服先用蠟繪花於布，而後染之。﹝註72﹞

　　此類「修飾性」名稱也是源於傳統文獻的借用，而並非民國學者的發明。如凌純聲先生在《湘西苗族調查報告》中將「苗族的地理分佈」——湖南部分（作者調查地）的苗分類為二十二種，即來源於《永綏廳志》，分別為：紅苗、青苗、黑苗、爺頭苗、洞崬苗、八寨苗、箐苗、清江黑苗、白苗、九股苗、黑山苗、黑腳苗、車寨苗、西溪苗、平伐苗、東苗、花苗、楊保苗、紫姜苗、吳家苗、梁家苗、侗家苗。﹝註73﹞

　　上述分類標準不一，有以服飾顏色分的，如白苗之「衣尚白」；有以地域名稱分的，如洞崬苗之「洞崬稱小寨」；還有的根據服飾樣式或其它不太明顯的標準。於是，在列出上面《永綏廳志》的二十二種後，凌先生用表示顏色的苗之分類再次進行了歸納，並且為了與「苗」進行區分，又改為更與民族易混的「族」字進行稱呼：

　　　　紅苗、吳家、梁家為紅族；黑苗、爺頭、洞崬、八寨、箐苗、
　　清江黑、九股、黑山、黑腳、車寨、紫姜為黑族；青苗、西溪為青
　　族；白苗、平伐為白族；花苗、東苗為花族。﹝註74﹞

　　其實，楊漢先對民族學家的「分類」問題有不同的看法，認為對其進行「分類」不妥，如若「歸類」卻得當。為何有如此見解？實則在楊漢先看來，苗族之所以被分成如此之細，全是歷史造就。而這歷史，都是因為漢人參與苗族的歷史：

　　　　明代以前，漢人移來貴州甚少，於是苗族原有集團未被破壞。
　　此所以大集團雖有，然小集團則無之原因。及至明太祖開闢貴州後，
　　漢人大量遷入貴州，又加以歷代戰爭結果，於是苗族集團開始分裂。

﹝註71﹞楊漢先：《黔西苗族調查報告》，楊萬選等著：《貴州苗族考》，貴陽：貴州大學出版社，2009年。第133頁。

﹝註72﹞清·舒位：《瓶水齋詩集》別集卷二疆圉大荒落，清光緒十二年邊保樞刻十七年增修本，第318頁。

﹝註73﹞凌純聲、芮逸夫：《湘西苗族調查報告》，中央研究院歷史語言研究所單刊甲種之十八，1947年。第19~23頁。

﹝註74﹞同上。第23頁。

此又所以明時苗族始有種別記載之原因也。大約明初苗族大集團開
始分裂，明中則小集團開始形成而長成。明末及清初則又因吳三桂
剿水西戰事，再加以清中咸同事變等，於是又由小集團分裂爲許多
支集團。故苗族今日所有之長角、短腳、大花、小花等細各種類，
實形成長成於清代。此所以唐代樊綽使滇雖親身經歷若干途程，然
僅言苗眾而未言苗種，而清之陳鼎始於《黔遊》一書，別苗種爲十
也。實際上此二十種苗，如在陳鼎時即加以科學的分類，則亦不過
數種。既又經百數十年，苗族小集團分化更多。後世於是有分爲數
十種至數百種者。〔註75〕

　　漢人進來，造成了苗族由原來的大集團，不斷被細化爲更小的集團直至
數百種類。即，此種種名稱，「大多數爲無知及好奇之漢人所命名。既無科學
價值，且復無確定範圍。」〔註76〕同時，對於上文提到的「修飾性」名稱，
如花苗等，楊漢先也不認同：

　　　　第一，一集團而數名。如安順普定之 hmong a nchi，漢人有名
　　爲水西苗、歪梳苗、梳子苗、花苗及漢苗等名稱。

　　　　第二，一名稱而所指集團範圍不定者，例如花苗--名，就說以
　　穿花衣得名，然苗族中女子莫不穿花衣。又如威寧苗及貴陽苗，皆
　　有名花苗者，然威寧花苗文化與貴陽花苗文化之差異程度較之威寧
　　花苗與畢節白苗者相去遠矣。諸此不勝枚舉。

　　　　第三，調查者的命名與被調查者的命名不符。如安順之 hmong
　　ndzang 漢人名彼等爲補龍苗，然彼等卻不以自己爲補龍苗，而只知
　　爲 hmong ndzang 或青苗。〔註77〕

　　如此，楊先生認爲，苗族名稱如要分類，第一應摸清該民族歷史變遷；
第二應該根據日常生活；第三應根據語言，即「以歷史淵源爲經，語言爲緯，
再輔以經濟生活，並沿舊有紅、花、白、青、黑等名」，可以更清晰地進行分
類。〔註78〕

〔註75〕楊漢先：《黔西苗族調查報告》（1947），載楊萬選等著：《貴州苗族考》，貴陽：
　　　　貴州大學出版社，2009 年。第 160 頁。
〔註76〕同上。第 161 頁。
〔註77〕同上。第 161 頁。
〔註78〕楊漢先：《黔西苗族調查報告》（1947），載楊萬選等：《貴州苗族考》，貴陽：
　　　　貴州大學出版社，2009 年。第 165 頁。

對於漢人主觀隨意的分類方式，苗族另一位學者梁聚五先生同樣表示質疑：

> 如果看見他們穿著黑衣紅衣，就稱他們黑苗紅苗；看見他們居高山，或平地，就稱他們高坡苗，平地苗；看見他們來自水西或黔南，就稱他們水西苗，清江苗；看見他們職業是木匠或鐵工，就稱他們木老苗，打鐵苗……真是皮相之談，離開事實太遠。照這樣分類，不但苗夷族可分百餘種，就是千萬種也分得來的。〔註79〕

不過，梁聚五反對如此分類，卻未提出更爲合理的分類標準。他的目的更在於反對分出更多的類別，反對強調苗族自身的多姿多彩，而更贊同苗與漢有更多的共同點而非差異性。關於此點，後文將論及，此暫不論。

總之，本族「自表述」所強調的分類及其立場與「他表述」顯然有別。孫大川，作爲臺灣原住民（卑南族）的後代，批評了鳥居龍藏對於臺灣原住民的調查與分類，他認爲，從一個原住民的立場來看，鳥居對原住民的分類不過是一種博物學式對動、植物的分類研究，而不是對待一個人、一個民族、一個文化的態度。他們從祖輩得來的口傳的民族記憶絕不是什麼黑暗的世界，也不必納入什麼分類系統，才得以存在！〔註80〕對於苗族的分類，當時如楊漢先、梁聚五此等本族學者也能如孫大川一樣，從被調查者的主體位置來質疑他者的分類，但是，作爲漢語世界長大的他們，對分類的質疑在目的與訴求上卻與孫大川有別。

2. 中觀：西南民族的系統化

在西南民族被系統分類之前，西南民族的古代分類，在當時學者看來，其特點是太簡或太繁。如司馬遷《史記·西南夷列傳》按文化習俗，將西南民族分爲「耕田」民族、「隨畜」民族，「半耕半獵」民族，實爲太簡。之後晉范曄《後漢書·南蠻西南夷傳》以地名族，未觸及分類實質。至明清，有明謝肇制（「制」實爲「淛」，原文誤用——筆者注）《滇略》與清李宗昉之《黔苗圖說》。前者分類，「爲雲南民族，川、黔、湘、粵之民族不與焉」，實不周全，不能概之爲西南；而後者，82 種的「枚舉法」，「過事分析，未能綜合」。

〔註79〕梁聚五：《貴州邊民的禮俗》（1944），張兆和、李廷貴主編：《梁聚五文集——民族、民主、政治》（上），香港：華南研究中心，2010 年。第 471 頁。
〔註80〕孫大川：《面對人類學家的心情——「鳥居龍藏特展」罪言》，鄧啓耀：《視覺表達：2002》，昆明：雲南人民出版社，2003 年。第 303～304 頁。

〔註81〕楊成志認為：「元明以上的，多偏於記載史實；元明以下的，多偏於記載慣俗；其中關於西南民族的分類，雲南通志稿南蠻志（172 卷至 190 卷）記載雲南的土人共有 140 種，也同樣是錯的。因為是「閉門造車」的資料，犯了畫蛇添足的笑柄，《黔苗圖說》列述貴州共有苗人 82 種的名稱也犯了同樣的錯誤。」〔註82〕

　　近代對中國西南民族進行描寫與分類以歐洲國家最盛。據統計，晚清民國時期的分類約在百種以上。其中，以三分法最為普遍。如 1897 年英人浩熙（Alexander Hosie）《華西三年駐節記》，1909 年英國軍官達衛斯（H.R.Davies）的《雲南，印度與揚子江流域之連鎖》，1911 年克拉克（S. R.Clarke）《中國西南民族》均分西南民族為三類。其中所提大抵為苗猺、仲家、倮羅或擺夷幾大類。在馬長壽看來，雖然上述分類方法有其缺陷，但三分法最為中國民族學家所接受，尤其是 Davies 按語言體系對中國西南民族的科學分類方法，最為中國學者青睞，比如馬長壽關於西南民族分類，就主要借鑒了 Davies 的方法。但馬氏還綜合其他學者之體質與文化研究，並參考了中國史志關於分類的記載，作了西南民族新分類。

　　馬長壽對 Davies 的分類方法進行了肯定之後的否定。否定主要在於兩個方面：一是不同意 Davies 對民家與蒲蠻的分類，將其歸入蒙克語族；二是不同意只有用語言作民族分類的方法，因為語言具「游離」，因此不甚周全，需要對照中國歷史演變之事實。

　　Davies 將西南民族按語言分為四系統：蒙克語系、撣語系、漢語系、藏緬語系（西南少數民族即為除「漢語系」外的三系統）；而蒙克語系包括（甲）苗瑤族，1.苗或蒙，2.瑤。（乙）民家群，1.民家或白子。（丙）瓦撲喇，1.瓦，2.喇，3.蒲蠻，4.僕喇，5.卡莫。此處，蒙克語者，蓋指安南語，柬埔寨或克麥語與蒙古或臺稜語而言。作為英國軍官，Davies 將中國邊疆的諸多民族納入安南語系統，此為「帝國殖民化的東南亞視野」，而並非「中國化的西南視野」。〔註83〕中國民族學家偏向後者。如馬長壽等人對其分類的科學性贊

〔註81〕馬長壽：《中國西南民族分類》，載《民族學研究集刊》，1936 年第 1 期。
〔註82〕楊成志：《西南民族的研究》，《西南研究》（創刊號），中山大學西南研究會發行，1932 年 2 月 10 日，廣州。第 9～18 頁。
〔註83〕彭文斌認為，十九世紀法國佔領越南、老撾、柬埔寨，英國佔領緬甸、馬來半島以後，英法二國在東南亞殖民事業的拓展也啟動了有關殖民地的民族誌產業（ethnographic enterprises），同時也將帝國的視野從中南半島投射到地處中國西南邊疆的雲南省。商業的利益、政治的影響、學術的興趣或傳教的願

同的同時，也以歷史文獻爲證，找出不同意將民家與蒲蠻列入蒙克語系的依據，將 Davies 的分類方法進行本土化修正。即「達氏謂民家有蒙克語源，而周圍無蒙克民族。推其原因，蓋在南詔建國時，以瓦拉爲兵丁，蒙克語因而傳授於民家。」民家的族屬應是：南詔爲僰夷所建，可知白國之組織者亦爲僰夷之近族。蒲蠻與民家「犯同一謬誤」，湄公河流域雲州之東北之一部蒲蠻略帶蒙克語源，然四周無操類似語言之民族，因「濮與蒲同音，當爲同族」。〔註 84〕

在分類的論述中，馬長壽也兼顧了有關體質、風俗等調查資料，但歷史文獻甚多，如上面所舉的「僮僚族」，馬借用《魏書》、《北史》、《廣西通志》、《隋書》等史志材料，來論證其出自巴蜀。西南民族族群的多樣性、複雜性，使得僅靠中國民族學家自己剛起步的不足之田野調查遠遠不夠，所以只能依靠歷史文獻。在科學分類部分，他們大都依照西方學者的分類準則，少數地方作了本土化變動。

馬長壽用族系的概念，將相鄰地域不同族類放到一個更大的體系之下。既考慮了綜合，也考慮了分類，同時，放棄了 Davies 分類中的「蒙克語系」，形成了西南民族的三族系分法：

（一）苗瑤族系

　　（甲）苗群　（1）紅苗，（2）白苗，（3）青苗，（4）黑苗，（5）花苗，（6）雜苗

　　（乙）瑤群　（1）瑤族，（2）畬氏或輋客

　　（丙）瓦僕喇族，（1）瓦，（2）喇，（3）僕喇

（二）撣臺族系

　　（甲）僰夷群，（1）僰夷，（2）蒲蠻。

　　（乙）仲家群，（1）仲家，（2）水家。

　　（丙）僮僚群，（1）僮，（2）僚或土佬，或仡佬，（3）儂，（4）沙，（5）狼，冰，佯，伢，佀。

望，推動英法二國的學者、情報官員、探險家和傳教士（也包括歐美其他國家的傳教士）去尋求和發現能夠連接英法殖民地與中國西南邊疆的族群「走廊」，並試圖建立人種、語言、文化、習俗等方面的「譜系」關係。彭文斌：《中西之間的西南視野：西南民族誌分類圖示》，《西南民族大學學報》，2007年第 10 期。

〔註 84〕馬長壽：《中國西南民族分類》，載《民族學研究集刊》，1936 第 1 期。

　　（丁）黎群，（1）黎或俚，（2）岐或㐌（3）孝

　　（戊）民家群，（1）民家或白兒子，或那馬

（三）藏緬族系

　　（甲）西藏群，（1）藏族或古宗

　　（乙）西番群，（1）西番，（2）麼些，（3）怒子。

　　（丙）倮儸群，（1）倮倮，（2）儸儸，（3）羅婺或倮黑，（4）
　　　　窩泥

　　（丁）緬甸群，（1）馬喇，（2）喇溪，（3）阿系，（4）阿成

　　（戊）開欽群，（1）開欽或青頗。〔註85〕

　　對每一族系之下的族群識別，馬氏都採用了民族誌調查資料，從地理分佈、體質特徵、衣飾風俗等方面進行描述，並將體質與文化風俗，拿來與漢族比照，標示出其同與異，以規定其範疇、類型。楊成志也認為，「西南民族的科學分類應該包括三方面：一爲體質測量，二爲語言的比較，三爲慣俗的考勘。在文化落後的中國，尚未做到。因爲我國無人類學一科，也無民族學。只有慣俗的考勘可在歷代文人學者的著述中查詢一些。現時只能靠著外國的調查家和西南各省天主教的神父或基督教的牧師等所出版的數百本關於西南民族的著述爲參考。」〔註86〕但總的來說，中國學者在民國時期以來的西南民族分類，史實與慣俗兼而有之，且多具有科學性。

　　中國西南民族按語系進行分類是芮逸夫在民族學上的獨特貢獻。他將西南民族分爲四個語系，每個語系下分爲不同的語群，語群下面再分各種語言及其分佈的地域，列如下：

一、藏緬語系

（一）康藏語群

　　（1）藏　　語　在西藏。

　　（2）康　　語　在西康及四川西北、青海南部。

　　（3）嘉戎語　在四川西北即西康東北。

　　（4）估倧語　在西康南部及雲南西北。

　　（5）怒子語　在雲南西北。

〔註85〕馬長壽：《中國西南民族分類》，載《民族學研究集刊》，1936 第 1 期。

〔註86〕楊成志：《西南民族的研究》，《西南研究》創刊號，中山大學西南研究會發行，1932 年 2 月 10 日，廣州。第 9～18 頁。

（6）俅子語　在雲南西北。

（二）羅麼語群

（1）倮儸語　在四川西南、西康東南、貴州西北及雲南東北、中部，廣西西部亦有少數。

（2）麼些語　在雲南北部及西康東南。

（3）窩泥語　在雲南中部偏南。

（4）傈僳語　在雲南西部。

（5）倮黑語　在雲南西部。

（6）阿佧語　在雲南西南。

（7）民家語　在雲南中部偏西。

（8）羌　語　在四川西北。

（三）佧侵語群

（1）佧侵語　在雲南西北滇緬北段未界定一帶。

二、泰撣語系

（一）西支：（1）擺夷語　在雲南西南。

（二）東支

（1）儂人語　在雲南東南及貴州中部。

（2）沙人語　在雲南東南。

（3）仲家語　在貴州中南部及雲南東南。

（4）僮人語　在廣西中、西、南各部。

（5）黎人語　在海南島中北部。

三、苗傜語系

（一）苗語群

（1）苗　語　在貴州、湖南西部、雲南東部、南部及四川南部。

（二）傜語群

（1）傜　語　在廣西中、東、北各部、廣東北部、湖南西南、貴州東南及雲南南部。

四、猛吉語系

（一）瓦崩語群

（1）佧佤語　在雲南西南滇緬交界一帶。

（2）佧喇語　在雲南西南滇緬交界一帶，佧佤之北。

（3）崩龍語　在雲南西南滇緬交界一帶，佧喇之北。

（4）蒲人語　在雲南西南。〔註87〕

　　上述分類芮氏參照了大約十家包括伊爾斯氏（H. L. Eales）、泰勒氏（L. F. Taylor）等九個外國人及中國語言學家李方桂的相關論說。綜合各家觀點，並參照各種地理、遊記及調查報告，加上自己的田野調查，形成了芮氏按照語言進行分類的特點，即芮氏修正了西人對於中國西南民族的分類多被納入東南亞體系或印度支那語系的作法，〔註88〕亦即採用中國本土話語方式，替換了其中的一些提法。關於這一點，當時中國學者丁文江、凌純聲、馬長壽、李芳桂、陶雲逵、羅常培、芮逸夫、岑家梧在西南分類中皆有所論述。〔註89〕

　　由以上分析可以看出，中國學者的西南民族分類體現出兩個特點。第一，因考慮其科學性，西南民族分類標準主要以西方調查分類爲重要參照點，但同時更依賴了中國歷史文獻，對西方分類進行了本土化修正。這種修正緣於中國學者想通過學術爭奪對西南邊境的話語權，從而與西方帝國抗衡。第二，由於分類者所站的漢族中原立場，修正之後的西南民族分類，更具有「中國之西南分類」的特點。即對西南民族分類的同時，更關注對整個中華民族進行分類。下面就以芮氏爲例，將第二個特點再補充論之。

〔註87〕芮逸夫：《西南民族的語言問題》（1943），見芮逸夫：《中國民族及其文化論稿》，臺北：藝文印書館，1972年。第1362頁。

〔註88〕芮逸夫：《西南民族的語言問題》（1943），見芮逸夫：《中國民族及其文化論稿》，臺北：藝文印書館，1972年。第1351頁。

〔註89〕丁文江、凌純聲和馬長壽在各自的著述中，通過不同的步驟用本土術語取代了「孟吉蔑、孟克（孟高棉）」的提法。丁文江採取的是把「民家列入撣人類，苗猺自成一系統；又另列交趾類包括蒲人等。戴氏的蒙克語系，爲丁氏三分取消」。凌純聲雖然認可戴氏苗猺屬於「孟吉蔑語」分類，「仍願保留戴維斯的三分法」，但是他在分組中，摒棄了「孟吉蔑」的提法，用「蒲人類」來代替，該組包括蒲僰、瓦崩和苗猺。馬長壽雖然也認爲苗猺語屬於「孟吉蔑語」，但他乾脆以「苗猺族系」（包括苗、猺、瓦崩）直接取代戴維斯的「孟吉蔑語系」，形成了他的「苗猺族系」、「撣臺族系」、藏緬族系三分法。見彭文斌：《中西之間的西南視野：西南民族誌分類圖示》，《西南民族大學學報》，2007年第10期。

民國語言區域圖〔註 90〕

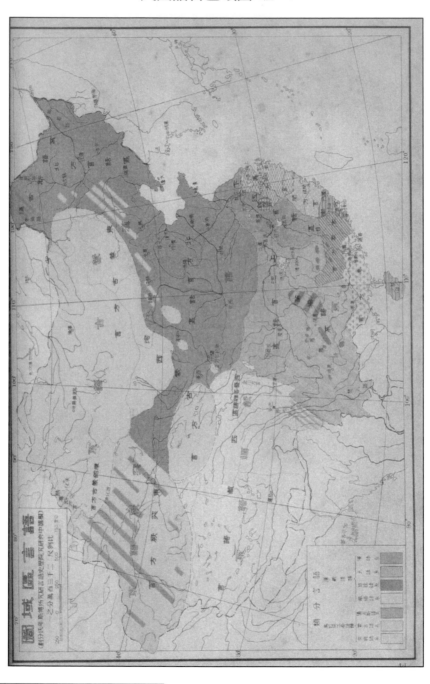

〔註90〕丁文江、翁文灝、曾世英編纂：《中國分省新圖》，上海申報館，1929 年。第14 頁。

　　因為抗戰爆發，芮逸夫跟隨歷史語言研究所輾轉遷徙至雲南昆明、四川南溪李莊。除了近水樓臺進行西南田野調查之外，芮氏也開始了他的民族學研究，即對中國民族的綜合闡釋。芮先生先後完成《中華國族解》、《西南民族的語言問題》、《中華民族的支系及其分佈》、《西南民族與緬甸民族》、《西南少數民族蟲獸偏旁命名考略》等文章。這是他從單純的民族誌數據記錄與收集，轉以分析性角度整理、組織田野材料，企圖從諸族群的民族誌比較，歸納族群間的異同、影響與關係。此外，身兼立法委員一職也促使他在民族政策方向進行深入的思考，進而發表出一篇篇邊疆問題系列文章。〔註91〕此時，如果說身居西南的芮逸夫關注西南民族，不如說他更關注整個中國的民族形勢。因此，將西南邊疆納入整個中國的分類系統成為芮逸夫研究中華國族的一部分。芮逸夫認為中華國族、中華民族和中華國家是「三位一體」：中華民族是於社會的及文化的觀點；中華國家是於政治的及法律的觀點；中華國族則為兼有由社會的、文化的、政治的、法律的種種觀點而稱說的名詞。〔註92〕因此，討論中華國族的分類，既是芮逸夫社會、文化方面的民族研究，也是政治、法律方面的國家言說。

　　芮對中華國族分類所作嘗試的前提是贊同孫中山先生關於「民族就是國族」的說法，而分類的原則為孫中山先生關於民族的構成，包括血統、生活、語言文字、宗教及風俗習慣五種因素。因此，釐清這五個要素而來的民族特點，實際上就完成了整個中華國族的分類。芮氏認為，孫中山的民族構成五要素中，血統為人種學的範疇，而生活、語言文字、宗教及風俗習慣屬民族學的範疇。〔註93〕這樣，孫中山的民族五要素就被納入人種學、民族學的西方現代學科體系之中。

　　芮先生將中華國族分為「共相」和「自相」層面。「共相」層面為：大體說來，是同一血統，同一生活，同一語言文字，同一宗教，同一風俗習慣。即構成我們國族的因素大體是相同的。「自相」層面即一個胎裏生不出兩個完全相同的兄弟，〔註94〕即國族因素的差異性。由此可以看出，對於分類而言，

<hr />

〔註91〕芮逸夫：中研院網站・村寨網，http://ethno.ihp.sinica.edu.tw/frameB.htm
〔註92〕芮逸夫：《中華國族解》（1942），見芮逸夫：《中國民族及其文化論稿》，臺北：藝文印書館，1972 年。第 4 頁。
〔註93〕芮逸夫：《中華國族的分支及其分佈》（1944），見芮逸夫：《中國民族及其文化論稿》，臺北：藝文印書館，1972 年。第 11～12 頁。
〔註94〕同上。第 12 頁。

「自相」層面的分類並不是作者意向所在。因此，在「中華國族的分支及其分佈」中，作者說：

> 在 4 億五千萬中國國民中，約有 94% 至 95% 是由古代的華夏漸次融和各種族類，歷 4 至 5 千年而成的漢人；其餘 5% 至 6% 的國民，一向被認爲異於漢人，而實際仍爲構成中華國族的重要成分。所以這 4 億 5 千萬中國人，可以說完全是一個民族。它的構成分子，在大體上都是相同的。〔註95〕

而這 5% 強的少數國民，乃是作者所稱的國族支系，即「自相」層面。芮氏在文章中將國族支系區域化爲六類：東北支、北支、西北支、西支、西南支、南支。每一類又按其所操語系及宗教信仰來作爲分類特徵，分出不同的組，共爲 6 支 30 組。這樣，西南支被包括在中華國族的 6 個支系之中。〔註96〕

芮逸夫在赴臺後發佈的另一篇《中國民族》一文中，又用了「宗支」的概念來進行分類：

> 5% 強的國民，常被認爲異於漢人，而稱爲蒙古人、滿洲人、維吾爾人、哈薩克人、西藏人、倮儸人、麼些人、山頭人、擺夷人、仲人、僮人、黎人、苗人、傜人、高山人等等，其實仍爲構成中國國民的重要成分，他們都是中國民族的宗支……他們有不少差異。那些差異，主要是由於過去地理環境上的殊異，使他們保持著某種程度的隔離，因而使他們顯現出若干體質特徵和文化特質的不同。以地理分佈爲經，以生活、語言文字、宗教信仰爲緯，把他們分爲東北、北、西北、西、西南、南、東南七個區域，代表著大都住在邊疆的中國民族的七大宗支。〔註97〕

西南宗支的國民，「散處在雲、貴高原，川、康南部山地，廣西臺地的西北部。他們大都是史記、前、後漢書所謂「西南夷」之後。他們都營農耕生活，間或也兼事漁獵。」〔註98〕

最後作者說：「以上所述七個宗支，凡 75 族。此外，雖然還有不少族類，只因作者的見聞有限，且參考資料缺乏，這裡不能盡述；但主要的已經略備

〔註95〕同上。第 11 頁。
〔註96〕同上。第 24～25 頁。
〔註97〕芮逸夫：《中國民族》（1953），見芮逸夫：《中國民族及其文化論稿》，臺北：藝文印書館，1972 年。第 33 頁。
〔註98〕同上。第 44 頁。

於此……不容諱言，這是他們和 94%以上的大多數國民，在語言文字、生活方式、宗教信仰、風俗習慣上，頗多殊異的事實。雖然已有不少正在逐漸融和中，但仍有待於進一步的融和。」〔註 99〕如此，西南民族被圖譜為中華民族的一個西南小分支。芮氏對西南小分支將來的命運解釋是：

> 不容諱言，尚有待於進一步的融和。這個進一步融和的責任，我們就應該擔負起來。我們應該遵照建國大綱的規定，扶植他們，使大家達到現代文化的水準，同進於文明之城。扶植之道，首先要把我們的傳統文化，統一的文字，普及於各支、各系、各族的國民，使大家都有「同聲之應」，「同氣之求」，且得「同文之便」。〔註 100〕

「同聲之應」、「同氣之求」、「同文之便」所代表的是正是語言、風俗與文字的統一。芮先生是第一個用人種學、民族學的方法，最詳盡地繪製出中華國族圖譜的民族學家。在此圖譜中，「地理環境上的殊異」仍然是造成如此眾多「分支」或「宗支」存在的主要的、客觀的原因。而國族融和成為他圖譜論說的主要目標。但芮氏認為，融和不是被迫，而是「願意」。對願意合在一起的民族，芮先生列舉了蒙古系的布萊雅族由蘇俄遷入東北、突厥係的哈薩克族由蘇俄遷入新疆、侗傣系的傣、撣諸族由泰國（暹羅）、僚國（老撾）到達南北（撣邦）。並且芮先生認為，「由於中國民族文化的適度的放射性，使文化的光被及四表；四方諸族受了感召，產生一種向心力，使他們尋向光明，所以願意來和我們合在一起。這樣說來，是很可以使我們樂觀的。」〔註 101〕

這裡所謂「放射性」之放射源在地理位置上指「中心」，放射所涉的四表，指「四方」。這裡的「中國民族文化」，指的是「中原民族文化」，因為在他所舉的文化動力——保存、創新、吸收三方面的列舉中說得很清楚。邊疆各系各族的許多文化，都是屬於「四方」的文化。芮氏的「願意」融和觀，自然是當時情境之需要，但對於分類而言，看似客觀的「願意」，卻體現了闡釋中的「主觀性」。

另外，隨著邊疆民族調查的興起，所謂的「五族共和」之「五族」問題，

〔註 99〕同上。第 50 頁。
〔註 100〕芮逸夫：《中華國族的分支及其分佈》（1944），見芮逸夫：《中國民族及其文化論稿》，臺北：藝文印書館，1972 年。第 24～25 頁。
〔註 101〕芮逸夫：《中國民族的構成》（1953），見芮逸夫：《中國民族及其文化論稿》，臺北：藝文印書館，1972 年。第 69～70 頁。

在實踐層面上面臨著挑戰。隨著西南民族調查的展開，所謂的五族，即漢、滿、蒙、回，藏，已經無法容納進西南之民族。於是，在「五族」不變動的情況下，「系」、「宗支」、「分支」等詞不斷產生，以對新發現之民族進行闡釋與容納。如楊成志認爲，「中華民族，需要再分之爲諸夏、東夷、巴蜀、東胡、閩粵、北狄、氐羌、西藏，苗蠻九系。所謂西藏苗蠻系者，即西南民族的主人翁，這種主人翁，雖中華開化有數千年的歷史，然而各有其領域，社會，政治，信仰，文化、語言、風俗和習慣，殊途異趣，分部獨治，名雖同處於中華領土之內，實則像數十百個小獨立國，有形和無形中表現其貌合神離的各種擺戲。」〔註102〕因爲作者分類的前提是中華民族即漢、滿、蒙、回、藏五大族。所以在此分類中，作者將西南民族稱之爲「西藏苗蠻系」，裏面包括「數十百個小獨立國」，到底是多少，其實在作者心目中只是一個很模糊的概念。在人數上，可能「不下三千萬」。〔註103〕

然而，對於苗族知識分子梁聚五來說，上述的「五族」不變，將苗夷民族用「分支」之一來概括的做法並不能使他滿意。在《苗族發展史》中，梁陳述了歷史上苗夷所起的重要作用，他認爲，民國的建立，都與苗夷有很大的關係。苗夷民族，「從順治康熙一直到光緒宣統年間，作了繼續不斷的鬥爭，已將朝廷嫡系軍隊——旗營（滿兵），在苗疆消失殆盡了。否則，武漢起義決不會這樣容易的。」因此，他反對紅、黃、藍、白、黑代表「漢、滿、蒙、回、藏」的五色國旗，不主張中華民族爲一族、兩族、三族、四族、五族的分類。他對於六、七、八、九、十二族的主張，認爲是「比較令人滿意的」，爲何呢？因爲「苗夷民族總是計算在內的。中國全部歷史，苗夷民族之活動，曾佔了不少重要的篇幅。並且這民族的潛勢力，是不可忽視的」。〔註104〕在梁聚五這裏，苗夷民族即是西南民族的泛稱。即擁有四千多年歷史的苗夷民族，包含了蠻、荊、黎、傜、僮、僚、羅羅、擺夷、水家、洞家、僰人、越人、蜑人、佘人……各個支族。〔註105〕對於蔣介石《中國之命運》一書否認「民族」而承認「宗族」、「支宗」的做法，梁氏極力反對，稱之爲是「赤條條的大漢族主義」者，因爲苗族並非是黃帝子孫。而對其意旨的執行者楊森更稱

〔註102〕楊成志：《雲南民族調查報告》（1930），見《楊成志人類學民族學文集》，北京：民族出版社，2003年。第26頁。
〔註103〕楊成志：《民族學與中國西南民族》，《更生評論》，1938年第3卷第4期。
〔註104〕梁聚五：《苗族發展史》（1950），貴陽：貴州大學出版社，2009年。第262頁。
〔註105〕同上。第40～47頁。

之爲「可恥」，因爲楊企圖「去苗夷民族」，而用廣義而歧語的「邊胞」代替。他的目的，在迫使苗夷民族同化爲漢族，以消滅其語言文字服飾及一切生活習慣。〔註 106〕可見，本族知識分子，何等看重西南苗夷民族在中華民族中的歷史地位。

對於西南民族的學術分類，當時的楊成志、馬長壽、凌純聲、芮逸夫等眾多民族學家都作出了努力，這裡不一一論及。〔註 107〕以上分析表明，西南無論是宗支還是分支，或是西南民族作爲共和之一族，都體現了在民國建構中，西南開始作爲中華民族整體之部分的意義。

3. 宏觀：西南「夷」的整體化

需要說明的是，這裡的「夷」並非指狹義的苗夷或夷族（儸儸），而是指廣義的除漢族以外的統稱。如此，西南民族被歸類爲「夷」，是「夷」的一部分。

楊成志是較早進入西南正式進行民族調查的學者。在他的很多調查篇章中，都提到關於西南民族分類問題。據他的歸納，西南民族史上的統稱，有三代的「三苗」和「有苗」；商周的「百濮」；春秋戰國的「南蠻」；秦漢的「西南夷」和「遠夷」；後漢的「蠻夷」和「哀牢」；六朝的「□」和「僰」；唐的「南詔」和「吐蕃」；宋的「大理國」和「西南蕃」；元的「八百媳婦」、「羅羅蠻」和「緬蠻」；明的「烏蠻」和「苗蠻」；清的「苗」、「？」、「羅羅」、「黎」、「僮」等等。〔註 108〕

上述（中觀部分）用了科學的人類學方法，將西南民族進行了分類，是西南民族現代分類的第一次重要的嘗試，這種分類結果影響至今。不過，儘管民族學在此意義上進行了詳細的西南民族分類，但這種分類的學術性並不被大眾所普遍接受（詳見本章第三節）。另有調查者，更有興趣在傳統「夷」「漢」對立的基礎上，強調「夷」「漢」關係的轉變，即統一。也就是說，在民族國家建構的過程中，「夷」「漢」關係，變成了雖是二元但卻並非對立的關係。

〔註 106〕同上。第 266～267 頁。
〔註 107〕詳見彭文斌：《中西之間的西南視野：西南民族誌分類圖示》，《西南民族大學學報》，2007 年第 10 期。
〔註 108〕《西南研究》（創刊號），中山大學西南研究會發行，1932 年 2 月 10 日，廣州。第 9～18 頁。

夷漢分類的第一個特點爲，夷漢分野的關鍵同樣在於地理環境因素。夷漢之關係，被凌純聲稱之爲華夏與邊疆的關係。凌純聲認爲，現代的中國民族，從文化的地形上和地理的分野上，可以分爲華夏和邊疆二群。在中國民族成形的歷史上，華夏民族和邊疆民族的範圍時時刻刻在推移、變動。中國民族史上最早的華夏民族，爲漢藏語族的一支，在當時實在地處邊疆。漢藏語族入主中原，主要經過三次的波動，最早的華夏民族跟著第三次的波動來到中原以後，將最早的土著同化或迫遷，華夏民族遂作第一次的擴大，而土著變爲邊疆民族。華夏範圍後日復逐漸擴大，以至於今。〔註109〕

其中的中國邊疆民族，被凌純聲分爲五個系統：漢藏、金山、南島、南亞、依蘭五系。其中，漢藏系包括漢撣族、苗瑤族、藏緬族三族。〔註110〕如下所示：

$$漢藏系邊疆民族 \begin{cases} 漢撣族——漢人群、撣泰 \\ 苗傜族——苗人群、傜佘群 \\ 藏緬族——羅緬群、臧番群 \end{cases}$$

西南邊疆民族在哪裏呢？漢藏系邊疆民族，即漢藏系中除去漢族以外之大部分西南土著之總稱。〔註111〕

凌純聲強調了華夏與邊疆民族的分野。邊疆民族，指華夏民族四周外，開化程度較低之民族而言。華夏民族既不斷擴大，邊疆民族亦不斷向外推移並漸減少，將來當有全部涵化的可能。今日邊疆民族與華夏之分野，不在文化，而在地理與環境文化配合。〔註112〕

夷漢分類的第二個特點爲，夷漢區分之後，在文化上相較，論者強調同，勝於強調異。比如楊成志二十年來在國立中山大學致力於這種西南苗夷各族團的考察與研究，得出這樣的結論：

> 西南各省的總人口約有二千萬眾……。在種族上言，他們與我們漢人同屬於蒙古利亞種或黃種，換言之，即與我們的祖宗是同血統的，雖因地境、氣候、食物的殊異，與漢人比較起來呈現某些少程度變態上的固有體質型，然這種殊異在漢人中間，如黃河、揚子

〔註109〕凌純聲：《中國邊疆民族與環太平洋文化》，臺北：聯經，1979年。第7頁。
〔註110〕同上。第11頁。
〔註111〕同上。第16頁。
〔註112〕同上。第10～11頁。

江與珠江三大流域的居民的差異體質型也可觀察出來，並不是例外的一回事。至其文化總形態的表現，在各地各族群中間固因地域限制產生其原有的特殊原素，然因戰爭、移民、交通、商業等接觸與影響，數千年來在有形與無形間，或直接與間接間，已受著中心的漢族文化所薰陶了。換言之，今日西南苗夷文化固有其特殊素質，然一般說來總可稱為中國邊緣文化的大觀。說到各族團的土語方言，雖隨地而異，因群而別，要之大概分起來，也不外屬於藏緬、泰和苗三大系而已。在亞洲人群語言學的分類上，我們也可把族團語言統稱為「中國國語」類的大範圍內。概括言之，他們與漢族大相殊懸者，不是種族的先天有別，卻因他們處境艱困，生產不足，教育缺乏，技術簡陋，遺俗束縛和活動限制……各種原因，迫使他們雖時至今日的原子能時代，然而依舊滯留於原始的、或未開化的、或半開化的生活方式。假使漢族能改變放棄邊民的觀念和政策，換以積極的開化設施，我相信二千萬眾的西南邊胞在教育、文化、社會和經濟等的提高，一定會隨時改進的。〔註113〕

即使對本民族知識分子而言，上述訴求也同樣存在。以苗族知識分子梁聚五為例，在《邊地地理講話》一文中，梁氏主張：第一，要採納邊地優點，搬到內地來推行，與內地「共同進化」。第二，要打破以內地縣份作「示範」作「中心」的畸形政治，要求邊地共同參與、平衡發展，「沒有邊地，就沒有內地」。第三，溝通邊地與內地。第四，建立西南新長城的邊地國防。〔註114〕只是，梁的「共同進化」，並非只以漢族「中心」為標準，而更重平等的強調。

對苗夷文化體現出溢美之情的同時，梁並不認為這種文化的獨特性與漢族文化存在多麼大的差異。對於貴州邊民「百里不同風，千里不同俗」，梁氏認為，差異，可以帶來「禮失而求諸野」的作用，那就是：採取邊民禮俗的優點，以補充內地禮俗的缺點，發揚內地禮俗的優點，以改進邊民禮俗的缺點。在對比了漢回苗夷各族的禮俗之後，梁找出了極少的不同點，比如婚嫁，苗夷族不過是質樸些，漢族熱鬧些而已。對於質樸的禮俗，也不應該斥責為不進化。他認為：「玩那些熱鬧的花樣是將心思放在『個人的立場或家族、宗

〔註113〕楊成志：《民族問題的透析》，《邊政公論》，第 6 卷第 1 期。第 33 頁。
〔註114〕梁聚五：《邊地地理講話》（1945），張兆和、李廷貴主編：《梁聚五文集——民族、民主、政治》，香港：華南研究中心，2010 年。第 511～516 頁。

族的立場』，耽誤了社會事業，並不是『文明』。——國父孫中山先生斥『中國只有家族、宗族，沒有國族』為阻礙實現三民主義的病根，確有至理。我們若是不否認，國父孫中山先生的話，真應該減少家族和宗族的觀念，而加強國族的觀念。」〔註115〕

上述論見出自梁氏《貴州邊民的禮俗》。此文寫於 1938 年，正是全面抗戰爆發的緊急年頭，此年頭最需要的就是抗日新陣線的組建。「國族」的內涵需要在實質上延伸，即消融各民族的歧視和差異，需要找出漢回苗夷生活相同的習慣，找出漢回苗夷生活不可分割的事實，作整個中華民族復興的根據。梁氏的結論是，多共同，少特殊，就是漢與苗夷禮俗的共通點。其最終的目的是使漢回苗夷各民族，都得到一個合理的進步。這進步，可以走到「國內各民族一律平等」，也可走到漢滿蒙回苗夷各民族，構成一個整體的「國族」。〔註116〕

對於梁聚五來講，強調苗夷是中華民族成員的政治訴求大過尊重苗夷文化差異的訴求，以致他在對苗地文化進行描述時，差異並非重點，強調與漢族相同才是重點。

夷漢分類的第三個特點為，分類問題有時又與族源聯繫在一起，強調區分之後的融合，強調夷漢一家，不主張再對「夷」進行細分。

對於更多的調查者，尤其是非民族學專業出生的調查者而言，人類學的民族調查過於細分民族並非必要。在這一點上，姚荷生的《水擺夷風土記》表現得尤為明顯。1938 年冬，雲南省建設廳組織了一個邊疆實業考察組到西雙版納進行調查。雲南省政府要求在滇的中央有關研究單位派人參加，清華大學農研所就派出了姚荷生。調查組在兩個月的調查後就匆匆回到昆明，而姚荷生獨自留下，直到 1939 年深秋才回到昆明，之後，他將留下調查而得的資料整理成《水擺夷風土記》，1948 年由上海大東書局發行。此書一面世，就得到我國著名社會學家和民族學家費孝通教授的重視，並讚譽姚荷生先生是當今進行少數民族社會調查，特別是對傣族歷史文化研究的第一人。〔註117〕

〔註115〕同上。第 489 頁。
〔註116〕同上。第 472 頁。
〔註117〕王國祥：《姚荷生和〈水擺夷風土記〉——〈水擺夷風土記〉校注》（前言），版納，2005 年第 2 期。

　　本書可說是一部介於業餘民族誌和科學民族誌之間的作品，〔註 118〕或者說是一本遊記性質的民族誌。此書本以雲南擺夷爲描寫對象，但作者卻單闢「漢變夷夷變漢」一節，並表述：

> 漢夷在血統上已有無法區分的混雜性：漢變夷，夷變漢的情形，幾千年來一直繼續著。兩族的血液混雜得很厲害。漢族中含有許多擺夷的血統，夷族中每一個人都帶有漢族的血液。甚至有許多漢人原來是純粹的夷人，許多夷人本來是純粹的漢人。今日的所謂漢族和所謂夷族並沒有體質的不同，遺傳的不同，只有外表的不同，即言語和服裝之不同。其差異的程度也不過是廣東人與河北人的差異相等罷了。〔註 119〕

但是，在這種無法區分的混雜性中，作者強調夷人向漢人「攀附」：當漢人的影響和文明向四周發展，鄰近的部落都覺得去學習漢話和採用一些漢人的習慣很爲方便，最後總有一天，有些人瞧不起自己的語言習慣和衣飾，而以模仿漢人爲光榮。一旦他們有了這種觀念，自稱爲漢人的時期就不遠了。一個漢族就這樣長成，雖然有些人身體裏實在沒有漢人的血統。〔註 120〕這種攀附性強調隱含了作者突出夷漢之間的差異與區分，即夷劣，漢優。

　　在這種夷漢二元區分而又非對立的關係中，也流露出姚荷生的大漢族主義思想，以至於他並不贊同其它的人群作爲「民族」單位存在：

> 中國境內的全部人民，成爲一個整個的種族——大漢族。有些人把漢族一名辭限定只指住在中原的中國人，而把居住在其他區域的人分爲藏族，苗族，夷族等，這是不對的。中國境內並無所謂苗族夷族等，只有藏人，苗人，夷人……所謂苗人，徭人，夷人等只含有所說的言語和所住的區域不同的意思，夷人是指居在夷山的漢人，夷人是說擺夷話的漢人，苗人是說苗話的漢人。正和我們說老張是河北人，老李是廣東人一樣。〔註 121〕

在本書第三章關於族源的追述中，漢夷同源、漢苗同源、漢蠻同源的論證，

〔註 118〕龍曉燕：《中國西南傣族民族誌：歷程與反思》，《雲南民族大學學報》，2010年第 3 期。
〔註 119〕姚荷生：《水擺夷風土記》（1948），昆明：雲南人民出版社，2003 年。第 148～151 頁。
〔註 120〕同上。第 150 頁。
〔註 121〕同上。第 151 頁。

已將認識蠻夷之目的表達盡致。劉錫蕃《嶺表紀蠻》中的「漢蠻同族論」，張廷休的《再論夷漢同源》等，既講區分，也論同化。一般是先區分，再論民族國家建構中漢化夷、同化夷的合法性。

上述所論述的是人類學中人與自然的關係。可以說，從 19 世紀末 20 世紀初接受西方近現代社會思想起，中國基本上直接承接了西方文化中「人」和「自然」的二分理念，用在民族調查中即爲區分中心與邊緣，野蠻與文明，漢與夷的客觀依據。具體表現爲，蠻夷邊民之所以具有現在的生活狀況，其原因是受到自然（地理環境）的影響，而對其提出的策略是讓其超越現存的自然，通過開發道路、改善交通工具、改變環境，接通與所謂「文明」世界的聯繫。

應當說，西方現代民族學、人類學知識的東漸，使得西南民族得到了更爲科學明確的分類。主動深入的西南民族調查，使這塊區域及其中的群體獲得了史無前例的關注。但傳統帝國模式下走出來的中國面臨一個全新的「民族」，而「民族」的概念也並沒有一個被學界認同的定義。這個「民族」有時候等同於「國族」，有時候等同於「民族」，有時候等同於「族群」或「種族」，由於這三種意思的存在，使得西南民族的分類具有了上述所論述的不同層次。進入民國，地理上的四方、邊地、邊疆需要重新調整與中原的關係，族群上的「蠻夷」、「邊民」需要納入「國民」系統，以使帝國成爲眞正的「民國」，於是調查「四方」、「邊地」與「邊疆」，認識四方蠻夷、邊民，使以前模糊的「四方」及其群體，變成一個可以歸類、界定的空間與人群，成爲民國知識分子學術應用調查的重要目的。但族別分類的效果，不僅體現在地理空間上繪出了一幅「異民族」的分佈圖，而且也體現在此地圖上形成了一種夷漢的對照與區分。自然，分類本身也極具隱喻，分類不僅是要把事物、事件以及有關世界的事實劃分成類和種，使之各有歸屬，而且要確定他們的包含關係或排斥關係的過程。〔註 122〕對於西南民族而言，這一點既體現在對其進行認知、分類、區分的過程，更體現在將其從政治上引入統一與融合之途徑的過程。通過分類，既可處理在民族國家建構中各個具體族群之間的關係、西南族群與中國的關係，同時更要在觀念上重新認知整個中國邊疆民族（夷）對於新興民族國家的重要作用。

〔註122〕〔法〕愛彌爾·涂爾幹、馬塞爾·莫斯著，汲喆譯：《原始分類》，上海：上海人民出版社，2000 年。第 4 頁。

第三節　西南民族分類的相關討論

1.「西南民族」調查與爭議

先從有關「西南民族」的不同表述說起。

> 自從我宣統三年在貴州遇見仲家和苗以後，我對於西南的土著人種就發生了興趣，很想有機會研究他們……直到等我從箇舊到龍樹腳，方才再遇見這種土人。
>
> ……
>
> 爨人和㦻人是雲南土著中的兩大民族，㦻在北而爨在南。以前的土司都是這兩族人做的。〔註123〕
>
> 這種風氣恐怕是西南土著民族所原有的，因為他們計算日子，還是完全用干支。……〔註124〕

此段文字是丁文江對西南土著人群的描繪，這個在中國較早以人類學的視角觀察西南及人群的地質學家，對西南這群人的稱呼是「西南的土著人種」或「西南土著民族」。在他的《漫遊散記》裡，用「土著」一詞來修辭人種或民族十分普遍，而未有去掉「土著」二字，直接稱之為「西南民族」的。

其實，民國以前，極少有「西南民族」這樣的表述。大致相當於此表述的是兩漢時期出現的「西南夷」。《史記》首次標「西南」之名，辟為專傳，詳細記載西南各民族情況，稱西南地區各族為「西南夷」，即《史記・西南夷列傳》。〔註125〕不過，此處「西南」的地理位置有其特定的範圍，大致相當於今雲南、貴州、四川南部和西部以及甘肅南端、廣西西端少部分地帶。而其族群即為此地被正式納入郡縣制範圍的眾多少數民族的概稱。〔註126〕自東漢後西南夷這個詞逐漸地從古代中國的史冊中消失，直到清末學者們開始注意到邊疆危機時，西南夷這個詞才被重新啟用。〔註127〕

〔註123〕丁文江：《蒙自箇舊的土人——儂人、玀夷、黑苗、㑱，雞、玀玀、土獠、倮倮》。見丁文江：《漫遊散記》，昆明：雲南人民出版社，2011年，第85頁。
〔註124〕丁文江：《貴州的土著民族》，見丁文江：《漫遊散記》，昆明：雲南人民出版社，2011年，第19頁。
〔註125〕楊庭碩、羅康隆：《西南與中原》，昆明：雲南教育出版社，1992年。第7頁。
〔註126〕祈慶富：《西南夷》，長春：吉林教育出版社，1990年。第1頁。
〔註127〕楊斌：《全球視野下的邊疆歷史思考——以雲南為例》，參見陸韌主編：《現代西方學術視野中的中國西南邊疆史》，昆明：雲南大學出版社，2007年。第

　　「西南夷」再次被採用有其特定的歷史背景，最關鍵的是「西南」作爲邊疆的重要性凸顯。在民國時期的《史學專刊》、《東方雜誌》、《新夷族》等各類刊物上，「西南夷」被不斷地用著文章的標題被學界討論，如《中華民族之復興與西南夷》、《西南夷地之危機》、《西南夷胞與西南國防》等。〔註 128〕此時的「西南夷」在範圍上大於《史記》上的「西南夷」，在含義上並非等同，但是被啓用的原因或許是因爲沒有更好的詞來替代。

　　與此同時，隨著近代現代民族主義的興起，借用舊詞「西南夷」表述的一類特定群體開始被另一個詞取代，即「西南民族」。自《中山大學語言歷史研究所周刊·西南民族研究專號》創刊以來，「西南民族」一詞開始頻頻出現在文章標題中，如余永梁的《西南民族起源的神話——槃瓠》、《西南民族的婚俗》〔註 129〕，遠遠多於「西南夷」一詞出現的頻率，大有替代「西南夷」之勢。〔註 130〕

　　在學術界，「西南民族」作爲研究對象得益於 1928 年 7 月《中山大學語言歷史研究所周刊·西南民族研究專號》的出爐。《語史所周刊》先後出版了「民俗研究專號」、「西南民族研究專號」、「猺山調查專號」、「雲南民族調查報告」4 個專號，均以西南民族研究爲主題。

　　「西南民族研究專號」的刊出有非常重要的意義，它在中國第一次開啓了有組織的對西南這一新領域的調查和研究。「西南」開始進入當時學者們的視域中。值得注意的是，此時被頻頻使用的西南民族之「民族」概念究竟爲何呢？「西南民族研究專號」的編輯余永梁，在「西南民族研究專號」的《跋語》中，說到研究西南民族，是「要解決西南各種人是否是一個種族？」通過體質測量與實地調查，摸清「各民族的文化、語言、風俗、宗教與分佈情況。」〔註 131〕可見，按余的用法，西南民族似乎等同於西南種族，或者說種族與民族的概念並沒有明顯的區分，有西南各種族實爲西南各民族的意思。

　　傅斯年的表述又不同。在中研院《歷史語言研究所工作之旨趣》中，傅

359 頁。
〔註 128〕分別見《西南夷族》1936 年第 1 卷第 1 期；《民族公論》1940 年第 3 期。
〔註 129〕《國立第一中山大學語言歷史學研究所周刊》，1928 年，第 35～36 期。
〔註 130〕此爲筆者的統計。方式爲，在「大成老舊期刊網」分別輸入關鍵詞「西南夷」與「西南民族」，前者出現 12 次，後者出現 30 次。http://www.dachengdata.com/tuijian/showTuijianList.action 抬 type=1
〔註 131〕紹孟：《國立中山大學語言歷史學研究所周刊》（編後），1928 年，第 35～36 期。

說：據人類學的材料，漢族以外還有幾個小民族，漢族以內，有幾個不同的是式和部居，這些寶貴的材料怕要漸漸地開化和交通的緣故而消滅，我們想趕緊著手采集。〔註 132〕傅的概念中漢族以外的幾個小民族，大概是指「五族共和」的五族中除漢族以外的滿、蒙、回、藏。而他所謂的西南民族之「民族」，或許是漢族以內的「式」和「部居」。「式」和「部居」到底是什麼？傅並沒有更進一步的解說。但是將其算在漢族之內，就知道傅的大體用意和他當時對西南族群的認知程度了。

再看當時實地調查的學者對「西南民族」概念認知。「西南民族研究專號」刊出不久，國立中山大學語言歷史學研究所西南民族調查專員楊成志，受中央研究院院長蔡元培和中山大學校長戴季陶的委派，於 1928 年 7 月 12日，會同俄國人史祿國夫婦、容肇祖一行奔赴雲南作調查。本是一次集體性的調查分工行動，最後因各種原因只剩下楊成志一人留下調查。根據調查資料，楊先後寫成《雲南民族調查報告》、《雲南羅羅的巫師及其經典》、《從西南民族說到獨立羅羅》、《西南民族專號》等報告文章。在《雲南民族調查報告》中，楊成志這樣說到「西南民族」：

> 提起「西南民族」，誰都知道是一種極其重要，無論在民族上，社會上，政治上和學術上都是引起國人注意而待解決的急切問題。因為中華民族的成分，括稱之為漢、滿、蒙、回，藏五大族，再分為之又為諸夏，東夷，巴蜀，東胡，閩粵，北狄，氐羌，西藏，苗蠻九系。所謂西藏苗蠻系者，即西南民族的主人翁，這種主人翁，雖中華開化有數千年的歷史，然而各有其領域，社會，政治，信仰，文化，語言，風俗和習慣，殊途異趣，分部獨治，名雖同處於中華領土之內，實則像數十百個小獨立國，有形和無形中表現其貌合神離的各種擺戲。〔註 133〕

楊成志將西南民族稱之為五大族再分下來的「九系」中之「兩系」，即西藏與苗蠻，此系是五大族中的分支，不過，到底是五大族哪一族的分支，就分類的邏輯而言，又不是很清晰，作者提到「西藏苗蠻系」，只能勉強歸入「藏族」的一個分支，雖確定地表示屬於「五族」之內，而苗蠻實無著落。

〔註 132〕傅斯年：《歷史語言研究所工作之旨趣》，《史料論略及其他》，遼寧教育出版社，1997 年，第 47 頁。
〔註 133〕楊成志：《雲南民族調查報告》，收入楊成志：《楊成志人類學民族學文集》，北京：民族出版社，2003 年。第 23 頁。

在同一篇文章中，楊成志又說：

> 何為西南民族？所謂西南民族者除漢族外即指我國版圖內西
> 南各省和印度支那的苗、夷、蠻、番、猺，藏……各種土著的部族
> 而言。〔註134〕

此處說的是「部族」。在《我對於雲南羅羅族研究的計劃》一文中，楊成志再
次說到「西南民族」：

> 「西南民族」一詞，是包括粵、桂、黔、滇、川、康、藏及印
> 度支那（安南、暹羅、緬甸）各地所分佈的半開化的或未開化的部
> 族之總稱。簡言之，即是世俗稱為「南蠻」或「苗蠻」或「苗族」
> 或「西南夷」的。此種受天演淘汰的殘餘部族，在我國歷史上曾占
> 重要的篇幅。〔註135〕

由上述三種略有不同的表述中可以看出，西南民族實質為西南部族，有時又
被加上「半開化或未開化的部族」這樣的附加條件。更具體地說，這些部族
包括：

> 西南民族史上所謂三代的「三苗」和「有苗」；商周的「百濮」；
> 春秋戰國的「南蠻」；秦漢的「西南夷」和「遠夷」；後漢的「蠻夷」
> 和「哀牢」；六朝的「爨」和「僰」；唐的「南詔」和「吐番」；宋的
> 「大理國」和「西南蕃」；元的「八百媳婦」、「羅羅蠻」和「緬蠻」；
> 明的「烏蠻」和「苗蠻」；清的「苗」、「猺（去掉犬字旁）」、「羅羅」、
> 「黎」、「僮」……〔註136〕

究竟什麼是確定的「西南民族」概念並被固定使用，在楊成志的調查中
看不到。楊成志是第一個將西南民族這個概念用現代知識系統諸如人類學、
民族學予以解說的人。他將西南民族這個詞，稱之為「新的科學」。並且斷
言，「若站在今日人類學，民族學或民族誌的根本條件來說，凡從前關於我
國西南民族的記載，實找不出一部滿足人意的，除了歷史方面以外。」如何
成為「新的科學」？那就是「實地做一番勘定的比較的分析和綜合的研究」。
〔註137〕

〔註134〕同上。第136頁。
〔註135〕楊成志：《雲南民族調查報告》，收入楊成志：《楊成志人類學民族學文集》，
　　　　北京：民族出版社，2003年。第223頁。
〔註136〕《西南研究》（創刊號），廣州：國立中山大學西南研究會發行，1932年2月
　　　　10日。第9～18頁。
〔註137〕楊成志：《中國西南民族中的羅羅族》，收入楊成志：《楊成志人類學民族學文

再看當時知識分子對「西南民族」與「中華民族」的關係認知。

在中央院成立之初，「西南民族專號」的刊出及楊成志這一批西南調查的先行者所體現的時代意義是十分明顯的。具體可以概括為：第一，中國人類學民族誌書寫的「四夷」之「西南」凸顯。在我們稱之為中國周邊的概念裏，在楊成志這一行動之前，中國學術界關於西南的研究並沒有得到足夠的重視，除了鳥居龍藏的《苗族調查報告》等外國人類學報告引起討論外，未有國內人類學的調查報告發表，僅有零星的學術與官方考察，如丁文江對雲南和四川的少數民族進行調查和體制人類學測量，1912 年杜明燡的《峨馬雷屏調查記》等。第二，其代表了以中山大學為中心的「南派」人類學調查的新成果。第三，楊成志所代表的中國民族文化多樣性的調查，提供了「五族共和」模式的再思考。

對於「五族共和」模式，有必要在此討論。其實，「五族共和」的「五族」並非只是民族調查以後才被學者注意到其不合理性。1905 年，梁啟超在《中國歷史上民族之觀察》一文中提到當時尚未完全融進「中華民族」的其他少數民族，如苗族、百濮族等。1912 年 5 月 12 日，北京成立了「五族國民合進會」。該會「簡章」中說，「我五族國民以外，西北尚有哈薩克一族，西南尚有苗瑤各族，俟求得其重要人員，隨時延入本會」，〔註 138〕1914 年，一個叫夏德渥的人完成了《中華六族同胞考說》一書，該書詳細考述了中國歷代各種史書的有關記載，專門論證中國漢、滿、蒙、回、藏、苗六族間的同胞關係，「冀覽此書者恍然於漢、滿、蒙、回、藏、苗論遠源為同種，論近源為同族，而慨然動同胞之感」。並強調中華民族的主要構成成分中，無論如何也不能沒有「苗族」。〔註 139〕

1917 年 2 月 19 日和 4 月 18 日，李大釗在《甲寅》日刊上發表《新中華

集》，北京：民族出版社，2003 年。第 191 頁。

〔註 138〕見《姚錫光等發起五族國民合進會啟》，《申報》，1912 年 6 月 11～12 日。另見劉蘇選編：《五族國民合進會史料》，載《北京檔案史料》1992 年第 2 期。其中除了「會啟」和「簡章」外，還有「支會章程」，呈請立案呈文、組織構成條款及內務部批文等內容。內務部批文曰：「查所呈各節係為五族國民謀同化起見，尚無不合，本部應準備案，仰即知照」。轉引自黃興濤：《民族自覺與符號認同：「中華民族」觀念萌生與確立的歷史考察》，《中國社會科學評論》（香港），2002 年 2 月創刊號。

〔註 139〕夏德渥：《中華六族同胞考說》自序，1917 年湖北第一監獄石印。轉引自黃興濤：《民族自覺與符號認同：「中華民族」觀念萌生與確立的歷史考察》，《中國社會科學評論》（香港）2002 年 2 月創刊號。

民族主義》和《大亞細亞主義》兩文，文中說：

> 吾國歷史相沿最久，積亞洲由來之數多民族冶融而成此中華民族，畛域不分、血統全泯也久矣，此實吾民族高遠博大之精神有以鑄成之也。今猶有所遺憾者，共和建立之初，尚有五族之稱耳。以余觀之，五族之文化已漸趨一致，而又隷於一自由平等共和國體之下，則前之滿云、漢云、蒙云、回云、藏云，乃至苗云、瑤云，舉爲歷史上殘留之名辭，今已早無是界，凡籍隷於中華民國之人，皆爲新中華民族矣。然則今後民國之政教典刑，當悉本此旨以建立民族之精神，統一民族之思想。此之主義，即新中華民族主義也。必新中華民族主義確能發揚於東亞，而後大亞細亞主義始能發揮光耀於世界。否則，幻想而已矣，夢囈而已矣。〔註140〕

上述幾則材料，黃興濤先生將之用在對「中華民族」的自覺認同中加以考察，筆者在此借用是要強調，在認同「中華民族」的論述中依然無法迴避被忽略的「苗」、「瑤」等的存在。不過，除了夏德渥的《中華六族同胞考說》略顯對「五族」的抗爭外，其餘的雖意識到「五族」之外其他族的存在，不過還是因爲被「中華民族」的強調和認同所淹沒了。最激烈的抗爭還是土著民族自身對政治參與的強烈要求。中華民國第一次國民代表大會，土著苗人石啓貴就申請增設苗族土著代表，原定於民國二十六年十一月十五日召開的國民大會，因抗戰軍興等原因六次延期直至民國三十五年十一月十五日才正式開幕。這中間的十年，石啓貴一直爭取並最終作爲湖南土著民族代表參加國民大會。〔註141〕

通過楊成志早年的調查得知，楊成志沒有違反「五族共和」模式，他將「中華民族的成分，括稱之爲漢、滿、蒙、回，藏五大族，再分爲之又爲諸夏，東夷，巴蜀，東胡，閩粵，北狄，氐羌，西藏，苗蠻九系。」〔註142〕但對「民族」這一概念，楊並沒有一個清晰的界定。在不能將「苗」等稱之爲

〔註140〕《李大釗文集》（上），北京：人民出版社，1984年。第302～303頁。轉引自黃興濤：《「中華民族」觀念萌生與形成的歷史考察——兼論辛亥革命與中華民族認同之關係》，《辛亥革命與20世紀的中國——紀念辛亥革命九十週年國際學術討論會論文集（中）》，2001年。

〔註141〕石啓貴：《湘西苗族實地調查報告》，長沙：湖南人民出版社，2008年。第690～691頁。

〔註142〕楊成志：《雲南民族調查報告》，收入楊成志：《楊成志人類學民族學文集》，北京：民族出版社，2003年。第23頁。

「苗族」的情況下，雲南民族、西南民族等「區域+民族」的族稱方式時常出現在文本中，甚至直接作了標題《雲南民族調查報告》，這種族稱方式究竟應該如何處理？是否符合當時的語境？可以說，這種境況體現了當時知識界對「民族」的模糊認知而又不斷探索。

其實，在抗戰之前，中國已經有五大區域在進行人類學調查，按王建民先生的歸納，可分爲東北、華北、華東、華南、西南幾個區域。〔註143〕在這幾大區域中，按研究對象的類型可以分爲兩類：一類爲漢人社區研究；一類爲少數民族區域研究。漢人社區研究主要是以燕京大學社會學系組織的調查，研究區域主要以華北地區的社會人類學田野調查爲主。少數族群的研究涉及東北的赫哲族、浙江的畲族、廣西的猺人、臺灣番族，以及西南的倮倮等。隨著調查的不斷展開，中國多民族、多文化的景觀不斷呈現，被調查群體已經遠遠超出所謂的「五族共和」之「五族」。如此以來，時代危機之下族群凝聚的內在危機開始凸顯。在民族－國家一體化的創建中，如何處理由民族調查所呈現的民族多樣性，是當時的知識界不得不關注的問題。

抗日戰爭爆發後，中國西南成爲抗日大後方，大批學術力量南遷，雲南成爲學術重鎮，也成爲當時各種人士聚集的大舞臺。按蕭乾的說法，昆明也經受了一份不小的變動。最突出的是「西南聯大」的成立，忽然間從沿海城市疏散來成千上萬的青年學子和他們的老師們，頓時衝破了這城市的沉寂。正義路上摩肩接踵出現了奇裝異服的男女，個個不是江浙就是東北佬的口音，這麼多外鄉人，來得又那麼突兀，既引起當地老鄉的興味，也一定是一個不小的衝擊。〔註144〕各民族、各階層彙集的各類矛盾也開始凸顯，雲南文山縣的本地學者楚圖南在後來的回憶中這樣描述：

> 除蔣介石的「中央」與雲南省掌門人龍雲的「地方」之間控制與反控制的矛盾之外，在文化教育界，已經產生了「本省人和外省人，雲大與聯大之間的隔閡」，以及「高級知識分子之間如留美派、留歐派、洋教授和土教授等門戶之見」。〔註145〕

〔註143〕王建民：《中國民族學史》（上），昆明：雲南教育出版社，1997 年。第 168 頁。
〔註144〕蕭乾：《昆明偶憶》，見蕭乾：《從滇緬路走向歐洲戰場》，雲南人民出版社，2011 年。第 7 頁。
〔註145〕岳南：《從蔡元培到胡適——中研院那些人和事》，北京：中華書局，2011 年。第 105 頁。

在《益世報》上，楚圖南也發表了《關於雲南的民族問題》一文，認爲「漢人殖民雲南的歷史，差不多純粹是一部民族爭鬥的歷史。……」〔註146〕但楚氏的觀點，一些知識分子並不認同，如陳碧笙在《滇邊散憶》中，就明確列出「雲南沒有民族問題」進行論說。〔註147〕對於楊成志在西南進行的民族調查，張廷休在《再論夷漢同源》也如此評說：

> 現在因爲抗戰的關係，迫使許多學者來到苗夷聚集的西南各省，大家都留心這個問題，我想這是苗夷人民複姓歸宗的最好時候了。但我仍然不免有許多憂慮，就是看見許多研究此類問題的文字，常喜濫用「民族」二字，什麼苗夷民族，擺夷民族，甚至最近有一部分人好立新名正在提倡研究什麼雲南民族，中華民族是一個，現在的雲南人無論夷漢都是中華民族的一部分，絕沒有什麼雲南民族。如若拿這個新名詞去問雲南人，他一定不知道什麼叫做雲南民族，而且以爲你是侮辱他，有意說他不是中華民族的一份子了。〔註148〕

顯然，在張廷休看來，雲南民族這樣的提法萬萬不可。而且在同一篇文章中，張說，楊成志調查了苗夷黎僮等人多年，未曾發現什麼和漢人不同的特點，如有差異，只是政治的或教育的而不是種族的。〔註149〕

隨著各地民族調查的廣泛展開，上述矛盾上升至傅斯年、顧頡剛與吳文藻、費孝通之間關於「民族」的著名論爭。整個論爭的過程可以從傅斯年致朱、杭二人的密函可得知：

> 先是頡剛在此爲《益世報》辦邊疆附刊，弟曾規勸其在此少談「邊疆」、「民族」等等在此有刺激性之名詞。彼乃連作兩文以自明，其一，論「中國本部之不通」。其二，論中華民族是一個。其中自有缺陷，然立意甚爲正大，實是今日政治上對民族一問題唯一之立場。吳使弟子費孝通駁之，謂「中國本部」一名詞有其科學的根據；中華民族不能說是一個，即苗、瑤、猓玀皆是民族。一切帝國主義論殖民地的道理，他都接受了。頡剛於是又用心回答一萬數千字之長文，以申其舊說。

〔註146〕同上。第105頁。
〔註147〕陳碧笙：《滇邊散憶》，商務印書館，1941年。
〔註148〕張廷休：《再論夷漢同源》，《西南邊疆》，1939年第6期。第8頁。
〔註149〕同上。第6頁。

　　欲知此事關係之重要，宜先看清此地的「民族問題」。此地之漢人，其祖先爲純粹漢人者本居少數，今日漢族在此地之能有多數，乃同化之故。此一力量，即漢族之最偉大處所在，故漢族不是一個種族，而是一個民族。若論種性，則吾輩亦豈能保無胡越血統。此種同化作用，在此地本在進行中，即如主席龍雲，猓玀也；大官如周鍾嶽，民家也；巨紳如李根源，僰夷也。彼等皆以「中國人」自居，而不以其部落自居，此自是國家之福。今中原避難之「學者」，來此後大在報屁股上做文，說這些地方是猓玀，這些地方是僰夷，更說中華民族不是一個，這些都是「民族」，有自決權，漢族不能漠視此等少數民族。更有高調，爲學問作學問，不管政治，弟以爲最可痛恨者此也。〔註150〕

　　這場論爭最後以吳文藻離開雲南而結束。在整個過程中，顧頡剛的《中華民族是一個》是論爭的中心。在這篇將近一萬字的長文中，顧要處理的中心問題是，既然中華民族是一個，那「五族共和」之「五族」應該怎麼看待的問題。對此，顧認爲：「『五大民族』這個名詞卻非敵人所造，而是中國人自己作繭自縛。將『民族』（nation）與『種族』（race），混爲一談。於是，一般人對於民族一名就起了錯覺，以爲民是人民，族是種族，民族就是一國之內的許多不同樣的人民，於是血統和語言自成一格單位的他們稱之爲一個民族，甚至宗教和文化自成一個單位的他們也稱之爲一個民族，而同國之中就有了許多的民族出現。一方面，又因『中國本部』這個惡性名詞的宣傳，使得中國人再起了一個錯覺，以爲本部中住的人民是主要的一部分，本部以外又有若干部分的人民，他們就聯想及於滿、蒙、回、藏，以爲這四個較大的民族佔有了從東北到西南的邊隅，此外再有若干小民族分佈在幾個大民族的境內，而五大民族之說以起……於是造成了今日邊疆上的種種危機。」〔註151〕最後，顧頡剛用三大文化集團對中國境內文化進行了劃分：

　　　　我現在鄭重對全國同胞說：中國之內決沒有五大民族和許多小民族，中國人也沒有分爲若干種族的必要（因爲種族以血統爲主，而中國人的血統錯綜萬狀，已沒有單純的血統可言）；如果要用文化的方式來分，我們可以說，中國境內有三個文化集團。以中國本土

〔註150〕同上。第107頁。
〔註151〕顧頡剛：《中華民族是一個》，《益世報》，1939年2月13日。

發生的文化（即在中華民國國境內的各種各族的文化的總和）為生活的，勉強加上一個名字叫做「漢文化集團」。信仰伊斯蘭教的，他們大部分的生活還是漢文化的，但因其有特殊的教儀，可以稱作「迴文化集團」。信仰喇嘛教的，他們的文化由西藏開展出來，可以稱作「藏文化集團」。滿人已完全加入漢文化集團裏了，蒙人已完全加入了藏文化集團了。〔註152〕

在顧頡剛這裡，別說有西南民族，連「五族」也沒有了，「五族」之說已經不利於抗戰之時的群體與民心的凝聚了。想當初「西南民族研究專號」刊出後，顧頡剛言其意義在於為學界「揭示出一個題目」，使學術界「知道天地間有所謂的『西南民族』者也，知道學問中有所謂『西南民族研究』的一回事也」，為「語言歷史研究所中又開了一方新園地了」！〔註153〕估計自己也沒有想到，在時代的亂潮中，顧頡剛自己也有「作繭自縛」之舉。持「中華民族是一個」是「今日政治上對民族一問題唯一之立場」的傅斯年，也是「西南民族學會」成立的參與者，也曾極力組織「西南民族專號」創刊。顧與傅等人對「西南民族」前後變化的認知過程也體現了在政治與學術之間，學術向政治妥協，學術為政治而調適的現象。不過，儘管有中華民族「一元論」的主導，但難掩西南「多元」的真實景觀，此待後文再論。

2. 從「五族」到「國族」

當時，國民政府組織編撰了《綏蒙輯要》，在題為《中華民族》的開篇說明中，清楚明白地這樣表述：五族＝中華民族＝國族。具體表述如下：

> 孫總理說，中華民族，就是國族。——民國成立以來，並將五族平等的原則訂在約法，孫總理的民族主義亦完全以團結國內各民族，完成一大中華民族為目的。現在中央政府遵照總理遺教，對於國內各民族，竭全力以扶植之，時時刻刻，為我們邊遠的同胞，圖謀幸福，解除痛苦，又特設蒙藏委員會，專為我們蒙藏同胞籌劃一切的改進，中央委員也有蒙古人員。所以說五族，就是中華民族，就是國族。〔註154〕

〔註152〕同上。

〔註153〕顧頡剛：《猺山調查專號·跋語》，出版不詳，四川大學博物館藏，第 127～128 頁。

〔註154〕轉引自黃興濤：《民族自覺與符號認同：「中華民族」觀念萌生與確立的歷史

類似這樣的表述在當時是不足爲奇的。民國大型辭書《辭海》中，這樣解釋「中華民族」：民族合漢、滿、蒙、回、藏、苗等人而成整個之中華民族。人口共約四萬萬七千餘萬。〔註155〕

在最初的觀念裏，孫中山的「五族」同樣帶有「一」之性質，對於五族之關係，他說：

> 講到五族的人數，藏人不過四五十萬，蒙古人不過百萬，滿人只二百萬，回教雖眾，大都漢人。講到他們的形勢，滿州既處日人勢力之下，蒙古向爲俄人範圍，西藏亦幾成英國的囊中物，足見他們皆無自衛的能力，我們漢族應幫助他才是。漢族號稱四萬萬，或尚不止此數，而不能眞正獨立組一完全漢族的國家，實是我們漢族莫大的羞恥，這就是本黨的民族主義沒有成功。由此可知，本黨尚須在民族主義上做功夫，務使滿、蒙、回、藏同化於我漢族，成一大民族主義的國家。
>
> ……
>
> 不能籠統講五族，應該講漢族的民族主義。或有人說五族共和揭櫫已久，此處單講漢族，不慮滿、蒙、回、藏不願意嗎？此層兄弟以爲可以不慮。彼滿州之附日，蒙古之附俄，西藏之附英，即無自衛能力的表徵。然提撕振拔他們，仍賴我們漢族。兄弟現在想到一處調和的方法，即拿漢族來做個中心，使之同化於我，並且爲其他民族加入我們組織建國的機會。仿美利堅民族的規模，將漢族儘管擴爲中華民族，組成一個完全的單一民族國家，與美國同爲東西半球二大民族主義的國家。〔註156〕

這「一大民族主義」就是漢族主義。可見，在孫中山那裡，五族具有漢族中心的意思，如果這「一大民族主義」再進一步，即爲國族主義。孫中山說：什麼是民族主義呢？按中國歷史上社會習慣諸情形講，我可以用一句簡單話，民族主義就是國族主義。中國人最崇拜的是家族主義和宗族主義，所

考察》，《中國社會科學評論》（香港）2002年2月創刊號。第71條注釋：此書中國人民大學圖書館有藏，標價4元，卻未見具體出版時間和編者及出版單位。
〔註155〕見《辭海》（子集），北京：中華書局，1938年。第92頁。
〔註156〕《孫中山全集》（第5卷），北京：中華書局，1985年。第473頁。

以中國只有家族主義和宗族主義，沒有國族主義。〔註157〕所以在孫中山看來，國族是具有實體性質的，即家族聯合成宗族，宗族再聯合爲國族。

對於以上問題，芮逸夫於 1942 年在四川李莊時專門撰文進行了回應。

首先，關於「中華民族是一個」的爭論。芮逸夫在《中國國族解》一文中這樣解釋：當時大家所爭的只是「中華民族之內能不能再析出什麼民族？」卻不討論「中華民族」是什麼及「民族」又是什麼？其實我們首先要考慮的是「中華民族」這個名詞乃是一個人爲的符號，它是透過一種程序去表達我們所要表達的實質的，所以我們不能忽略事實。在另一方面，「中華民族」這個名詞在語法上分析起來，應當是指「中華國家的國族」。借用墨子「私名」、「類名」、「達名」的概念，從人類學的觀點看，人群系統應該是：

　　類（達名）：人類（指整個人類的全體）

　　亞類（類名）：民族（指各別的民族的全體）

　　次亞類（私名）：中華民族（指中華民族的全體）

在芮逸夫看來，就全體國民來說，再用同樣的概念細分下去應該是：

　　類（達名）：中華民族（指中華民族的全體）

　　亞類（類名）：亞類民族（指中國的漢藏語系民族、阿爾泰語系民族等）

　　次亞類（私名）：次亞類民族（蒙古族、苗族、倮儸民族等）

由政治的觀點說，中華民族是確定的不可分割的整體。但由學術的觀點來說，是可以析出不少個體。〔註158〕芮氏的解釋，倒是對爭論的實質作出了恰當的分析，析出中國境內關於人群的三種分法，也正是本書中討論的三層次分類。不過，到底是兩種觀點各行其是，還是政治的觀點壓倒學術的觀點？

接著，在同一文中，芮逸夫又對孫中山的「民族就是國族」進行了詳細的闡釋。在他看來，國族有四個涵義：地域的、人種的、語言的、文化的。這四個方面都是多元的：「領土兼具多種地形，人種混凝多種族類，語言包含多數支系，文化融合多數特質。然此種種，早已混合同化，而歸於一。」然而，究竟地域的、人種的、語言的、文化的，都融合於一了麼？這個解釋

〔註157〕同上。第 474 頁。

〔註158〕芮逸夫：《中國國族解》，載入芮逸夫：《中國民族及其文化論稿》（上），藝文印書館印行，民國六十一年（1972 年）。第 3 頁。

並不能解決當時民族調查中所發現的多語言、多文化等現象。作為民族學家，芮逸夫於 1934 年與凌純聲同時參加了湘西的苗族調查，不可能不考慮這一重要的現象。不過，芮逸夫更進一步地論說到另一個很重要的條件：他引用了法國一位歷史語言學家 Joseph Ernest Renan（1823~1892）給「民族」一詞所下的定義：「民族是一個大的人類團體，大家都願意合在一起」。「願意合在一起」，這個因素是不容易用科學方法來研究的。我們對中國民族既是一個，同時又可析爲 12 個或更多個系的事實，可以獲得一個清楚而符合事實的解釋（見本章第二節）。〔註 159〕

　　兩個月後，又在李莊，芮逸夫寫了《中國國族的分支及其分佈》一文，此文將《中國國族解》中提到的問題進行了細分和闡述。文章分爲三部分，1）國族因素的觀察，2）國族支系的分類，3）國族支系的分佈，4）國族融和的回顧與前瞻。在「國族因素的觀察」一節，芮說：

　　　　4 億 5 千萬中國國民，其中約有 94%至 95%是由古代的華夏漸
　　次融和各種種族，歷 4 至 5 千年而成的漢人。約有 5%至 6%的國民，
　　一向被認爲異於漢人，而實際仍爲構成中華國族的重要成分。所以
　　這 4 億 5 千萬中國人，可以說完全是一個民族。它的構成分子，在
　　大體上是相同的。〔註 160〕

在此段的論述中，芮氏用了很多不確定的概說：「約」、「可以說」、「大體上」……。在他不得不面對自己所見的「異」時，可以說是芮不得不採取的一種解說策略。所以他只得說：中國國族大體說來，是同一血統，同一生活，同一語言文字，同一宗教，同一風俗習慣。換句話說，就是構成我們國族的因素大體是相同的。〔註 161〕「大體」被頻繁採用。然而，對於「大體」這一詞所隱含的「差異」，芮逸夫花了更長的篇幅來論說。在「國族支系的分類」與「國族支系的分佈」兩節裏，芮將中國國民中的 5%單獨列出分析其國族支系，根據其生活、語言、宗教三種因素，共分了 6 個支系，30 組。六支系〔註 162〕分別爲：

　　甲：東北支：操膠著的，單聲調的通古斯語，信薩滿教：（分 2 組）

〔註 159〕同上。第 68 頁。
〔註 160〕芮逸夫：《中國國族的分支及其分佈》，載入芮逸夫：《中國民族及其文化論稿》
　　　　（上），藝文印書館印行，民國六十一年（1972 年）。第 11 頁。
〔註 161〕同上。第 12 頁。
〔註 162〕同上。第 16～30 頁。

乙：北支：操膠著的，單聲調的蒙古語：（分 4 組）

丙：西北之：操膠著的，單聲調的突厥語；（分 7 組）

丁：西支：操孤立的，複聲調的，藏、緬語系的康、藏語；（分 4
組）

戊：西南支：營農耕生活，或兼漁獵；（分 9 組）

己：南支：信泛靈教：營農耕生活，或兼漁獵。（分 4 組）

正如芮逸夫自己所言，由於調查和資料有限，體質、血型、風俗習慣根本未
納入考量，此種分類相當粗疏，大部分只是來自於文獻。不過，有了這些大
略的歸納，芮終於可以說，我們可以根據「民族性的中庸」，「收同化之效」
〔註 163〕。主族已經有 94% 至 95%，其餘 5% 至 6% 的支族，在芮看來只是進
一步融和的事情了。「國族前瞻」是什麼呢？就是「遵照建國大綱的規定，
扶植他們，使大家達到現代文化的水準，同進於文明之城，首先要把我們的
傳統文化，統一的文字，普及於各支、各系、各族的國民，使大家都有『同
聲之應』，『同氣之求』，且得『同文之便』」。〔註 164〕如此，芮氏算是解決了
國族建構中的「異」之問題。

其實，國族的概念更多地含有政治的意味，如果就「nation」這個字在
現代英文中的意義而言，「nation」不僅指涉中文的「國家」（即英文的同義
字 state，country，commonwealth），也可以指涉「民族」（即英文的同義字
people，tribe，nationality），而當一個「民族」以追求獨立自治、建立「國家」
為政治目標時，「nation」亦可以被理解成「國族」或「民族國家」（即 nation-
state 或 national state）。〔註 165〕潘光旦認為，就國族、族國、國家三個詞來
說，國族最適當。因為當我們講種族時，是不想到什麼組織的，最多也不過
想到一個人群中間的血緣關係。講民族時，就得同時講到生活組織，即一群
中間人與人於血緣外的種種關係。講國族時，那就完全注意到組織，並且是
狹義的組織，政治組織。〔註 166〕顯然，芮逸夫對國族概念中的學術含義與

〔註 163〕芮逸夫：《中國國族的分支及其分佈》，載入芮逸夫：《中國民族及其文化論稿》
（上），藝文印書館印行，民國六十一年（1972 年）。第 30 頁。

〔註 164〕同上。第 31 頁。

〔註 165〕江宜樺：《自由主義、民族主義與國家認同》，臺北：揚智文化，1998 年。第
7 頁。

〔註 166〕潘光旦：《民族的根本問題》，潘乃穆、王慶恩選編：《潘光旦民族研究文集》
（第 9 卷），北京：北京大學出版社，2000 年。第 239 頁。

政治含義進行了調適。他的國族論說，凸顯了他作爲民族學家與國民政府立法委員的雙重身份特徵。